本书由国家重点研发计划项目（编号：2023YFE0108400）、成都医学院老年健康学院、四川养老与老年健康协同创新中心资助出版。

林 琳 唐 平／主 编

四川养老与老年健康服务发展报告

（2022—2023）

DEVELOPMENT REPORT ON
ELDERLY CARE AND HEALTH SERVICES
IN SICHUAN (2022-2023)

社会科学文献出版社
SOCIAL SCIENCES ACADEMIC PRESS (CHINA)

编委会

序

　　老龄化不仅是我国的重要国情，也是 21 世纪的世界性难题。有效应对人口老龄化问题，事关国家的发展全局和亿万百姓的福祉。2021 年 10 月，习近平总书记对老龄工作做出重要指示，强调要大力弘扬孝亲敬老传统美德，落实好老年优待政策，维护好老年人合法权益，发挥好老年人积极作用，让老年人共享改革发展成果、安享幸福晚年。第七次全国人口普查数据显示，2020 年四川省 60 岁及以上人口达 1816.4 万人，占总人口的 21.71%，比全国平均水平高 3.01 个百分点，占比在全国排第七位。也就是说，与全国绝大多数省份相比，四川的老龄化程度更深、老年人口规模更大，已经进入深度老龄化阶段。未来必然会面临由持续加深的老龄化带来的各类挑战，亟须构建全覆盖、多层次、易协调的养老服务体系，以积极应对人口银色浪潮的来袭。

　　成都医学院积极探索，于 2013 年牵头创建"四川养老与老年健康协同创新中心"，大力服务四川，特别是成都市健康养老事业。先后牵头成立"中国老年医学人才培养中心""中国老年医学学会院校教育分会"。2017 年，第一附属医院组建的"老年疾病临床医学研究中心"被认定为四川省第一批临床医学研究中心。2018 年，学校与成都市第八人民医院签约共建成都医学院附属老年医院，在健康养老、老年健康管理和照护、慢病防控等领域具有传统的专业优势，积累了一定的经验，并组织相关领域的专家和实践者，编写了《四川养老与老年健康服务发展报告（2022—2023）》。本报告不仅对四川未来制定和实施老年健康支撑体系有重要意义，而且对推动健康中国战略有重要借鉴价值，可供同行同道参考。

前　言

党的十九届五中全会通过的《中共中央关于制定国民经济和社会发展第十四个五年规划和二〇三五年远景目标的建议》明确提出实施积极应对人口老龄化国家战略，深刻凸显了应对人口老龄化的重要性和急迫性。建设与人口老龄化及社会经济形势相适应的社会养老服务体系是积极应对人口老龄化的基本要求。中国社会养老服务体系建设正在推进之中，四川省高屋建瓴，高质量、高效率践行积极应对人口老龄化国家战略，在养老服务体系建设、养老产业发展、养老服务综合改革层面探索出具有社会主义特色的"四川方案"，为我国乃至全球老龄化问题的解决贡献了"四川智慧"。

本报告以四川省"健康老龄化"的重要性和实践路径为重点，由总论篇、养老服务篇、养老产业篇、老年健康支撑体系篇、案例篇组成。总论篇梳理了四川养老与老年健康服务发展基本情况，对全省总体情况和五大区域（成都平原经济区、攀西经济区、川南经济区、川东北经济区、川西北生态示范区）情况进行了描述，同时指出了四川养老与老年健康服务迎来利好时代，总结了"十三五"时期卫生健康发展成果与信息化建设成效，以及人口结构失衡、五大区域发展不平衡、疫情压力等困境，提出了四川养老与老年健康服务的发展思路。养老服务篇对四川老年人口规模结构、需求规模与内容、需求特征进行了研究，对四川养老服务发展情况和服务体系发展状况做了分析。养老产业篇对四川养老产业发展历程、现状、经验做了归纳总结，因地制宜地提出了相应的发展规划。老年健康支撑体系篇对健康支撑体系进行了概述，分析了四川老年健康支撑体系现存的问题并提出了对策建议。案例篇展现了具有代表性的养老服务相关省市、区域、机构在健康养老发展过程中的创新举措和实践探索。

本报告坚持理论与实践相结合，尝试为新时代老龄事业发展探索重点与方向，具有较强的实用性，为四川省今后开展健康养老服务提供宝贵经验，为中国特色健康老龄化路径的探索提供决策依据。中国老年健康事业是一项全新的事业，养老服务体系建设是一个长期过程，相关研究更是永无止境，我们的研究还不够深入，有些判断和建议仍然存在偏差，加之老年医学不断发展，书中缺憾在所难免。敬请读者批评指正，我们将不断修订完善。

目　录
CONTENTS

总 论 篇

养老服务篇

养老产业篇

老年健康支撑体系篇

案例篇

总 论 篇

四川养老与老年健康服务：发展历程、机遇挑战与对策建议

一　引言

经国序民，正其制度。历史车轮滚滚向前，时代飞速进步，四川省养老与老年健康服务事业不断发展，养老服务模式与业态不断创新丰富。从居家、社区到机构，从公办到民办，从兜底服务、基本服务到高端服务相衔接的多层次供给格局也在不断地发展。同时，在老年健康服务从"有没有"转向"好不好"的过程中，也面临一系列难点堵点问题，需锐意改革，推进老年健康服务高质量发展。

（一）人口老龄化对养老与老年健康服务的新要求与启示

人口老龄化意味着劳动年龄人口比重进一步下降，劳动力供给数量减少，养老负担和基本公共服务供给压力增加，较少的劳动年龄人口要负担同样多的人口。因此，要坚持经济发展就业导向，提升就业质量，促进充分就业，实施渐进式延迟法定退休年龄，鼓励更多的人参加生产活动，促进人力资源充分利用，减少养老负担系数。同时，进一步调整优化产业结构，推动有效市场和有为政府更好结合，优化资源配置效率，不断提高劳动生产率。

同时，人口老龄化对养老服务提出了更多更高的要求。目前四川省还有相当大规模的失能和部分失能的老年人，这些老年人口对社会化的生活照料、医疗护理等需求旺盛，以家庭赡养为主的传统养老模式也会发生转

变。要加快建设居家社区机构相协调、医养康养相结合的养老服务和健康支撑体系，壮大老年医学人才和护理人员规模，将医疗服务延伸至居家社区，发展不同类型的养老服务机构，满足多层次需求。

人口老龄化对老年用品也提出了更专业更有针对性的需求。我国60岁及以上人口中，拥有高中及以上文化程度的有3669万人，比2010年增加2085万人，其中60～69岁低龄老年人口占55.83%，这些老年人的消费意愿和消费能力较高，未来老年人口的整体消费需求也将持续释放。要加快落实老龄产业发展相关支持政策，进一步规范并扩大老年用品和服务供给，发展"银发经济"，促进养老服务高质量发展，提升老年人生活品质。

结合四川省实际情况，以习近平新时代中国特色社会主义思想为指导，认真落实《国家积极应对人口老龄化中长期规划》，在地方实践的基础上对宏观政策进行深入研究得到如下启示。

（1）对发展原则的启示。借鉴发达国家和我国其他省区市的成功经验，在发展原则上：政府主导与社会参与相结合、突出重点与适度普惠相结合、因地制宜与统筹发展相结合、民生为本与和谐发展相结合。

（2）对服务体系建设的启示。分析总结国内外养老服务的主要做法，对建立和完善四川养老与老年健康服务体系，具有以下几点启示：立法先行、强制实施；明确政府与市场定位；注重养老制度设计；注重老年人的需求评估；借助市场力量，以产业化方式来运作。

（3）对工作目标的启示。力争实现养老保险制度全覆盖；重点落实弱势老年群体的医疗保障；着重满足失能老人照护需求；满足不同老年群体不同层次需求；让科技手段更好地为老年群体服务；强化养老、健康服务事业"造血"功能；建立多渠道可持续的养老服务体系建设经费投入机制，确保养老服务体系建设有稳定的经费来源。

切实保障老年人基本民生，让每位老年人都能生活得安心、舒心、顺心，这是未来四川健康养老服务发展的方向，也是中国特色健康老龄化路径探索决策的依据。

（二）推进养老与老年健康服务高质量发展的重要意义

推进养老与老年健康服务高质量发展是建设社会主义现代化强国的必

然要求。人民群众是历史的创造者，更是中国特色社会主义事业的建设者。重视老年群体等特殊群体的健康权益、着力完善老年健康支撑体系，是以人民为中心的发展思想的体现，也是确保发展为了人民、发展依靠人民、发展成果由人民共享的体现。

推进养老与老年健康服务高质量发展是实施积极应对人口老龄化国家战略的重要举措。党的十九届五中全会将积极应对人口老龄化上升为国家战略，并在《中共中央 国务院关于加强新时代老龄工作的意见》中提出把积极老龄观、健康老龄化理念融入经济社会发展全过程。2020年我国失能失智老年人口超4000万人，对老年健康服务量和质的双重需求持续增加，推进老年健康服务高质量发展将成为未来一段时期内的重要举措。

推进养老与老年健康服务高质量发展是推进健康四川建设的应有之举。老年健康是推进实施健康中国、健康四川战略的关键要素，是健康中国、健康四川行动中的重要组成部分。为老年群体提供全方位、全周期、高质量的健康服务，有利于促进由以治病为中心向以人民健康为中心的转变，从而更好地实现"健康中国2030"战略目标。

推进养老与老年健康服务高质量发展是实现共同富裕的关键支撑。健康是人们幸福生活最重要的变量，健康是"1"，其他是"0"。扎实推动共同富裕需要以健康作为支撑，推动老年健康服务高质量发展可以有效减轻医疗负担，促进社会财富积累。同时，也有利于促进社会各类群体健康公平，分好"健康蛋糕"，推动实现共同富裕。

推进养老与老年健康服务高质量发展是落实"三孩政策"及其配套政策的基础条件。当前，我国生育率已处于较低水平，随着独生子女父母一代逐渐步入老年期，在"421"家庭结构下，独生子女将面临较大的照料负担，一旦老年人健康状况下降，将导致"一人失能、全家失衡"，由此更加剧了年轻人"不想生、不敢生"。为老年人提供高质量的健康服务、提高老年群体健康水平有利于解除年轻人的后顾之忧，提高其生育意愿。

二　经济社会发展过程中的四川人口老龄化特征

中国积极应对人口老龄化已走过 20 余年，在此期间聚焦于上海、北京等老龄化程度较深的东部发达地区的人口老龄化议题，并取得了丰硕的研究成果。在进入实施积极应对人口老龄化国家战略的新阶段，面临 2022 年我国将初步建立积极应对人口老龄化的制度框架之际，西部地区的人口老龄化应对问题亟待突破。1953 年四川省 65 岁及以上老年人口占比在全国所有省市中尚未进入前八，目前四川省的老年人口规模与老年人口占比增速已发展为西部第一，是典型的"低起点 - 高增长"老龄化模式。① 与此同时，作为生育政策严格调控的省份和流出人口大省，四川人口老龄化深受生育政策调整和劳动力流出变迁的影响，既反映了我国老龄化的普遍趋势，也呈现了历史特殊性。中国之于世界，是老龄化发展速度迅猛且老年人口规模最大的国家；四川之于中国，是老龄化加速发展且老年人口第二大的省份，对四川人口老龄化变迁规律及特征的科学研判，不仅有利于四川省积极应对人口老龄化，同时也为西部乃至全国进行积极的人口老龄化战略布局提供借鉴。

那么，在过去的 70 多年里，四川省人口老龄化究竟发生了什么样的变化，经历了哪些发展阶段？与全国相比，四川省的人口老龄化具有什么样的特征？本文将通过对省级层面数据的描述以及对数据背后意涵的简要阐释一一回答上述问题，并分析导致这一老龄化发展态势的原因。对这些问题的解答有利于我们正确把握四川省人口老龄化变迁态势及特征规律，进而为四川省抓住老龄化社会的机遇、因地制宜地制订积极应对人口老龄化的策略提供基础和依据。

人口老龄化是对年龄结构特征变化的定性描述，60 岁及以上人口占总人口的比例超过 10% 是老龄化社会的重要衡量标准之一，因此本文采用 60 岁来界定老年人口，并通过 60 岁及以上老年人口占总人口比重来度量人口

---

① 杨菊华、王苏苏、刘轶锋：《新中国 70 年：人口老龄化发展趋势分析》，《中国人口科学》2019 年第 4 期。

老龄化。度量四川省人口老龄化所使用的数据来源于 1953 年、1964 年、1982 年、1990 年、2000 年、2010 年的四川省人口普查以及 2015 年、2018 年《四川省人口统计公报》。由于行政区划调整，2000 年以后的四川省普查数据不包含重庆，但囿于 2000 年前相关数据可及性受限，我们在此未分离出重庆来统计 2000 年前四川省的人口状况，鉴于本文主要考察老年人口占比，在时点差距不大的情况下，整体老龄化态势并不会被间隔的微小差别所改变。①

（一）四川省人口老龄化的变迁态势

四川省人口老龄化的演进态势如何？由图 1 可知，四川省 60 岁及以上人口比例超过 10% 的时间为 1982 年。也就意味着，新中国成立以来，有超过一半的时间四川省 60 岁及以上人口占比在 10% 以上，处于老龄化社会阶段。1953 年四川省仅 9.64% 的 60 岁及以上人口，2018 年则翻了一番。在过去 70 年里，前 35 年四川省人口老龄化进程处于徘徊发展的阶段。1953~1982 年，近 30 年的时间，60 岁及以上老年人口比例上升不到 1 个百分点，其主要原因在于，新中国成立之后医疗卫生水平的大幅改善促使婴儿死亡率降低。在后 35 年里，四川省人口老龄化稳定快速发展，60 岁及以上老年人口规模持续增长，老年人口比例翻了一番。这与独生子女政策所带来的生育率下降密切相关，同时也不能忽视，四川省劳动力人口出省务工以及老年人口入川养老都进一步推动了四川省的老龄化进程。②

具体来看，1953~2018 年四川省的老龄化依次经历了徘徊期、起步期、加速期与缓慢期四个阶段（见图 1、表 1）。

（1）1953~1982 年为徘徊期。新中国初期较为宽松的生育政策促进了这期间的生育高峰，四川省少儿人口占总人口的比例维持在 50% 左右，老年人口占比则在 10% 以下徘徊，尚未进入老龄化社会，四川省老年人口年

---

① 杨菊华、王苏苏、刘轶锋：《新中国 70 年：人口老龄化发展趋势分析》，《中国人口科学》2019 年第 4 期。
② 周丽娜：《正确认识四川人口老龄化问题》，《四川省情》2019 年第 4 期。

均增长率略低于全国，老龄化年均增速为 0.02 个百分点，与全国相差无几。

（2）1982～2000 年为起步期。改革开放以来随着独生子女政策在四川省严格实施，少儿人口占比急剧下降；与此同时，60 岁及以上人口占比于 1982 年达 10.12%，标志着四川省迈入老龄化社会，此后老年人口缓慢增长，在此期间老龄化年均增速略有提高，但低于全国水平。

（3）2000～2015 年为加速期。该时期独生子女一代进入育龄期，伴随其生育观转变而来的生育率降低促使四川省总人口呈现负增长，2010 年开始少儿人口占比小于老年人口占比；与此同时，新中国成立后第一次出生高峰人口进入老龄行列，在此期间四川省老年人口年均增长率提高至 3.94%，老龄化年均增速剧增，为前两个时期增速总和的 6 倍有余，并高于同期全国水平，人口老龄化进程明显加快。

（4）2015～2018 年为缓慢期。随着 2015 年底"全面二孩"政策放开，四川省人口年均增长率有少量回升，但仅为老年人口年均增长率的 1/3；与此同时，老年人口持续增长，但增速明显放缓，老年人口年均增长率降至 1.76%，老龄化年均增速降至前一时期的约 40%，都低于同期全国水平。

总体而言，四川省人口老龄化变迁态势与全国整体趋势大体一致。新中国成立以来，我国人口老龄化前 35 年处于徘徊或缓慢发展过程中，后 35 年则稳定快速发展，[①] 这一点与四川类似。但与全国相比，四川老龄化进程具有以下两点不同：一是四川比全国更早进入老龄化社会，且老龄化程度始终高于全国。我国于 1999 年进入老龄化社会，四川则大概提前了 17 年，这与改革开放后大量四川劳动力人口出省务工、老年人口入川养老有关。二是四川老龄化发展速度提前进入阶段性放缓时期。2015～2018 年全国 60 岁及以上人口仍然快速增长，而四川则明显放缓，这可能得益于"全面二孩"政策在四川的有力推行。

---

① 王广州：《新中国 70 年：人口年龄结构变化与老龄化发展趋势》，《中国人口科学》2019 年第 3 期。

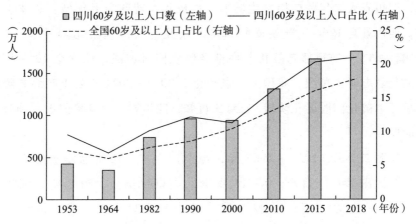

图1　1953～2018年全国与四川省老年人口规模及占比的变动趋势

资料来源：1953年、1964年、1982年、1990年、2000年及2010年的数据来自人口普查资料，2015年与2018年数据源于《四川省人口统计公报》。

表1　全国与四川省分时期60岁及以上人口比例与规模的增长情况

单位：百分点，%

阶段	老龄化年均增速		老年人口年均增长率	
	全国	四川	全国	四川
徘徊期（1953～1982年）	0.01	0.02	2.13	1.89
起步期（1982～2000年）	0.16	0.07	2.98	1.36
加速期（2000～2015年）	0.38	0.60	3.63	3.94
缓慢期（2015～2018年）	0.58	0.25	3.97	1.76

注：老龄化年均增速＝对应时期首末年份60岁及以上老年人口占比之差/对应时期年份数；此处计算老年人口年均增长率的前提假设是该时期内人口按几何级数增长。

资料来源：1953年、1964年、1982年、1990年、2000年及2010年的数据来自人口普查资料，2015年与2018年数据源于《四川省人口统计公报》。

（二）四川省人口老龄化的特征

全国人口老龄化具有规模大、增速快、地区差异显著、城乡倒置以及高龄化趋势等特点。与全国相比，四川省人口老龄化又具有什么样的特征呢？本节将利用省级数据对这一问题进行深入剖析。

1. 底部老龄化和顶部老龄化现象并存

寿命延长和生育率下降带来的人口老龄化分别表现为顶部老龄化和底部老龄化，即老年人口比例提高，少儿人口比例下降。新中国成立以来，四川省人口年龄结构发生转变，由成年型转变为老年型。总体上来看，四川省自1964年开始面临顶部老龄化与底部老龄化同时"夹击"问题，2015年前顶部老龄化与底部老龄化同时加强，此后至2018年同时弱化。有研究预测，我国人口老龄化于2017～2021年处于底部老龄化与顶部老龄化同时弱化阶段[①]，对比可知，四川省比全国提前进入同时弱化时期。

如图2所示，1953～1964年，与全国一样，四川也接连经历了第一、二次出生人口高峰，0～14岁少儿人口比例呈上升趋势，维持在50%以上；与之相反，60岁及以上的老年人口比例下降，始终低于10%，这与"三年自然灾害"以及当时较为落后的医疗卫生和社会保障水平有关。1964～2015年，少儿人口比例持续下降，于2010年跌破20%并开始低于老年人口比例，而全国少儿人口比例于2018年首次低于老年人口比例；与此同时，四川老年人口比例缓慢上升，于1982年突破10%，并于2000年后加速攀升，在2015年突破20%。2015～2018年，随着"全面二孩"政策的放开，四川少儿人口比例略有回升，但依然维持在16%左右的低位，同时老年人口比例增速减缓，但依然比少儿人口比例高约4个百分点。

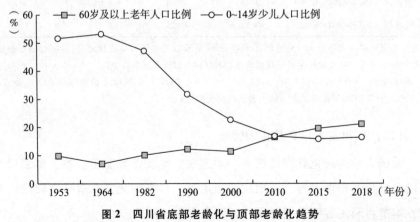

图2　四川省底部老龄化与顶部老龄化趋势

资料来源：1953年、1964年、1982年、1990年、2000年及2010年的数据来自四川省人口普查资料，2015年与2018年数据源于《四川省人口统计公报》。

---

① 胡湛、彭希哲：《应对中国人口老龄化的治理选择》，《中国社会科学》2018年第12期。

2. 老龄化程度"东高西低"，且差异明显扩大

若按照 60 岁及以上老年人口占总人口的 10% 作为进入老龄化社会的标准，截至 2015 年，四川省所有市和自治州均已进入老龄化社会，省内人口老龄化程度总体上呈现"东高西低"（见表 2）。2000 年西部少数民族地区（甘孜藏族自治州①、阿坝藏族羌族自治州②、凉山彝族自治州③）60 岁及以上人口比例均在 10% 以下，直到 2015 年才全部进入老龄化社会，其老龄化程度一直低于四川省平均水平。东部地区除了巴中市和广元市，其他地市均于 2000 年正式进入老龄化社会，并且 2015 年的老龄化程度均在 20% 左右。这主要是因为，四川东部地区以盆地、丘陵为主，环境宜居，经济水平较高，生育政策严格，因此老龄化程度较高；而西部多为山地、高原，自然环境较差，经济水平落后，以少数民族人口为主，生育政策较为宽松，因而老龄化程度相对较低。

四川老龄化程度地区差异在过去十几年里逐步扩大。2000 年老龄化程度最高值出现在泸州市（12.95%），最低值出现在阿坝州（8.32%），二者相差不到 5 个百分点；2015 年老龄化程度最高的是自贡市（25.72%），最低的是甘孜州（10.11%），二者之差约 16 个百分点，是 15 年前差值的约 3 倍。

四川东部地区的老年人口比例上升幅度大于西部地区。四川省的老年人口比例从 2000 年的 11.39% 增加到 2015 年的 19.64%，2015 年比 2000 年高 8.25 个百分点；西部甘孜州、阿坝州、凉山州 2015 年比 2000 年分别高 1.48 个百分点、4.85 个百分点、2.37 个百分点，远低于四川省平均水平；与之相反，东部自贡市、绵阳市、内江市、南充市、眉山市、广安市、巴中市及资阳市的老年人口比例 2015 年比 2000 年均高 10 个百分点以上，高于四川省平均水平，其中自贡市最多，高达 13.40 个百分点。

---

① 本书简称甘孜州。
② 本书简称阿坝州。
③ 本书简称凉山州。

表2　2000～2015年四川省各地区老年人口比例

单位：%

地区	2015 年	2010 年	2000 年
成都市	16.59	14.42	12.04
自贡市	25.72	18.69	12.32
攀枝花市	17.06	14.35	8.95
泸州市	19.15	16.36	12.95
德阳市	20.98	17.25	12.21
绵阳市	22.53	17.38	11.43
广元市	19.37	16.78	9.73
遂宁市	21.71	17.06	11.71
内江市	22.03	17.18	11.70
乐山市	21.92	17.77	12.38
南充市	22.38	18.11	11.66
眉山市	22.82	19.46	12.60
宜宾市	18.99	15.37	11.08
广安市	22.32	18.82	10.94
达州市	20.72	16.88	10.93
雅安市	18.14	15.47	11.37
巴中市	20.25	16.47	9.98
资阳市	23.96	20.11	12.46
阿坝州	13.17	10.87	8.32
甘孜州	10.11	9.69	8.63
凉山州	10.82	10.40	8.45
总计	19.64	16.30	11.39

资料来源：四川省2015年1%人口抽样调查，2010年、2000年四川省人口普查资料。

3. 人口老龄化城乡倒置现象一直存在，且差距不断扩大

人口老龄化程度城乡倒置（农村老年人口比例高于城市老年人口比例）是我国的普遍现象，四川也不例外。如图3所示，2020年，农村60岁及以上老年人口占比27.32%，比城镇高近10个百分点，这一差值高于

同时期全国平均水平。① 对比最近四次四川省人口普查与1%人口抽样调查数据发现，2000年四川人口老龄化程度开始出现城乡倒置的现象而且有逐渐扩大的趋势。2000年城镇60岁及以上老年人口比例为10.43%，农村为

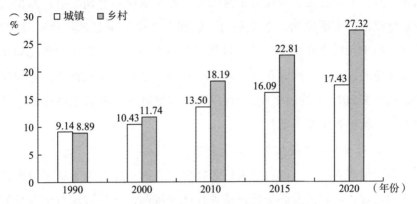

图3　四川省城乡60岁及以上老年人口比例

资料来源：2020年、2010年、2000年、1990年四川省人口普查资料，四川省2015年1%人口抽样调查。

11.74%，农村比城镇高1.31个百分点，此后这一差值持续上升，2020年这一差值约为2000年的10倍。四川是农民工外出务工大省，加上近年来像成都这样的省会城市也呈现人口净迁入的趋势，② 农民工流出加剧了农村老龄化，到四川城市就业的人员则缓解了城市老龄化，为城市有效延长了人口红利窗口期。

（三）主要结论与原因探讨

1. 主要结论

在进入实施积极应对人口老龄化国家战略的新阶段，作为进入深度老龄化社会的老年人口大省，四川省的人口老龄化发展进程如何？与全国相比，四川人口老龄化具有什么样的特征？对这些问题的回应是进一步解开四川人口老龄化谜团的钥匙，也是四川因地制宜进行积极应对人口老龄化战略配置的必要基础。因此，本文通过对四川省历年人口普查以及人口统

① 根据2020年第七次全国人口普查数据计算可知，全国农村60岁及以上老年人口占农村总人口的比例比城镇高8个百分点。

② 周丽娜：《正确认识四川人口老龄化问题》，《四川省情》2019年第4期。

计公报的数据描述分析，回溯了新中国成立以来四川省人口老龄化的变迁态势与特征，得出如下三点结论。第一，四川比全国更早进入老龄化社会，且老龄化程度始终高于全国。第二，四川人口老龄化变迁态势与全国大体一致，不同的是，在经历了徘徊期、起步期与加速期之后，四川人口老龄化提前进入缓慢期，在此期间，底部老龄化与顶部老龄化同时弱化。第三，四川人口老龄化具有"一同两异"的特征。"一同"是指底部老龄化和顶部老龄化现象同时存在，2015 年前顶部老龄化与底部老龄化同时加强，此后至 2018 年同时弱化；"两异"代表老龄化程度"东高西低"的地区差异与城乡差距都不断扩大。

2. 四川省人口老龄化变迁的主要原因

新中国成立以来，四川省人口老龄化与全国一样经历了从缓慢到快速发展的过程，同时其发展变化也呈现自己的特征，这些特征与生育政策调整、预期寿命延长所带来的"自然"老龄化，以及人口流动变迁所带来的"机械"老龄化最为相关。

（1）人口"自然"老龄化——生的少，活得久

与出生、死亡直接导致的人口自然增长相类似，生育水平变化、预期寿命延长促使四川省人口老龄化呈现自然转变。20 世纪 70 年代以来，四川人口出生率持续下降，始终低于全国水平。1970 年四川省人口出生率为 38.7‰，1980 年这一数值不及 1970 年的 1/3，21 世纪初更是首次跌破 10‰，并于此后十年一直维持在 10‰以下，[①] 从而加快了四川省底部老龄化进程。然而，2015 年底"全面二孩"政策的实施带来了积极效应。2016～2018 年四川省出生人口比 2010～2015 年平均每年增加 10 万人左右，2018 年新出生二孩比例还首次超过了一孩，[②] 相对减缓了四川省底部老龄化进程。由此看来，生育政策调整对于调节四川省的人口年龄结构作用显著，四川应抓住这一窗口期，积极制定应对人口老龄化的战略和战术，从而实现"边备边老"或"快备慢老"。

与此同时，随着社会经济的不断发展以及医疗卫生水平的改善，四川

---

① 《四川统计年鉴 2018》。

② 周丽娜：《正确认识四川人口老龄化问题》，《四川省情》2019 年第 4 期。

人口健康水平稳步上升，平均预期寿命不断延长，从而加快四川省顶部老龄化进程。1990 年四川省平均预期寿命为 66.33 岁，十年后突破 70 岁，2010 年则达到 74.75 岁，接近同时期的全国水平（74.83 岁），2015 年四川人口平均预期寿命首次高于全国水平，并于此后一直高于全国。①

（2）人口"机械"老龄化——青年外出，老年入川

与人口流迁引起的人口机械增长相类似，劳动年龄人口与老年人口的流迁促使四川省人口老龄化呈现机械转变。改革开放以来，随着社会主义市场经济的发展，东西部之间、城乡之间的收入差距不断扩大。2000 年四川省的城镇化率仅为 26.7%，城市发展水平较低，加之严格的户籍制度有所放宽，促使四川成为劳动力输出大省，大量劳动力人口出省务工加剧了四川省的人口老龄化程度。2010 年第六次全国人口普查资料显示，四川省超过一半的流动人口流出到省外经济发达地区，规模达 600 多万人，其中中青年是流出人口的主力军，超过六成；在 2014~2018 年全国流动人口规模下降的背景下，四川省流出人口规模继续增至 2018 年的 995 万人。

与此同时，越来越多的老年人口入川养老提高了四川省的老龄化程度，这些流入老人主要分为三类：一是返乡养老的老年农民工；二是入川养老的省外退休职工；三是投靠子女的老人。由 2015 年四川省 1% 人口抽样调查数据计算可知，由外省流入四川的老年人口约 9.83 万人，约为 2010 年的 1.5 倍。自古以来，四川积淀了深厚的养老休闲文化、齐备的养老休闲设施、山清水秀的宜居环境以及丰厚的饮食文化，促成了"少不入蜀、老不出川"的现象。

总体而言，基于四川省人口老龄化与全国的共性，以及其独特的规律和潜在的关联机制，四川省政府应在把握全国老龄化大趋势的基础上，立足本省的老龄化变迁态势及特征，抓住生育政策调整与人口流动变迁所带来的政策腾挪机遇，进行积极应对人口老龄化的战略配置，最终在西部地区乃至全国积极应对人口老龄化层面发挥累经验、扩成效、树典型的作用。

---

① 周丽娜：《正确认识四川人口老龄化问题》，《四川省情》2019 年第 4 期。

三 四川养老与老年健康事业发展历程

自 1949 年新中国成立之后，随着国家养老事业的不断发展，四川省养老事业也经历了一个曲折发展的过程，归纳起来可分为以下四个阶段。

1. 孕育发展阶段（1949～1977 年）

基于计划经济的背景，主要解决部分困境老年人社会照护问题，对于入住养老机构的"五保"、孤寡对象以及优抚对象等，由政府开办的福利性养老机构提供生活照护型粗放式养老服务。此时的养老服务还不是一个独立的概念和服务形式，包含在社会福利范围之内。

一是改造建立了一批城市养老机构。在城乡分治的二元社会结构下，城市服务设施是生产教养院，后更名为养老院、敬老院。二是建立了农村养老机构——敬老院，主要用于收养"五保"对象。三是优抚对象养老机构开始建立。主要是创建了烈属养老院（光荣院），接收包括孤老伤残军人、孤老复员军人等对象。1951 年创建了四川省革命伤残军人休养院，承担全省一至四级残疾军人住院、康复、休养以及全省重点优抚对象巡回医疗服务，先后集中供养了 2800 多名伤残军人，其中参加抗美援朝战争的约 2200 人。

2. 探索发展阶段（1978～1999 年）

基于市场经济的背景，在完善以政府为主的福利性服务的同时，探索解决社会养老问题，与养老服务相关联的老龄工作机构、老年政策等相继出现，保障了全省养老事业的积极推进和探索发展。

认真贯彻落实《老年法》，四川省成立了由分管副省长任组长、省级有关职能部门为成员的宣传贯彻《老年法》协调领导小组。省政府专门下发通知，安排部署《老年法》的宣传贯彻工作，并制定了《四川省优待老年人规定》。

省和各市（州）成立了老龄工作委员会及办公室。全省 181 个县（市、区）成立了老龄工作委员会，其中 175 个县（市、区）下设了办公室，大部分乡（镇、街道）也建立了老龄工作委员会及办公室。各级老龄工作委员会主任由同级政府领导担任，办公室均配备了专（兼）职工作人员。多数村（社区）建立了老龄工作领导小组。经过各级努力，以老龄工作机构为主体、以老年群众组织为基础的五级老龄工作网络基本形成。

四川各地按照公共财政的要求，对老龄事业经费和工作经费给予了必要的保障，并加快建立老龄事业经费投入自然增长机制。德阳、广元、泸州、乐山、宜宾、遂宁、达州、广安等市将老龄工作经费按照老年人口比例纳入了财政预算。阿坝州建立了老龄事业经费预算机制，为全州老龄事业发展提供了经费保障。宜宾等市每年从本级福利彩票公益金中安排部分资金，支持老龄服务设施建设、老年人生活补贴、居家养老服务试点等工作，有力保障了老龄事业健康发展。

3. 体系化发展阶段（2000～2011年）

四川省各级党委、政府及有关部门、单位坚持老龄工作"党政主导、社会参与、全民关怀"的方针，围绕"六个老有"目标，以认真贯彻实施《老年法》为着力点，切实履行职责，推进养老保障体系、养老服务体系和老龄工作体系建设。出台了《四川省老龄事业发展"十一五"规划》和《四川省人民政府关于进一步加强老龄工作的意见》，对发展老龄事业、加强老龄工作提出了具体要求。全省各地结合实际，制定了老龄事业发展"十一五"规划和加强老龄工作的政策，将老龄工作纳入了政府目标管理。

（1）加大宣传力度，为《老年法》实施营造良好环境。全省各地将《老年法》列入了普法内容，通过出版《老年法》宣传画、公开审理涉老案件、街头法律咨询、编印发放老年人权益保障知识读本等方式，加强《老年法》的宣传普及。省内主要媒体以"晚霞报""四川老龄网"等媒体，充分发挥各自优势，积极宣传老年法律法规政策和老年生活、保健、维权等知识。各地以"银龄普法"行动为平台，组织老年志愿者参加普法宣传，大力营造敬老爱老的社会氛围。开展了"敬老月"活动，走访慰问贫困老年人。在老年人乘坐公交车、参观旅游等方面出台优惠措施，树立了敬老爱老的社会风气。开展了敬老爱老主题活动，先后推出3名全国孝亲敬老楷模，5名全国孝亲敬老楷模提名奖，172名全国孝亲敬老之星，通过宣传先进典型，促进家庭和睦、代际和顺与社会和谐。先后开展了三轮创建敬老模范县（市、区）、敬老模范乡（镇、街道）、敬老模范村

（社区居委会）活动，下发了检查验收标准。通过创建活动，各级党委、政府更加重视老龄工作，爱老敬老的社会氛围更加浓厚，为《老年法》实施营造了良好的环境。

（2）坚持以人为本，努力强化养老保障。围绕老年人"吃饭""看病"两个基本问题，各级政府着重从两方面开展工作。首先，加强基本生活保障。一是养老保险覆盖面进一步扩大。2010年，参加城镇职工基本养老保险人数达到1301.4万人。为方便群众享受社保服务，养老金已全部实现社会化发放，企业退休人员社区管理覆盖面达到95.5%。按照国家统一部署，四川省连续七年提高企业退休人员基本养老金待遇，正常参保人员月人均养老金提高1000余元。从2009年起，推进新型农村社会养老保险试点工作，省政府下发了试点实施办法。2011年全省新农保试点县（市、区）达到67个，共有199.7万名符合条件的农村老年人领取了基本养老金。同年，省政府决定将全省60岁及以上的农村居民最低生活保障对象全部纳入新农保制度覆盖范围，免费参保，按月领取基本养老金。二是城乡低保制度进一步完善。省政府下发了《四川省农村居民最低生活保障办法》《关于进一步加强城乡居民最低生活保障工作的通知》《关于进一步健全和完善城乡社会临时生活救助制度的通知》，规范和完善了城乡低保和社会救助制度。全省符合条件的老年人家庭全部纳入低保范围，实现"应保尽保"，并实施分类救助，适当提高救助标准。三是"五保"供养标准提高。全省51.1万名符合条件的"五保"对象全部纳入供养范围，其中集中供养23万多人。集中供养标准年人均2812元，分散供养标准年人均1910元。集中供养率、人均供养标准均逐年提高。全省各级财政每年支出"五保"供养金9.15亿元。四是农村计划生育家庭奖励扶助制度得到落实。全省62.8万名农村计划生育老人享受了政府每年720元的奖励。全面启动计划生育家庭特别扶助制度，对独生子女死亡和伤残的父母按每人每月100元和80元的标准给予扶助。五是建立了长寿老人补贴制度。全省普遍实行百岁老人每月不低于100元的长寿补贴。已有87个县（市、区）提高了百岁老人长寿补贴金，最高的每人每月近500元；有75个县（市、区）建立了80~99岁老年人长寿补贴制度。全省享受高龄补贴的老年人超过17万名。

其次，加强医疗保障。全省 181 个县（市、区）实施了城镇职工、城镇居民医疗保险制度。截至 2010 年底，全省 347.9 万名城镇退休职工全部享受了城镇基本医疗保险。在 175 个涉农县（市、区）实施了新农合制度，全省参合农村老年人人均财政补助实际达到 126 元，住院次均补偿费用达到 1033.85 元。截至 2010 年底，累计支出城乡医疗救助金 12.43 亿元，救助 188.3 万人次，其中大部分为老年人。有 117 个县（市、区）利用新农合信息平台实行了医疗救助"一站式"服务，资助参加城镇居民基本医疗保险人数 59.58 万人次，资助参加新农合医疗人数 410.41 万人次，城镇"三无"老人、农村"五保"老人全部享受了政府资助。大部分县（市、区）的医院免收或减收老年人挂号费，实行老年人挂号、取药、住院优先，并开设了老年病诊室、老年病房、老年康复中心等。

（3）加强权益保障，不断发展养老服务。一是加强老龄服务设施建设。"5·12"汶川特大地震使四川省灾区老龄服务设施损毁严重，经积极争取，将 613 个老龄服务设施、41 个社会福利院、475 个敬老院、14 个光荣院和优抚医院纳入灾后重建国家项目。从 2006 年起实施了"幸福家园"工程，五年共投入 11 亿多元，新建和改扩建 176 个国办养老服务机构。截至 2010 年底，全省国办社会福利院机构数达到 220 个，是 2000 年的 4 倍，床位数增加到 2.1 万余张，是 2000 年的 3.5 倍。新改扩建敬老院 152 个，新增床位 1.13 万张。全省敬老院达到 3231 家，床位数达到 25.2 万张。全省各类养老床位数达到 29.1 万张，每千名老人拥有养老床位数 22 张。2011 年全省城乡共有老年活动中心（室）2.2 万余个，各类老年大学（学校）1900 所，在校学员 45 万人，实现了老年教育"十一五"发展目标。经评估定级，评出 A 级老年大学 27 所，B 级 46 所，C 级 42 所，推动了老年教育的规范化、制度化。二是积极开展居家养老服务试点。各地积极探索居家养老模式，制定出台了加强居家养老服务工作的文件，明确了经费投入、部门分工合作和为老服务队伍建设等措施，启动了实施养老服务社会化示范社区创建工作，在全省 14 个市、25 个社区进行试点，在省本级福彩公益金中列出专项经费予以保障，并将此项工作纳入当年省委、省政府民生工程。成都市将居家养老工作从城市推向农村，金牛区依托公司化服务、养老机构延伸服务等模式，积极构建居家养老服务保障体系。成都、绵阳、南充、遂宁等地为孤寡老人和"空巢"老人安装了"一键通"监护保护体系，部分分散供养的"三无""五保"老人享受了政府购买居家养老服务。三是探索发展民间养老服务业。成都、达州等地积极探索推进养老服务社会化路子，制定优惠政策措施鼓励和扶持社会力量兴办老年福利设施。成都市出台了加快老龄服务社会化产业发展的意见，达州市出台了支持社会力量兴办养老服务机构的意见，为发展民办养老机构提供了政策支持。截至 2010 年底，全省民办养老机构达到 88 家，床位 13168 张，入住老年人 7827 人。四是开展法律援助服务。2007 年向老年人发放了一万张法律服务援助金卡。2008 年在泸州市龙马潭区、南江县、安岳县实施了老年人法律援助项目试点，办理各类涉老法律援助案件 998 件，为 18800 名老年人提供了法律援助。省妇联及时调整充实原有的妇女维权机构，建立完善家庭纠纷调解中心、妇女维权站、巾帼维权岗等维权机构，切实维护老年妇女的合法权益。

（4）创造有利条件，促进老年人融入社会、参与发展。丰富老年文体活动，促进老年人融入社会。在全省文化信息资源共享工程实施过程中，以农村为重点，向民族地区、革命老区和贫困山区倾斜，建立覆盖全省的五级公共文化服务网络，保障基层群众和广大老年人享有便捷的公共文化服务。全省基层服务站达到 15562 个，服务群众达到 1000 多万人。2009 年 9 月，中共四川省委、四川省人民政府办公厅联合下发《关于进一步加强老年体育工作的意见》，为推动老年体育事业发展提供了有力支持。全省常年参加体育活动的老年人达到 650 万人，约占老年人总数的 50%。发挥老年人专长，促进老年人参与社会发展。四川省将老年人才的开发利用纳入人才资源开发的总体规划，建立老专家人才库，通过老科技工作者协会、老教授协会和老年人协会等老年群众组织，发挥老年人的优势，鼓励和扶持老年人参与物质文明、精神文明和生态文明的建设。四川省和浙江省共同开展了援助乐山茶业发展项目，利用乐山市老科协的人才优势，在乐山市 6 个镇实施，实现茶农增收 1.22 亿元。

4. 快速发展新时代（2012 年至今）

2012 年以来，在四川省委、省政府的坚强领导下，四川各地各部门以实现老有所养、老有所医、老有所为、老有所学、老有所乐为目标，着眼老年人对美好生活的新期盼，切实树立以人民为中心的发展思想，积极开展应对人口老龄化行动，切实解决老年人普遍关心的突出问题，全省老龄事业发展和养老体系建设呈现快速发展的态势。

一是养老服务政策体系框架基本建成。党的十八大以来，修订颁布《四川省老年人权益保障条例》，为推动老龄事业健康发展奠定了法制基础，出台《关于推进四川养老服务发展的实施意见》，并先后出台60余个养老服务方面的配套政策文件，从发展规划、设施建设、机构责任、政府投入、金融支持等方面进行制度规范和设计。设立具有四川特色的"七大工程"，以省政府一系列规范性文件为骨干，以涉老职能部门工作方案、养老服务行业系统标准为支撑的政策支撑体系初步建立。建立了养老服务厅际联席会议，保证了养老服务相关部门合力。

二是社会养老保障制度更加健全。城镇企业职工基本养老保险实现省级统筹，城乡居民养老保险实现制度全覆盖，机关事业单位工作人员养老保险制度初步建立。养老保障标准逐步提高。老年医疗保障、老年社会救助、高龄津贴、老年优待等制度逐步建立健全，在特殊困难老年人全部实现政府供养的基础上，基本养老服务覆盖范围进一步扩大。

三是养老服务供给能力明显增强。"十三五"期间，全省各级财政累计投入养老服务专项资金120亿元，其中省级财政投入78亿元，省本级和地方各级政府用于社会福利事业的彩票公益金，不低于50%的资金用于支持发展养老服务。供给模式创新转型，居家、社区、机构"三位一体"融合发展，多功能社区养老服务综合体、智慧养老、老年助餐、社区老年教育、互助养老等模式不断涌现。农村养老服务改革试点在发展定位、服务对象、内容形式、运行方式上实现"四个转变"，探索形成农村养老服务"四川模式"。截至2020年底，全省养老机构和设施总数为1.8万个，各类床位50.7万张，其中养老机构3103个、床位38.8万张。民办养老机构占到总数的29.1%，床位数占到总数的29.9%，其中护理型床位数11.7万张，占养老机构床位数的比例达到30.2%。医养结合型机构2000余家。

四是养老服务质量大幅提升。连续四年开展养老院服务质量建设专项行动，全省不合格养老院整治率达100%，全省养老院管理服务质量类指标合格率达到90%以上，养老机构规范化、标准化服务水平显著提升。加快推动覆盖行业法人、从业人员和服务对象的行业信用体系建设，严格落实信用联合奖惩机制和红黑名单制度，养老服务市场秩序不断规范。全省高等院校开设健康服务与管理、中药学等养老健康服务相关专业点250个，在校学生13.5万人。全省中等职业学校开设涉老人才相关专业23个、专业点133个，在校学生11万人。加强养老服务培训，大力实施"百千万养老人才队伍建设工程"，全省市、县民政部门养老服务业务骨干和养老院院长培训面实现全覆盖。

五是养老服务市场活力显著增强。深化养老服务"放管服"改革，取消养老机构设立许可，全面实行备案制管理，进一步激发养老服务市场活力。社会资本进入养老服务领域的积极性明显增强。成功举办三届中国（四川）老龄事业暨养老服务业博览会，累计签约金额近120亿元。加快推动养老服务产业发展，产业链条不断完善，新业态不断涌现，加快构建以成都温江区、攀枝花西区为载体的"一园两区多板块"发展格局。营商环境得到全面优化，以政府为主导、市场为主体、社会为补充、家庭为基础的养老服务发展格局基本形成。

四　四川养老与老年健康服务发展的基本情况

2016年全国卫生与健康大会后，中国养老服务和老年健康服务的发展进入体系化的快速发展和全面系统的构建阶段。随着社会的发展，四川养老与老年健康服务发展迅速，老年健康服务体系是从全人群、全生命周期的角度为老年人提供健康服务的体系，涉及经济、社会、文化发展等多个领域。党的十九大以来，老年健康服务的顶层设计不断完善，政策框架体系不断健全，体制机制逐渐理顺，党委领导、政府主导、社会参与、全民行动的格局逐步形成，敬老、孝老、养老的社会文化氛围加快构建，老年人的获得感、幸福感、安全感明显增强。"十四五"时期，我国处于百年未有之大变局的深度调整期和"两个一百年"奋斗目标的历史交汇期。疫情防控常态化叠加人口老龄化加速是"十四五"时期落实"健康中国"战略、推进老年健康服务体系建设所面临的基本情况，将对老年健康服务体系建设提出更多、更新、更高的要求。

（一）四川省总体情况

1. 四川省人口发展和老龄群体基本概况

四川省地处中国西南内陆，是我国的资源大省、人口大省和经济大省。早在20世纪80年代，四川省就开始步入老龄化社会，超过全国老龄化程度。2015～2020年，四川省60岁及以上人口占比超过20%。

根据四川省第七次全国人口普查结果，截至2020年11月1日零时，全省常住人口为83674866人，60岁及以上人口为18163804人，占21.71%，其中65岁及以上人口为14167600人，占16.93%（见表3）。与2010年第六次全国人口普查相比，60岁及以上人口的比重上升5.41个百分点，65岁及以上人口的比重上升5.98个百分点。21个市（州）中，65岁及以上老年人口比重超过14%的市有17个，占比最高的为资阳市（22.62%），最低市为甘孜州（8.36%），两者间相差近15个百分点。多数市（州）老龄化程度高于全省，除成都市、攀枝花市、宜宾市、甘孜州、阿坝州、凉山州外，其他15个市老龄化程度都高于全省，其中资阳、自贡、南充、德阳、内江、眉山六市65岁及以上老年人口比重超过20%（见表4）。

表3　2020年四川省人口年龄构成

单位：人、%

年龄组	人口数	比重
0～14岁	13471112	16.10
15～59岁	52039950	62.19
60岁及以上	18163804	21.71
其中：65岁及以上	14167600	16.93
总计	83674866	100

资料来源：《四川省第七次全国人口普查公报（第四号）——人口年龄构成情况》，四川省统计局网站，2021年5月26日，http://tjj.sc.gov.cn/scstjj/c111702/2021/5/26/71a9e35493564e019268b2de2cd0a986.shtml。

表4　2020年市（州）人口年龄构成

单位：%

地区	占常住人口总量的比重			
	0~14岁	15~59岁	60岁及以上	其中：65岁及以上
成都市	13.28	68.74	17.98	13.62
自贡市	15.77	56.89	27.34	21.29
攀枝花市	14.00	66.24	19.76	15.88
泸州市	18.23	58.78	22.99	17.65
德阳市	13.06	61.13	25.81	20.25
绵阳市	14.13	62.16	23.71	18.36
广元市	15.37	60.13	24.50	18.81
遂宁市	15.52	59.29	25.19	19.85
内江市	15.55	59.22	25.23	20.03
乐山市	14.11	61.39	24.50	19.19
南充市	15.72	58.28	26.00	20.69
眉山市	14.01	61.26	24.73	20.02
宜宾市	18.73	60.70	20.57	15.76
广安市	17.55	57.65	24.80	19.57
达州市	17.29	60.35	22.36	17.96
雅安市	15.39	63.16	21.45	17.01
巴中市	17.35	58.19	24.46	19.67
资阳市	16.75	55.06	28.19	22.62
阿坝州	18.87	66.80	14.33	10.81
甘孜州	22.99	65.65	11.36	8.36
凉山州	27.64	59.92	12.44	9.49

资料来源：《四川省第七次全国人口普查公报（第四号）——人口年龄构成情况》，四川省统计局网站，2021年5月26日，http://tjj.sc.gov.cn/scstjj/c111702/2021/5/26/71a9e35493564e019268b2de2cd0a986.shtml。

　　各种数据表明，四川省已进入深度老龄化社会。而受经济发展水平、人口生命周期等因素影响，与其他国家和其他省份相比，四川省人口老龄化具有绝对数量大、超高龄化、健康素养水平较低、空巢化、城乡分化等典型特点。未来必然会面临由持续加深的老龄化带来的各类挑战，亟须建立起全覆盖、多层次、易协调的养老服务体系，以积极应对人口银色浪潮的袭来。

2. 全省医疗卫生机构基本概况

根据四川省卫生健康事业发展统计公报，2021 年末，全省医疗卫生机构总数达 80249 个，比上年减少 2544 个。其中，医院 2481 个，基层医疗卫生机构 76875 个，专业公共卫生机构 703 个。与上年相比，医院增加 46 个，基层医疗卫生机构减少 2616 个。医院中，公立医院 684 个，民营医院 1797 个。医院按等级分：三级医院 299 个（其中三级甲等医院 129 个），二级医院 751 个，一级医院 932 个，未定级医院 499 个。

3. 全省医疗卫生机构床位及卫生人员基本概况

（1）医疗卫生机构床位概况

2021 年，全省医疗卫生机构床位数 66.20 万张，比上年增加 1.24 万张。其中，医院 49.75 万张（75.15%），基层医疗卫生机构 14.85 万张（22.43%），专业公共卫生机构 1.47 万张（2.22%）。每千人口医疗卫生机构床位 7.91 张。2021 年，全省医院按床位数分：100 张以下床位医院 1452 个，100～199 张床位医院 406 个，200～499 张床位医院 342 个，500～799 张床位医院 150 个，800 张及以上床位医院 131 个。

（2）卫生人员基本情况

2021 年末，全省卫生人员总数达 86.54 万人，比上年增加 4.05 万人（增长 4.91%）。其中，卫生技术人员 67.27 万人，乡村医生和卫生员 5.41 万人，其他技术人员 3.19 万人，管理人员 4.25 万人，工勤技能人员 7.63 万人。卫生技术人员中，执业（助理）医师 25.04 万人，注册护士 30.67 万人。与上年比较，卫生技术人员增加 4.03 万人（增长 6.37%）。2021 年末，卫生人员机构分布：医院 50.90 万人（58.82%），基层医疗卫生机构 29.62 万人（34.23%），专业公共卫生机构 5.31 万人（6.14%）。

2021 年末，卫生技术人员学历结构：本科及以上占 26.95%，大专占 40.93%，中专及技校占 30.51%，高中及以下占 1.61%。技术职务（聘）结构：高级（主任及副主任级）占 8.91%、中级（主治及主管）占 19.54%、初级（师、士级）占 63.88%、待聘占 7.67%。

2021 年，每千人口执业（助理）医师 2.99 人，每千人口注册护士 3.66 人，每万人口全科医生 2.48 人，每万人口公共卫生人员 5.27 人。

4. 全省老年健康服务基本概况

（1）社区卫生服务中心（站）概况

2021 年，全省社区卫生服务中心（站）1116 个。其中，社区卫生服务中心 498 个，社区卫生服务站 618 个。与上年相比，社区卫生服务中心增加 39 个，社区卫生服务站增加 19 个。乡镇卫生院 3661 个，诊所和医务室 20563 个，村卫生室 50309 个。

（2）健康管理现状

2021 年全省接受健康管理的 65 岁及以上老年人 707 万人，按照规范要求进行高血压患者健康管理的老人 491.31 万人，按照规范要求进行 2 型糖尿病患者健康管理的老人 173.54 万人。

（3）老年健康服务基本情况

截至 2021 年底，全省设立老年医学科的二级及以上综合性医院 303 家，设置率 46.4%，提供安宁疗护服务的医疗机构 183 家。

（4）医养服务机构概况

截至 2021 年底，全省医养服务机构 347 家，床位 9.5 万张，医疗机构与养老机构签约合作 4968 对。

（二）区域总体情况

1. 区域人口发展和老龄群体基本概况

按照四川五大区域①来比较。根据第七次全国人口普查结果，截至 2020 年 11 月 1 日零时，成都平原经济区常住人口为 41934978 人，占 50.12%；川南经济区常住人口为 14472887 人，占 17.30%；川东北经济区常住人口为 19266421 人，占 23.03%；攀西经济区常住人口为 6070562 人，占 7.25%；川西北生态示范区常住人口为 1930018 人，占 2.31%。与 2010 年第六次全国人口普查相比，成都平原经济区、攀西经济区常住人口占全省比重分别上升 4.25 个和 0.10 个百分点，川南经济区、川东北经济区、川西北生态示范区常住人口占比分别下降 1.44 个、2.74 个和 0.17 个

---

① 《成都平原经济区"十四五"一体化发展规划》《川南经济区"十四五"一体化发展规划》《川东北经济区"十四五"振兴发展规划》《攀西经济区"十四五"转型升级发展规划》《川西北生态示范区"十四五"发展规划》。

百分点。

2. 成都平原经济区养老与老年健康服务发展概况

"十三五"以来，成都平原经济区（成德绵乐眉资遂雅）经济社会发展成效明显，城乡区域发展协调性持续增强，协同发展体制机制初步构建，具备高质量推动一体化发展的基础条件。成德眉资居民就医"一码通"基本实现，四川大学华西医院、省人民医院等优质医疗资源逐步向各市延伸。企业职工养老保险、医疗保险关系无障碍转移接续，医保异地就医费用联网直接结算、医保基金协同监管。

"一带一路"建设、长江经济带发展、新时代西部大开发等国家战略对经济区一体化发展提出了更高要求。建设成渝地区双城经济圈将深刻改变经济区战略位势、区域能级和发展格局。成都平原经济区是全省产业基础最好、经济发展最活跃、创新能力最强、开放程度最高的区域，多重国家重大战略交汇叠加将为经济区迈向更高水平一体化带来新机遇。战略定位：大都市宜居生活典范区。围绕建设高品质生活宜居地，充分发挥经济区自然禀赋优越、人文底蕴厚重、综合承载能力较强等优势，统筹生态、生活、生产空间布局，促进公共服务共建共享，大幅改善城乡人居环境，加快提升社会治理能力，全面增强人民群众的获得感、幸福感、安全感。打造多元特色消费场景，培育消费新业态。共同打造"智慧养老院""智慧养老社区"，支持成都等积极创建国家级智慧健康养老示范基地。

加快建设社区养老服务综合体，构建连锁化运营、标准化管理的示范性社区居家养老服务网络，打造"15分钟养老服务圈"。联合开展养老机构等级评定和划分，增加养老机构护理型床位，推动培训疗养机构向普惠养老机构转型。支持组建医疗养老联合体。打造一批智慧养老院、智慧养老社区。推进公共服务标准化、便利化，提升公共服务便利化水平。建设集合医疗卫生、政务服务、日间照料等功能的社区综合体。

3. 川南经济区养老与老年健康服务发展概况

"十三五"期间，川南经济区（自泸内宜）公共服务实现新提升。医养结合一体化区域发展联盟组建成立，紧密型县域医共体建设试点加快推进。

"十四五"期间，力争公共服务水平大幅提升。基本公共服务均等化水平明显提高，优质公共服务供给能力大幅增强，医疗卫生、文化教育、就业创业、社会保障等领域共建共享水平不断提升，社会协同治理加快推进，人民群众对美好生活新期待得到更好满足。加快发展健康和养老服务业，推进医养融合发展，构建居家社区机构相协调、医养康养相结合的养老服务体系，打造城市居家社区"15分钟养老服务圈"和农村三级养老服务网络，推动养老事业和养老产业协调发展，积极开发适老化产品和服务，建设一批健康养老特色示范点或示范区。支持社会力量参与发展养老托育服务，扩大普惠养老、普惠托育服务供给。加快服务业优化升级。服务业重点项目：医疗康养自贡市中医医院卧龙湖康疗中心（二期）、自贡智慧健康城、自贡市老年病医院（自贡市康养中心二期）、泸州长江经济开发区医疗健康园区、泸州西南健康产业总部经济园、中国西南大健康产业园、内江市市中区大自然康养城、伟禾生物医学检验中心西南总部、宜宾石城山森林康养中心、安缇缦运动康养旅游度假区、长宁县东山湖康养基地等。共建区域医疗中心。依托西南医科大学及附属医院等优质医疗资源，发挥麻醉、骨科等专（学）科优势，组建川南专科联盟，合力打造重点专（学）科群，协同扩大优质医疗资源供给。深化与四川大学华西医院、重庆医科大学附属医院等合作，建立区域医疗中心人才培养平台。加快建设区域医疗健康中心，不断增强区域医疗健康服务辐射能力。

4. 川东北经济区养老与老年健康服务发展概况

"十三五"期间，川东北经济区民生福祉稳步增进，人民生活水平显著提高。医疗卫生服务体系进一步完善，引进一批公办优质医疗机构落户经济区。

"十四五"期间，计划加快城乡公用设施建设。推进城乡基本公共服务标准统一、制度并轨，统筹配置城乡教育、医疗卫生、社会保障、养老等资源，加快城乡公用设施建设。推进城乡基本公共服务标准统一、制度并轨，统筹配置城乡教育、医疗卫生、社会保障、养老等资源。

5. 攀西经济区养老与老年健康服务发展概况

"十四五"期间，攀西经济区发展定位为国际阳光康养旅游目的地。发挥四季阳光明媚、气候温暖宜人、自然风光绚丽秀美、民族风情多姿多彩的优势，推进农文旅融合发展，加快攀西文旅经济带和阳光生态经济走廊建设，打造世界知名的阳光康养休闲度假胜地。构建攀西全域旅游格局，做亮攀西阳光康养旅游品牌。

推动公共服务共建共享，增强医疗卫生服务能力。依托凉山州第一人民医院、攀枝花市中心医院等区域内优质医疗资源，共建省级区域医疗中心，组建跨市域医疗联合体，合力打造一批重点专科联盟。加强区域重大疫情联防联控，建设攀西地区卫生应急和联防联控综合信息平台、疾控机构与医疗机构数据交换平台。大力实施预防接种、传染病防治、禁毒防艾等重点公共卫生服务项目。推进中彝医药传承创新发展，支持凉山州中西医结合医院建设省彝医医院。探索攀西地区公立医院电子健康卡就医"一码（卡）通"，推动二级及以上医疗机构检验结果共享和互认，建立疑难重症会诊和转诊绿色通道。取消异地就医提前备案手续，实施普通门诊、慢性病门诊等异地就医"一单式"直接结算。推进攀枝花、凉山专家人才库共建共用，强化医学教育和人才培养合作。

加强就业服务和社会保障，完善养老托育服务体系。实施出生人口素质提升计划，建立健全0~3岁婴幼儿照护服务体系，发展普惠托育服务。规划建设与常住人口规模相适应的婴幼儿照护服务和配套设施。发展普惠性养老服务和互助性养老，建立居家社区机构相协调、医养康养相结合的养老服务体系。建设满足基本养老服务需求、服务高龄失能失智老年人的功能性养老服务机构及设施。

6. 川西北生态示范区养老与老年健康服务发展概况

"十四五"期间，川西北生态示范区将加强医疗健康服务，推进医疗卫生高质量发展。实施新一轮民族卫生发展十年行动计划。优化医疗卫生资源配置，实施优质医疗资源扩容下沉工程。支持创建州级区域医疗中心，推动州级龙头医院高质量发展，提升县级医院、乡镇卫生院、村卫生室医疗卫生服务水平。深化合作办医，加快建立分级协同诊疗医联体，完善县域医共体。推进县医院和有条件的乡镇卫生院建设高压氧舱，在高海拔农牧区逐步普及健康用氧设备。加快互联网医院和智慧医院建设。加强基层全科医生队伍建设。提升中藏羌医服务能力。坚持中西医并重，支持藏羌医药研发、生产和流通体系建设，促进藏羌医药健康发展。建设四川省藏医院和四川省藏羌医院，改善民族医院办院条件，加强中藏羌医专科建设。促进医养融合发展，发展中藏羌医药健康养老服务。

（三）四川省养老与老年健康事业发展政策

2012 年，党的十八大提出积极应对人口老龄化，大力发展老龄服务事业和产业，为养老产业的发展带来新的机遇。为此，四川省政府主动适应老龄化新情况、新需求和新的发展趋势，陆续出台了一系列文件，不断完善养老与老年健康相关政策，不断推进四川省养老与老年健康事业发展。

2014 年，《四川省人民政府关于加快发展养老服务业的实施意见》（川府发〔2014〕8 号）发布，指出要通过加强城市养老服务设施建设、重视和发展农村养老服务、大力发展居家养老和社区养老服务、加强养老机构建设、推进医疗卫生与养老服务相结合、大力发展养老产业等措施，实现到 2020 年，全面建成以居家为基础、社区为依托、机构为支撑，功能完善、规模适度、覆盖城乡的养老服务体系。养老服务覆盖所有居家老年人，养老服务设施覆盖所有城市社区，90% 以上的乡镇和 60% 以上的农村社区建立养老服务设施和站点。养老床位数达到 61 万张以上，每千名老年人拥有养老床位 35 张以上。养老服务提供就业岗位 75 万个以上。养老服务业成为服务业重要组成部分。其中，到 2017 年，养老服务覆盖所有居家老年人，养老服务设施覆盖 90% 以上的城市社区，75% 以上的乡镇和 50% 以上的农村社区建立养老服务设施和站点。养老床位数达到 55 万张以上，每千名老年人拥有养老床位 33 张以上。养老服务业提供就业岗位 65 万个以上。

2015 年，《四川省人民政府办公厅印发关于加强老年人关爱服务体系建设意见的通知》（川办发〔2015〕13 号）、《四川省人民政府办公厅关于印发四川省养老与健康服务业发展规划（2015—2020 年）的通知》（川办发〔2015〕96 号）相继发布，指出要加快全省老年关爱服务体系建设，推进养老与老年健康服务业发展工作。其中，13 号文指出，到 2020 年，全面建成以政府关爱为主导、家庭关爱为基础、社区关爱为重点、社会关爱为主体，功能完善、覆盖城乡，符合四川实际情况、具有四川特色的老年人关爱服务体系：健全覆盖城乡居民的社会养老保障体系，实现全省老年人享有基本养老保障；健全老年人基本医疗保障体系，基层医疗卫生机构为辖区内 65 岁及以上老年人开展健康管理服务；健全以居家为基础、社区为依托、机构为支撑的社会养老服务体系。96 号文明确四川省到 2020 年，将建设一批特色突出、优势显著的养老与健康服务业基地，构建特色鲜明、布局合理、创新发展的"一区两片三带"养老与健康服务业发展格局，基本建立与经济社会发展水平相适应、与居民养老健康需求相匹配的覆盖城乡、功能健全、结构合理的养老与健康服务业体系，培育发展一批技术领先、服务优质的骨干企业（机构）和知名品牌，养老与健康服务业规模不断壮大，成为推动全省经济社会转型发展的重要力量，为建设"健康四川"奠定坚实基础。

2016 年，《四川省人民政府办公厅转发省卫生计生委等部门关于加快推进医疗卫生与养老服务相结合实施意见的通知》（川办发〔2016〕57号），科学统筹全省医疗卫生和养老资源，推动四川省医疗卫生与养老服务融合发展，不断满足全省老年人的基本医疗卫生与养老服务需求，提升老年人健康水平。到 2020 年，实现医疗卫生与养老服务深度融合，全面建成以居家为基础、社区为依托、机构为补充的功能完善、规模适度、覆盖城乡的养老服务体系，以及与经济社会发展水平相适应、与居民健康需求相匹配的分工明确、功能互补、协同发展的医疗卫生服务体系。加强养老机构与医疗机构的衔接，逐步形成布局合理、功能完善、安全便捷的健康养老服务网络，实现所有医疗机构开设为老年人提供挂号、就医等便利服务的绿色通道，所有养老机构能够以不同形式为入住老年人提供医疗卫生服务，基本适应老年人健康养老服务需求。

2017 年，《四川省人民政府关于印发四川省"十三五"老龄事业发展和养老体系建设规划的通知》（川府发〔2017〕55 号）明确，坚持"以人为本，共建共享；厚植优势，补齐短板；改革创新，激发活力；合理布局，分层分类；统筹兼顾，协调推动"基本原则，积极应对人口老龄化，构建养老、孝老、敬老政策体系和社会环境，推进医养结合，加快老龄事业和产业发展，全面提升老年人生活质量，确保全省老年人同步进入全面小康社会。到 2020 年，老龄事业发展整体水平达到全面建成小康社会的新要求，养老体系更加完善，管理体制和服务机制运转更加高效，支持老龄事业发展和养老体系建设的社会环境更加友好，科学综合应对人口老龄化的能力显著提升。城镇职工和城乡居民基本养老保险参保率达到 90% 以上，基本医疗保险参保率稳定在 98% 以上，城乡特困老年人供养率达到 100%。各类居家养老服务企业（机构）和社会组织达到 3.5 万个以上，护理型床位占养老床位总数的比例不低于 30%，政府运营的养老床位数占养老床位总数的比例不超过 50%。安全绿色便利舒适的老年宜居环境建设扎实推进，60% 以上城市老旧社区完成适老化改造，90% 的城镇社区建立符合标准的日间照料机构、老年人活动中心等养老服务设施。

2018 年，《四川省人民政府办公厅关于全面放开养老服务市场提升养老服务质量的实施意见》（川办发〔2018〕5 号）、《四川省人民政府办公厅关于制定和实施老年人照顾服务项目的实施意见》（川办发〔2018〕6 号）、《四川省人民政府办公厅关于印发四川省医疗卫生与养老服务相结合发展规划（2018—2025 年）的通知》（川办发〔2018〕78 号）等文件出台，结合四川省情，明确提高老年人生活便捷化水平、加快养老服务信息化建设、促进老年产品用品升级、拓宽适老金融服务渠道等重点任务，以全面放开养老服务市场，优化供给结构，基本实现均等化服务，明显改善服务质量，重点关注高龄、失能、贫困、伤残、计划生育特殊家庭等困难老年人的特殊需求，并随经济社会的发展逐步扩大照顾服务范围，让全省老年人享受更多优质、便捷、公平、安全的优先优惠服务，显著提升群众满意度。到 2020 年，全省政府运营的养老床位数占养老床位总数的比例不超过 50%，护理型床位占养老床位总数的比例不低于 30%。90% 以上的城镇社区和 60% 以上的农村社区纳入居家社区养老服务网络。全面建立 80 岁及以上老年人高龄津贴普惠制度，老龄事业发展整体水平达到全面建成小康社会的新要求，养老、孝老、敬老政策体系和社会环境进一步优化。养老服务业成为促进四川省经济社会发展的新动能。其中，78 号文提出，到 2025 年，全面建成健康养老服务体系，基本建立多层次长期护理保障制度和经济困难的高龄老人、失能老人补贴制度，基本形成医疗康复、食品药品、器械用品、金融保险、旅游休闲等相关领域融合发展、覆盖全生命周期的医养结合产业体系。

2020 年，《四川省人民政府办公厅关于推进四川养老服务发展的实施意见》（川办发〔2020〕9 号）印发，指出全面贯彻落实党中央、国务院和省委、省政府决策部署，大力推动养老服务供给结构不断优化、社会有效投资明显扩大、养老服务质量持续改善、养老服务消费潜力充分释放。通过实施居家社区养老服务提质增效工程、机构养老服务提档升级工程、农村养老服务补短板工程、养老服务功能拓展工程、养老服务消费促进工程、养老服务人才队伍建设工程、综合监管能力提升工程等7项工程，到2022年，将四川打造成西部养老服务高地、全国养老服务示范省，在保障人人享有基本养老服务的基础上，全面建立居家社区机构相协调、医养康养相结合的养老服务体系，有效满足老年人多层次、多样化的养老服务需求，老年人及其子女获得感、幸福感、安全感显著增强。

2021年，《四川省人民政府办公厅关于印发四川省促进养老托育服务健康发展实施方案的通知》（川办发〔2021〕57号）、《四川省人民政府办公厅关于建立健全养老服务综合监管制度的实施意见》（川办发〔2021〕91号）出台，提出以人民为中心的发展思想，坚持政策引导、普惠优先，持续健全体系、创新机制，更好发挥各级政府作用，更充分激发社会力量活力，有效促进"一老一小"服务能力提质扩容和区域均衡布局。持续深化养老服务领域"放管服"改革，加快形成高效规范、公平竞争的养老服务统一市场，引导和激励养老服务机构诚信守法经营、持续优化服务，提升应急管理能力，促进养老服务高质量发展。到2025年，全省每千人口拥有3岁及以下婴幼儿托位数达到4.5个，护理型养老床位占比达到55%以上，养老托育服务体系更加健全，服务供给更加便利可及，服务新模式新业态不断涌现，群众多层次多样化养老托育服务需求得到更好满足。

目前，《四川省"十四五"老龄事业发展和养老服务体系规划》已向社会公众公开征求意见。规划由规划背景、建立基本养老服务体系、构建多层次养老服务供给网络、壮大多元养老服务产业、健全养老服务质量监管体系、强化养老服务支撑保障力量、夯实规划实施基础等内容构成，是科学谋划今后一段时期四川养老高质量发展的"成长坐标"，提出到2022年，基本建立居家社区机构相协调、医养康养相结合的养老服务体系，努力将四川打造成西部养老服务高地。养老服务保障持续加强，普惠型养老服务加快发展，养老服务供给有效扩大，养老产品供应日益丰富，要素支撑不断增强，老年宜居环境明显改善。到2025年，养老服务体系进一步夯实，养老服务质量进一步提升，创新服务模式在全国范围推广，养老服务体系在全国范围发挥引领作用。城乡统筹的养老服务体系基本建成，兜底功能进一步增强，普惠型养老服务实现广覆盖，养老服务产业成为具有较强竞争优势的主导产业，养老事业和养老产业实现协同发展，老年友好型社会基本建成，老年人获得感、幸福感、安全感显著提升。

（四）四川省养老与老年健康服务建设成效

四川省高度重视老龄事业发展，相关部门在社会保障、医养结合、设施建设、政府购买服务、金融支持等方面出台60余个配套文件，老龄事业发展政策框架基本建立。"十三五"时期，在省委、省政府坚强领导下，全省卫生健康改革发展取得显著成效，人民群众获得感、幸福感不断增强。2015~2020年，居民人均预期寿命从76.38岁提高到77.56岁，主要健康指标总体上优于全国平均水平，"十三五"规划目标任务胜利完成，为四川省决战脱贫攻坚、与全国同步建成小康社会、奋力推动治蜀兴川再上新台阶打下坚实的健康基础。

1. 养老与老年健康服务政策支持体系初步形成

在"十三五"时期，国家为了促进养老服务和老年健康服务事业的发展，也颁布了许多的政策方针，因此也初步构成了养老服务和老年健康服务政策支持体系，四川省为了响应政策方针，自2014年以来，采取了一系列的配套政策，颁布了《四川省人民政府办公厅关于推进四川养老服务发展的实施意见》（川办发〔2020〕9号）等在内的60多个政策文件。"十四五"期间，颁布了《四川省人民政府办公厅关于印发四川省促进养老托育服务健康发展实施方案的通知》（川办发〔2021〕57号）、《四川省"十四五"养老服务发展规划》，为促进养老服务业、老年健康服务业的发展创造了更多有利条件。为了促进相关工作的有序开展，四川省也提高了对该项事业的重视，并将其上升至市政规划的层面，提出加强科学规划布局，构建居家社区机构相协调的养老托育服务体系；提升机构服务水平，鼓励国有企业、民营企业和社会组织参加普惠养老服务，认定一批示范性普惠养老机构，支持养老机构专业化、品牌化、连锁化发展。

2. 社区居家养老服务融合发展模式初步建立

实现了社区居家养老服务融合发展模式的初步构建。第一，初步形成了相应的社区居家养老服务设施网络。在"十三五"末期，在四川省内设立的城乡社区日间照料中心可以满足老年人的服务需求。通过对农村敬老院进行升级，将其转型为区域性养老服务中心，实现了社区养老与居家养老服务的有机整合，软硬件设施的完善，也可以为养老服务的开展创造更多的有利条件。第二，促进社区居家养老服务信息化的深化发展。通过搭建综合服务信息平台，可以实现各类服务资源的充分整合，并采用信息化的方式，为老年群体提供更全面的服务，满足他们的基本生活需求。信息化水平的不断进步为发展社区居家养老服务创造了更多有利条件，而"互联网＋"时代的来临对于养老服务业来说也是难得的发展机遇。因此，采用构建社区居家养老服务信息化的方式，也是时代发展的大势所趋。在《四川省人民政府办公厅关于印发四川省促进养老托育服务健康发展实施方案的通知》（川办发〔2021〕57号）中明确提出要优化县级失能特困人员养护院、乡镇区域性养老服务中心、村级互助养老服务点布局，"片区化""集约化"整合利用服务资源，加快建设农村养老服务三级网络；优化居家社区服务，提升社区日间照料中心等养老服务设施功能，构建居家社区"15分钟养老服务圈"；创新发展健康咨询、紧急救护、慢性病管理、康复护理、生活照护、物品代购等智慧健康养老服务，创新"子女网上下单、老人体验服务"等服务模式。鼓励互联网企业全面对接养老服务需求，支持优质养老机构平台化发展，培育区域性、行业性综合信息和服务平台。开展智慧健康养老应用示范，建设一批老年群体数字化生活体验场所，打造一批"智慧养老院"和"智慧养老社区"。

3. 社会养老服务保障能力显著增强

针对四川省而言，在对9064养老模式进行建设的过程中，对机构养老所发挥的作用予以了高度重视，与此同时也显著提升了机构养老的保障能力。在2011年之后，采取了一系列的措施行动，对于城乡"三无"对象来说，则实现了入住机构"愿进全进、应保尽保"的目标，也有效提高了福利机构的条件水平，改善了老年人的居住环境。在此期间，也开展了许多公建民营养老机构项目，致力于使中低收入老年群体的养老需求得到满足，也为他们颁布了许多的优惠政策，吸引更多社会力量参与进来，提高整体的保障水平。在《四川省人民政府办公厅关于印发四川省促进养老托育服务健康发展实施方案的通知》（川办发〔2021〕57号）中明确提出大力培育发展养老领域社会组织和社会企业，引导社会工作者提供专业服务，逐步扩大政府向社会组织和社会企业购买养老服务的范围和规模。充分发挥养老托育领域行业、协会、商会等社会组织积极性，开展机构服务能力综合评价，引导建立养老机构用户评价体系，引领行业规范发展。完善养老服务机构设立办事指南，制定养老政务服务事项清单，优化办事流程，明确办理时限，推进"马上办、网上办、就近办"，力争实现"最多跑一次"。推进养老政务服务"好差评"工作，加强评价结果运用，改进提升政务服务质量。认真做好养老产业重要指标年度统计。借助第三方力量开展人口趋势预测，通过发布年度报告等形式服务"一老一小"产业发展。

4. 养老服务保障水平明显提高

在"十三五"时期，四川省曾多次提高老年人的供养标准，使其生活水平得到更多保障，并可以适应社会的发展需求，由此一来，从某种程度上看，则可以使老年人的经济收入得到有效提升，从而提高他们的消费能力，也能够降低家庭需要承担的经济压力。政府先后出台多部文件，以制度政策层面作为切入点，充分借助国家力量，对老年人的福利要求进行了明确规定，致力于使老年人的合法权益得到更多保障。建设全龄友好环境。落实财税价格支持政策。在《四川省人民政府办公厅关于印发四川省促进养老托育服务健康发展实施方案的通知》（川办发〔2021〕57号）中明确提出同步考虑公建服务设施建设与后期运营保障，加强项目支出规划管理。完善运营补贴激励机制，引导养老服务机构优先接收经济困难的失能失智、高龄、计划生育特殊家庭、重度残疾的老年人，鼓励有条件的地方探索开展普惠托育机构运营补贴，探索建立养老托育服务消费券制度。到2022年，各地用于福利事业的彩票公益金不低于55%用于养老服务发展。鼓励银行业金融机构开发养老、托育特色信贷产品，探索提供优惠利率支持，灵活提供循环贷款、年审制贷款、分期还本付息等多种贷款产品和服务，推进应收账款质押贷款，探索收费权质押贷款，落实信贷人员尽职免责政策。创新项目收益或资产证券化类融资产品，鼓励银行业、保险业机构投资养老产业专项企业债券和养老项目收益债券。

5. 养老服务人才队伍加速发展

"十三五"时期，在四川省指定的年度计划中，已经将培训养老服务人员的专业技能列入其中，也颁布了《促进养老服务人才就业工作的具体措施》，将有关机构岗位列入公益性岗位认定范围，其中可包括养老机构、社区微型养老机构、日间照料中心等。与此同时，四川省也响应国家的号召，开展了一系列的养老培训活动，提高从业人员的服务质量与工作效率，为老年人提供更加优质的服务。人力资源社会保障局与民政局为了提高这些从业人员的素质水平与专业能力，也为其提供了许多专业教育活动，推动养老服务的顺利开展。在《四川省人民政府办公厅关于印发四川省促进养老托育服务健康发展实施方案的通知》（川办发〔2021〕57号）中明确提出要强化养老人才队伍建设。调整优化养老学科专业结构，支持符合条件的普通高校、职业院校设置老年医学、老年护理等相关专业。深化校企合作，培育养老领域产教融合型企业，支持实训基地建设，推行养老"职业培训包"和"工学一体化"培训模式。加强养老从业人员岗前培训、岗位技能提升培训、转岗转业培训和创业培训，把养老护理员技能培训纳入培训补贴范围。鼓励在老年照护等领域开展职业技能等级证书试点。探索建立养老护理员岗位补贴、从业年限补贴制度。加快培养养老服务社会工作者、志愿者队伍，推广"时间银行"互助养老模式。

6. 养老服务监管机制逐步完善

四川省为了促进养老服务、老年健康服务工作的顺利开展，也推出了养老服务标准化的发展目标，制定了更加健全的养老服务监管机制。为了促进这项工作的开展，也先后出台了一系列的政策方针，其中包括《社区养老服务管理规范》《居家养老服务管理规范》《养老机构基本要求》《养老机构星级评定》《养老机构护理服务等级划分》《养老机构老年人健康及功能综合评估》等。这些政策的颁布，则是从监管机制层面对养老服务进行了明确规定，为养老服务的运行保驾护航。与此同时，四川省也构建了第三方评估管理平台，对于强化社会监督效果产生了一定的积极影响，可以有效提升养老服务效率，制定健全的养老服务监管机制，对于社会发展也会产生一定的积极影响。在《四川省人民政府办公厅关于印发四川省促进养老托育服务健康发展实施方案的通知》（川办发〔2021〕57号）中明确提出落实政府在制度建设、行业规划、行政执法等方面的监管责任，实行监管清单式管理，明确监管事项、监管依据、监管措施和监管流程，重点加强养老托育机构质量安全、从业人员、运营秩序等监管，监管结果及时向社会公布。构建以信用为基础的新型监管机制，养老托育机构对依法登记、备案承诺、履约服务、质量安全、应急管理、消防安全等承担主体责任，政府对养老托育服务机构实施"红黑名单"管理，依法依规进行跨部门联合惩戒。严防"一老一小"领域非法集资，开展专项排查。将养老托育纳入公共安全重点保障范围，建立完善养老托育机构突发事件预防与应急准备、监测与预警、应急处置与救援、事后恢复与重建等工作机制，建立机构关停等特殊情况应急处置机制。

五　四川养老与老年健康服务面临的机遇和挑战

人口老龄化是伴随社会主义现代化过程的基本国情，实施积极应对人口老龄化国家战略是党的十九届五中全会的战略部署。"十四五"时期是四川省养老与老年健康服务高质量发展的重要战略机遇期，面对人民日益增长的多样化、多层次养老服务需要与养老服务供给发展不平衡不充分之间的矛盾，需要把握新机遇、积极应对新挑战，推动养老与老年健康服务高质量发展。

（一）养老与老年健康服务面临的机遇

我国全面开启了建设社会主义现代化国家的新征程，"十四五"时期，四川省积极响应国家政策，积极探索，为四川省养老与老年健康服务发展带来重大机遇。

1. 养老与老年健康服务迎来利好时代

（1）"健康中国"为四川省养老与老年健康服务大力发展明确奋斗目标

党的十九大报告提出："实施健康中国战略。人民健康是民族昌盛和国家富强的重要标志。要完善国民健康政策，为人民群众提供全方位全周期健康服务。"健康是促进人的全面发展的必然要求，是经济社会发展的基础条件。实现国民健康长寿，是国家富强、民族振兴的重要标志，也是全国各族人民的共同愿望。推进健康中国建设，是全面建成小康社会、基本实现社会主义现代化的重要基础，是全面提升中华民族健康素质、实现人民健康与经济社会协调发展的国家战略，是积极参与全球健康治理、履行2030年可持续发展议程国际承诺的重大举措。党中央、国务院高度重视卫生健康发展，坚持人民至上、生命至上，把保障人民健康放在优先发展的战略位置，全方位全周期保障人民健康，明确提出到2025年推动卫生健康体系更加完善、2035年建成健康中国的目标，为四川省卫生健康大力发展明确奋斗目标。

（2）重大战略机遇叠加为四川省老年健康全面发展营造良好环境

"一带一路"建设、长江经济带发展、新时代推进西部大开发形成新格局，扩大内需、乡村振兴、川藏铁路建设、革命老区振兴发展、"一干多支"等一系列国家和省重大战略部署深入实施，特别是强力推进成渝地区双城经济圈建设，打造"一极两中心两地"，为四川省建设西部卫生养老健康高地、深化川渝卫生健康一体化协同发展创造更好条件。

（3）一系列政策出台为四川省养老与老年健康服务发展提供有力支持

为深化改革、加快发展养老服务业，国家层面密集出台多条政策和规划，为养老服务业的发展提供指导和支撑。特别是在近年来，国家为了完善养老服务体系，提出了要区分类别和区分层次进行养老服务产业的发展、要创新型养老产业发展；将现代医疗技术与养老产业充分进行结合；探索养老服务产业转变的新出路；在新的养老模式和养老概念上，出台了关于智慧养老相关政策。四川省以习近平新时代中国特色社会主义思想为指导，深入贯彻党的十九大和十九届历次全会精神，认真落实《中共中央 国务院关于加强新时代老龄工作的意见》精神以及国家各项决策部署，协调推进积极应对人口老龄化重大政策措施，结合实际，四川省相继出台了《四川省老年人权益保障条例》、《四川省人民政府关于加快发展养老服务业的实施意见》、《四川省医疗卫生与养老服务相结合发展规划（2018—2025年）》、《四川省人民政府办公厅关于建立健全养老服务综合监管制度的实施意见》（川办发〔2021〕91号）、《四川省人民政府办公厅关于印发四川省促进养老托育服务健康发展实施方案的通知》（川办发〔2021〕57

号）、《四川省"十四五"规划和 2035 年远景目标纲要》、《四川省人民政府办公厅关于印发〈四川省"十四五"卫生健康发展规划〉的通知》（川办发〔2021〕65 号）、《四川省"十四五"民政事业规划》、《四川省"十四五"养老服务发展规划》等文件，为四川省养老与老年健康服务发展提供有力支持。

（4）深化大众创业、万众创新为养老产业发展提供了创造性条件

养老产业的发展时逢全国推进深化大众创业、万众创新的产业发展时机。依据《国家积极应对人口老龄化中长期规划》，制订养老科技创新发展计划，特别是将基础科学（老年生理与医学、信息、数据科学）与共性技术（信息通信技术、传感器技术、推理技术、机器人技术、人机交互技术）作为重点支持的研发领域，努力推动环境智能支撑技术创新、幸福老龄化技术创新、健康老龄化技术创新、互联医护技术创新，为养老科技企业的发展提供指引和创新环境，引导企业开展面向老年人的创新。大力培育养老创新主体。一方面，在国家重点支持的高新技术领域中增列养老科技领域，符合条件的企业可在该领域申请认定为高新技术企业；另一方面，提供政策倾斜，让创业板优先考虑涉及养老科技技术的企业。在政策、资金、平台和技术上都给养老产业发展提供了创造性条件。

（5）打造高品质生活宜居地为四川省养老与老年健康可持续发展创造广阔空间

四川省"十四五"卫生健康发展规划中提出，四川省将不断增进民生福祉，人均地区生产总值突破 1 万美元，着力打造高品质生活宜居地，要求卫生健康提供更加公平、更加优质、更高水平、更加多元的卫生健康服务，发展"健康+医疗、养老、旅游、互联网、健身休闲、食品融合"等健康新产业、新业态。大力支持成都建设公园城市示范区，率先建成高品质生活宜居地；推动各地因地制宜、统筹推进高品质"宜居城市""宜居乡村"。同时加强川渝合作，搭建成渝地区高品质生活宜居地共建共治协商平台，整合资源、协调推进，共同研究和推动高品质生活宜居地建设各项任务，为四川省卫生健康可持续发展创造广阔空间。

2. "十三五"时期卫生健康发展成果显著

"十三五"时期，在省委、省政府坚强领导下，全省卫生健康改革发

展取得显著成效，人民群众获得感幸福感不断增强。2015~2020年，居民人均预期寿命从76.38岁提高到77.56岁，主要健康指标总体上优于全国平均水平，"十三五"规划目标任务胜利完成，为四川省打造医养结合示范省打下坚实基础。

（1）健康四川行动成效明显

"十三五"时期，四川省启动实施健康四川18项专项行动，行动坚持"大卫生、大健康"理念，强化部门联动，推进委员会成员由40个厅、委、局组成，18个专项行动全面融入教育、体育、宣传、网信、发改、环境、广电等各个领域现有相关政策。紧密围绕党中央、国务院和省委、省政府的重大决策部署，紧紧围绕精准脱贫、污染防治、防范化解重大风险三大攻坚战略和四川省"一干多支、五区协同"发展战略，在相应的专项行动中，细化疾病预防控制、健康促进、健康城市建设、乡村环境整治等具体举措。行动突出政府在健康保障中的主体责任，倡导"每个人是自己健康的第一责任人"理念，鼓励单位、社区、家庭、居民个人共同参与，调动全社会的积极性和创造性，推动形成政府积极主导、社会广泛参与、个人尽责尽力的良好局面。全社会关注健康、追求健康的氛围初步形成。创建国家卫生城市26个、国家卫生县城54个，启动健康城市、健康村镇建设，爱国卫生运动深入开展。居民健康素养水平达23.60%，健康文明程度不断提高。

（2）健康扶贫圆满收官

四川省通过医疗救助扶持、公共卫生保障、医疗能力提升、卫生人才培植、生育秩序整治"五大行动"深入实施。累计投入272亿元，建立健全了贫困地区县、乡、村三级医疗卫生服务体系，卫生服务能力大幅提升。88个贫困县75%的县级医院达到二级甲等标准；45个深度贫困县医院全部达到二级；88个贫困县均建成并开展远程诊疗服务，远程诊疗量占院外会诊量的81.72%；巡回医疗、义诊覆盖88个贫困县92.67%的乡镇卫生院；贫困地区每个乡镇建有一个公立卫生院，每个村建有一个卫生室，99.23%的乡镇卫生院和91.4%的村卫生室达标，贫困患者县域内就诊率达98.71%。近184万因病致贫返贫户成功脱贫，县域内住院医疗费用个人支付占比 8.02%，贫困地区"因病致贫"率清零。① 这为减少地区养老服务差异创造了良好的社会条件和环境条件。

（3）综合医改试点纵深推进

2016 年四川省被确定为综合医改试点省以来，聚焦解决传染病和慢性病频发多发、不合理就医加剧"看病难、看病贵"和因病致贫、贫病交加等比较突出的问题，着力推进全民预防保健，构建分级诊疗服务模式，构建分级诊疗全省县域内就诊率达到 90% 以上。深化医疗、医保、医药"三医联动"改革，实施健康精准扶贫，为群众提供公平可及、安全有效、方便可负担的卫生健康服务。深化公立医院综合改革，所有公立医院取消药品和医用耗材加成，现代医院管理制度基本建立。同时，积极探索完善综合监管制度，在全国创新开展医疗机构、医务人员、医疗行为"三医"信息监管，初步形成了集合医院管理、监督执法、信息统计、行业学会等资源的医疗服务行业综合监管机制，较好解决了传统"静态式""运动式""地毯式""候鸟式"监管方式粗放、效率低下等问题，医疗质量安全和群众健康权益得到有力保障。基本实现公立医疗机构和民营医院全覆盖，有力保障医疗质量安全和群众健康权益。

（4）"三大工程"全面提升医疗服务水平

2018 年，四川省在医疗服务方面将全面启动实施大医院"高精尖优"发展工程、县级医院"服务主责"提升工程、基层卫生"健康守门"履职工程等"三大工程"，从而使四川省的医疗服务质效得到提升。"十三五"期间，四川省三级甲等医院达到 105 个，71.43% 的市级疾控机构达到三级乙等及以上标准，84.16% 的妇幼保健机构达到二级及以上标准，30% 的社区卫生服务中心和乡镇卫生院达到国家"优质服务基层行"基本标准，省医学重点学科（实验室）及重点专科达到 740 个，优质资源显著增加。② 省公共卫生综合临床中心等省级重点医疗卫生项目加快建设。建成全球第

---

① 《四川省"十四五"卫生健康发展规划》，四川省人民政府网站，2021 年 11 月 17 日，ht-tps：//www.sc.gov.cn/10462/zfwjts/2021/11/18/27f77a257007443784bc696b0b3129af.shtml。

② 《四川省"十四五"卫生健康发展规划》，四川省人民政府网站，2021 年 11 月 17 日，ht-tps：//www.sc.gov.cn/10462/zfwjts/2021/11/18/27f77a257007443784bc696b0b3129af/files/f0621348ede149fc91f0c3e7040d4b3f.PDF。

一支最高级别的非军方国际应急医疗队。全省社会办医院总数、床位数分列全国第二和第一位，社会办医有序推进。

（5）中医药服务体系不断完善

四川省全面贯彻习近平总书记对中医药工作的重要指示，学习贯彻党的十九届四中全会精神，落实《中共中央　国务院关于促进中医药传承创新发展的意见》和全国中医药大会精神，着力完善法治体系，出台了《四川省中医药条例》，着力健全体制机制，构建多部门协作的中医药综合治理体系。统计数据显示，① 四川省98.6%的县设置公立中医医院，92.4%的乡镇卫生院和100%的社区卫生服务中心设立中医馆，基层中医药服务量稳定在45%以上。建有国家中医临床研究基地2个、国家区域中医（专科）诊疗中心17个、国家中医药局重点专科64个、国家中医药局重点学科31个、省级以上名中医传承工作室159个、海外中医药中心5个。重大疾病中医药防治取得显著成效，中西医结合治疗重症急性胰腺炎病死率降低至20%以下，重症脑出血致残率、糖尿病足截肢风险分别下降6%、15%。

（6）健康产业加快发展

四川省大健康产业具备良好发展基础，也适逢机遇。近年逐步培育出一批优秀的企业和精品产品。据四川经济和信息化厅医药处相关负责人介绍，四川省中药材资源优势明显，拥有中药资源蕴藏量、中药材品种数量、道地药材品种数量、国家GAP认证数量、道地药材人工种植面积等5个全国第一，享有"中医之乡，中药之库"的美誉。据统计，四川省现有中药资源7280余种、道地药材86种、常用中药材312种，人工种植中药材面积超过670万亩，24个中药材GAP基地。② 四川省也积极推进川药全产业链融合发展、医疗康养服务业创新发展，培育出一系列健康服务知名品牌，全产业布局加快形成。加大产业园区扶持力度，业态集聚、功能提

---

① 《四川省"十四五"中医药高质量发展规划》，四川省人民政府网站，2021年12月15日，https://www.sc.gov.cn/10462/11555/11563/2022/2/7/326996dea2444d82b195e122fc9f686a/files/7b00903934e74082b05c0063ab034061.PDF。

② 《四川医药：立足大健康产业聚力高质量发展》，四川省人民政府网站，2020年11月17日，https://www.sc.gov.cn/10462/10464/10465/10574/2020/11/17/10623afed7c04908ba5b6b6c3e2583c2.shtml。

升、特色鲜明的现代健康服务业园区和基地加快建设。扩增医养结合服务供给，全省医养结合机构、床位数分别达到312家、8.03万张。

（7）"百千万养老人才队伍建设工程"深入实施

"十三五"以来，四川省民政厅大力实施"百千万养老人才队伍建设工程"。一是建立健全养老培训制度和体系，制订培训大纲，编制培训教材，从制度和体系方面规范培训内容；二是创新优化培训方式，优化师资队伍，强化培训管理，提升培训质量；三是科学设置培训课程，以服务对象和培训对象需求为导向，从课程设置和培训目标方面达到培训效果。该工程自2018年启动，已举办培训班61期，培训人数达6000余人次。[①] 全省卫生人员达到82.70万余人，较"十二五"末增长27.71%。人才优质资源供给不断增加，副高及以上卫生技术人员达到4.98万人。国医大师3名、全国名中医3名、省十大名中医30名。[②] 创新设立"医疗卫生终身成就奖""首席专家""领军人才""临床技能名师"评选项目，探索建立符合行业特点的人事薪酬制度，医疗卫生人员积极性进一步提高。

3. 信息化建设卓有成效

（1）人才强省、数字四川、科教兴川为四川省养老与老年健康高质量发展提供强大支撑

四川省坚持面向世界科技前沿、面向经济主战场、面向国家重大需求、面向人民生命健康等"四个面向"，大力推动科教兴川和人才强省，将生物医药作为全省建设具有全国影响力的科技创新中心重点领域。"十三五"期间，四川省疾病防治科技攻关持续推进，建成国家和省级临床医学研究中心30家，建立涵盖1400余家医疗机构的协同创新网络，有力支撑医疗健康行业的创新发展，四川大学华西医院科研综合实力连续七年排名全国第一。特别是在2020年，四川省科技战线始终奋战在疫情科研攻关

---

① 《百千万养老人才队伍建设工程今年将培训超3000人》，四川省人民政府网站，2021年4月29日，https://www.sc.gov.cn/10462/12771/2021/4/29/d7d115fb914e4cf09427a87dad7c3b94.shtml。

② 《四川省"十四五"卫生健康发展规划》，四川省人民政府网站，2021年11月17日，https://www.sc.gov.cn/10462/zfwjts/2021/11/18/27f77a257007443784bc696b0b3129af/files/f0621348ede149fc91f0c3e7040d4b3f.PDF。

一线，为打赢疫情防控阻击战提供了有力支撑，有效保障了人民生命健康。组建应急科研攻关组，分三批立项应急攻关项目 39 个。加强病毒检测与防治攻关，研制出新能源移动 P2 核酸检测车，5 个检测试剂实现产业化，已销往西班牙、意大利等 80 多个国家或地区。[①] 同时，加快推进数字四川建设，推动医疗卫生等公共服务数字化、智慧化、便捷化，为四川省卫生健康高质量发展提供强大支撑。

（2）治理现代化提高养老服务质量

优化养老服务高质量发展是治理现代化的客观需要，治理现代化是养老服务高质量发展的重要支撑。养老服务资源的分散性、服务需求的复杂性、供给主体的多元性，迫切需要运用治理现代化的思想和方法，优化养老服务体系结构，促进养老服务协调可持续发展。四川省通过治理现代化，以养老服务高质量发展为抓手，坚持人人尽责、人人享有基本原则，倡导形成多元参与、各尽其责的基本格局，打造共建共治共享的老年友好型社会。创新的治理方式带来新动力，大数据、区块链、人工智能等"新基建"建设为我国发展"互联网 + 养老服务"、智慧养老提供技术基础。

（3）创建"互联网 + 医疗健康"示范省助力养老服务

"十三五"期间，四川省建设"互联网 + 医疗健康"示范省，以信息化为重要载体，助力医疗健康事业发展，彰显了精准便民服务、医疗资源下沉、全程透明监管和支撑疫情防控四大成效。坚持以"互联网 +"提升群众医疗健康服务体验。一是指导和推动二级及以上公立医疗机构提供互联网医疗健康便民服务，截至目前，累计提供网上预约挂号 8308 万人次，线上支付 1.34 亿人次，检查检验结果在线查询 1.23 亿人次。二是建立全省统一的服务平台"天府医健通"，提供预约挂号、移动支付、报告查询、健康科普等服务，已接入二级及以上医院 223 家，总访问浏览量 3300 万余人次，累计提供在线服务 145 万人次。推动电子健康码在医疗就诊各环节的融合应用，全省发放电子健康码 3059.3 万张，450 家二级及以上公立医

---

① 《四川坚持面向人民生命健康 发展民生科技》，四川省科学技术厅网站，2021 年 2 月 22 日，https://www.sc.gov.cn/10462/10464/10465/10574/2021/2/22/3f9dd59a0664416e8cc7bfac510f733a.shtml。

疗机构提供"扫码就医"服务，占全省65.2%。① 三是推进医保在线实时结算，已在上百家医院实现医保在线结算。推动省医疗保障局出台四川省第一批"互联网＋"医疗服务项目试行价格和医保支付政策。省人民医院开通了全国首家指静脉医保支付系统，实现"刷手指"结算。共计建成153个远程医疗协作网，覆盖2200多家医疗卫生机构，其中三级医院和88个贫困县覆盖率达到100%。累计开展远程会诊115.4万人次，远程影像诊断576.4万人次，远程心电诊断311.8万人次，促进了大病患者县域内治疗。审批设置59家互联网医院，累计注册电子健康卡3120万余张，远程医疗服务覆盖2200余家医疗机构。医疗机构信息化水平大幅提升，468家医院被评为全省数字化医院，35家医院被评为全省首批智慧医院。

（4）科技创新实力整体提升

2020年，四川国家应用数学中心、成都国家新一代人工智能创新发展试验区等落地建设。实施10个重大科技专项和106项科技成果转化示范项目，新增高新技术企业2000多家。乡镇行政区划和村级建制调整改革入选中国改革年度唯一省级特别案例，乡镇数量减少1509个、建制村减少18429个。开展营商环境指标提升行动，省级"最多跑一次"事项占比达98.7%，政务服务事项"一窗受理"达80%以上，新增市场主体124.5万户。获批国家数字服务出口基地、进口贸易促进创新示范区，组建西部陆海新通道物流产业发展联盟，成都高新西园、成都国际铁路港、泸州、宜宾、绵阳综合保税区正式通过验收。在川落户世界500强企业新增12户、达364户，引进到位国内省外资金超过1万亿元。② 新建国家临床医学研究中心2个、干细胞临床研究机构2个，科技创新平台加快建设。获得国家级科技奖励5项，省部级科技奖励97项，四川大学华西医院连续七年居中国医院科技影响力排行第一位，科技创新能力不断增强。重大新药创制国家科技重大专项成果转移转化基地（四川）加快建设，全省医药专栏转

① 《四川：抓好示范省建设，"互联网＋医疗健康"彰显"四大成效"》，中国网信网，2021年1月2日，http://www.cac.gov.cn/2021-01/02/c_1611159709171845.htm。

② 《2021年四川省人民政府工作报告》，四川省人民政府网站，2021年2月5日，https://www.sc.gov.cn/10462/c105962/2021/2/5/7124b99320b0457f98d483a30ef61199.shtml。

让/许可 248 项，科技成果转化不断深入。[①]

（二）养老与老年健康服务面临的挑战

随着人口老龄化的不断深化、老年人口规模的不断增长，我国养老服务高质量发展具有多方面的优势和条件。同时，发展不平衡不充分的问题仍然突出，对政治、经济、文化、社会和国际竞争力的要求与影响更大，也将面临更加繁重的挑战。

1. 全球老龄化程度加深

当今世界正经历百年未有之大变局，新一轮科技革命和产业变革蓬勃发展，新冠疫情影响广泛深远，国际环境极其复杂，全球老龄化进程持续加快。"十四五"时期是实现"两个一百年"奋斗目标的历史交汇期，是全面建成小康社会后迈向基本实现社会主义现代化的关键阶段，是积极应对人口老龄化的重要战略机遇期，新形势下养老服务体系建设面临的需求更为迫切，主要表现为老龄化程度持续加深。根据第七次全国人口普查数据，我国 60 岁及以上的老年人口达 2.6 亿人，2021～2025 年 60 岁及以上老年人将以每年约 1000 万人的速度增长，高龄和失能失智老人数量不断增多，养老服务需求持续增长，对服务能力和质量提出更高要求。[②]

2. 四川人口老龄化形势严峻

根据四川省公布的第七次人口普查数据，四川 65 岁及以上人口占比 16.93%[③]，比全国平均的 13.50% 高 3.43 个百分点，仅次于辽宁和重庆，居全国第三，2010～2020 年 65 岁及以上老年人口净增加 536 万人，年均增长 4.87%，增速居全国首位。这么高的老年人口比例，四川劳动人口的抚养负担较为沉重。衡量抚养负担的抚养比，也就是非劳动年龄人口与劳动年龄人口数之比，四川比全国高 6 个百分点。随着第二次生育高峰出生

---

① 《四川省"十四五"卫生健康发展规划》，四川省人民政府网站，2021 年 11 月 17 日，https://www. sc. gov. cn/10462/zfwjts/2021/11/18/27f77a257007443784bc696b0b3129af/files/f0621348ede149fc91f0c3e7040d4b3f. PDF。

② 《三部门聚焦"一老一小"："十四五"时期改善养老、托育服务基础设施》，人民网，2021 年 6 月 25 日，http://finance. people. com. cn/n1/2021/0625/c1004 - 32141025. html。

③ 《四川省第七次全国人口普查公报（第四号）——人口年龄构成情况》，四川省统计局网站，2021 年 5 月 26 日，http://tjj. sc. gov. cn/scstjj/c111702/2021/5/26/71a9e35493564e019268b2de2cd0a986. shtml。

的"60后"群体进入老龄阶段，老年人口比重将显著提高，预计 2030 年全省 65 岁及以上老年人口占比将达到 20% 左右，其中 80 岁及以上高龄老年人口将明显增加。老年人口规模增加、占比提高，特别是高龄和失能失智老人群体不断扩大，将大幅增加养老、医疗等公共服务需求，不断加大家庭养老负担和社会保障压力。具有基数大、占比高、增速快特点。但四川省老年健康服务不健全，提供老年医疗、康复护理、长期照护、安宁疗护等接续性服务的医疗机构缺乏，老年医护专业技术人员、照护人员严重短缺，难以有效满足老年人多层次、多样化健康服务需求。

3. 人口结构退步

相比于 2010 年的人口普查结果，第七次人口普查数据显示，全国的人口结构都发生了较为明显的变化。作为公认的劳动红利大省，四川的人口结构表现却越来越退步。四川省常住人口总量 8367.5 万人，相比于 2010 年，新增 325.7 万人，虽然人口流入仍在继续，但是四川的老龄化和少子化问题也不可忽略。与全国绝大多数省份相比，四川的老龄化程度更深、老年人口规模更大，已经进入深度老龄化阶段。且四川省的人口年龄结构目前呈现"两降一升"的趋势，即少儿比重下降、劳动年龄人口比重下降、老年人口比重上升，[①] 对于一个已经进入老龄化社会的国家来说，这也是一个新的挑战。

4. 五大区域卫生健康发展不平衡

四川省共有 18 个地级市、3 个自治州，总面积 48.6 万平方公里，东部是川东平行山沟和川中丘陵，中部是成都平原，西部是川西高原。老年人口在城乡之间、地区之间分布高度不均衡，并且四川省地域辽阔、地理地貌复杂，区域经济发展悬殊，造成了医疗机构和资源布局的困难性，医疗资源尤其是优质医疗资源主要分布在成都平原经济区。从大型医院的地区分布看，主要集中在一类地区，区域医疗中心带动作用不够，医疗资源配置存在地区差异。"十四五"期间，伴随老年人口高龄化、失能化，家庭养老功能弱化和"未富先老"等问题，社会养老服务需求巨大，社会保

---

① 《四川：全省迈入深度老龄化，曾是劳动力大省的四川，未来如何应对挑战？》，中国养老网，2021 年 5 月 31 日，http://www.cnsf99.com/Detail/index.html?aid=92681。

障服务供给压力增大，养老基本公共服务对社会财富创造与现代化建设形成极大的压力，对养老保障制度将产生结构性影响。

5. 城镇化加速带来新挑战

四川省呈现农村人口向城镇持续转移、小城镇人口向大中城市加速转移的态势，人口流动更加频繁，空间分化趋势更加明显。成都都市圈、区域中心城市和部分县城将成为人口转移的主要承载地，资源环境压力明显增大。部分县城和农村地区一般乡镇人口外流将更加严重，发展动能受到影响。人口过度集中和局部塌陷现象并存，对区域空间规划、重大生产力布局和公共资源配置提出了更高要求。目前，四川省常住人口城镇化率已达到56.73%，① 实现了从乡村型社会到城市型社会的历史性转变。但四川省医疗卫生资源数量、布局、结构、质量与城镇人口增速，与新型城镇化、乡村振兴、全省乡镇行政区划和村级建制调整改革"后半篇"文章的要求还有较大差距。

6. 重大疾病严重威胁人群健康

新冠疫情对公共卫生安全构成威胁，艾滋病、结核病等重大传染病防控形势依然严峻，流行地区寄生虫病、地方病防控任务仍然十分艰巨。同时，伴随工业化、城镇化、老龄化和生活节奏的加快，受吸烟、过量饮酒、不合理膳食、缺乏体力活动等不健康生活方式的影响，四川省慢性非传染性疾病的发病率快速上升。心脑血管疾病、癌症、慢性呼吸系统疾病、糖尿病等慢性非传染性疾病发病人数快速上升，严重影响居民生活质量和幸福指数。吸烟、过量饮酒、不合理膳食等不文明健康生活方式成为影响人群健康的重要危险因素。

7. 养老市场化及专业化水平有待提升

由于国家养老供给在城乡区域布局上的错位，公、私立机构非平等性竞争乃至政策歧视性双轨制运行，养老市场在不同供给主体间形成扭曲割裂的状态。加之养老社会保险改革约束下的基本养老金低水平约束等问题，使养老产业发展受到牵制。基于此，如何有效突破传统"官本位"体制对养老事业产业化发展的行政性掣肘、寻租性束缚，并在公益非营利性

---

① 《四川省"十四五"卫生健康发展规划》，四川省人民政府网站，2021 年 11 月 17 日，ht-tps://www.sc.gov.cn/10462/zfwjts/2021/11/18/27f77a257007443784bc696b0b3129af.shtml。

的养老事业与市场营利性的养老产业之间找到平衡点，在政府主导并托底的社会基本养老保险体系支撑下促进养老产业健康发展，是急需探究的课题。

8. 老年慢性病分级诊疗尚未显现内在价值

自医保改革后，越来越多的外省病人选择到大城市就医，这虽然会为大医院提供更多的病例样本，有助于提升医疗水平，但也势必会给中心城市的医疗卫生资源带来很大的压力。随着时代的更替、社会的发展、思想的开放，越来越多的老年人在国家政策的引导下逐渐考虑异地养老这种新的养老模式。近年来，老年慢性病成为社会治理的一大挑战。老年人在选择安度晚年的处所时，医疗资源的可达性问题是他们评判的重要指标。作为老年慢性病防治的重要载体，当前基层医疗机构存在服务能力较弱、分级诊疗的宣传力度不够等问题，导致老年群体尚未建立科学合理的就诊倾向。此外，在异地医保结算的过程中，不同的报销政策下，登记、日常管理和结算工作繁杂，仍然需要加强医疗结算系统的稳定性。

9. 乡村医生队伍面临后继乏人局面

有调查显示，9442 名村医中，29 岁及以下只有 294 人，占 3.1%。调查的 410 个村卫生站有 798 名村医，其中 60 岁及以上有 348 人，占比高达 43.6%，30 岁及以下的有 7 人，仅占 0.9%，31~40 岁的也仅有 39 人，占比 4.9%。德阳市旌阳区德兴镇近十年来新进年轻村医 3 人，实际在岗的只有 1 人；仪陇县近三年来没有一个大专生到村卫生室。①

10. 农村养老服务制度供给不足

"十四五"时期，农村人口老龄化趋势对农村养老服务制度体系建设提出了更高要求，而现有的制度供给仍存在不少短板和不足。一是政策体系还有待进一步健全。"十四五"时期，乡村振兴战略将持续向纵深推进，农民可支配收入持续提升，高质量多元化的养老服务需求和潜力将有序释放，现有的政策体系安排需要从过去的侧重于农村特殊困难老年人基本养老服务保障，逐步转向惠及全体农村老年人的普惠性养老服务供给。同

---

① 杨茂康、熊伟：《关于四川省村卫生室医保资金使用等问题的调查》，《中国农村卫生》2022 年第 4 期。

时，进一步完善农村养老服务体系建设规范和标准，拓宽政策实施范围和覆盖群体，提升服务供给能力和水平。二是养老服务规划还存在较大空白。目前，我国相当多的地区尚未将养老服务尤其是农村养老服务发展纳入国民经济和社会发展综合规划、城乡总体规划和控制性详细规划，尚未制定养老服务专项规划，难以有效发挥规划在养老服务发展中的统筹引领和约束作用。三是制度供给面临新的挑战。未来十年，20世纪60年代初到70年代初生育高峰期内出生的人口将陆续步入老年行列，养老服务需求将集中爆发性增长，农村情况尤甚，农村养老服务将面临更加严峻的挑战，需要提早做好这方面的制度安排。

11. 农村养老服务质量有待提高

我国农村养老服务质量与农村养老实际需求之间存在明显差距。一是农村养老服务内容依然不够丰富。受农村经济社会发展水平等因素影响，农村养老服务内容以保障基本物质生活为主，农村医疗卫生保障、农村老年人社会参与、农村老年人精神慰藉等方面的服务相对不足，农村养老服务内容比较单一。二是农村养老服务方式依然不够灵活。市场化养老机构依然主要提供入住服务，上门助餐、上门护理等个性化养老服务产品不足；农村老年食堂依然以提供集中就餐服务为主，助浴、陪伴等服务不足。三是农村养老服务供给与需求依然不够精准。以家庭为基础的农村养老服务供给体系还不健全，社区养老服务供给能力和水平还不够高，各类养老服务设施和资源供给不够充分，分级服务体系还不够健全，导致养老服务供给难以精准匹配健康、高龄、大病慢病、失能失智和临终等不同老年群体的需求，也难以满足低收入、中等收入和高收入等不同层次老年群体的养老需求。

六　四川养老与老年健康服务的发展思路

四川省人口老龄化与老年人口失能化并存。"十三五"期间，省政府出台了《四川省"十三五"老龄事业发展和养老体系建设规划》与《四川省医疗卫生与养老服务相结合发展规划（2018—2025年）》，并在成都市开始试点长期照护保险制度，促进了四川省健康养老服务的发展。然而，依然存在失能老人不断增长的照料需求未能得到充分满足的现实，这进一步制约了人民群众美好生活的实现。"十四五"期间，如何摸清需求，找准现实，明确差距，着力缩小需求与现实之间的差距，使有限的照料资源得到充分合理的应用与良好的配置，是一个重大的现实问题。

为了促进健康养老服务资源的精准配置，第一要务是精准识别服务需求。国内已有研究对健康养老服务需求的评估大致分为两类：一类是通过失能评估预测需求，认为失能老人是潜在的健康养老服务对象；另一类是通过询问老人是否需要或是否使用某些服务项目来考察供需匹配情况。上述两类评估都忽视了既有照护服务的贡献，从而造成服务利用率远低于供给率。[①] 在中国，已有照护服务尤其是其中的家庭照护在养老中发挥着中流砥柱的作用，国外研究也发现，只有尚未被已有照护服务满足的需求才是精准服务的重大突破口，[②] 也就是说，无人照料或者需要更多照料的失能老人是健康养老服务应优先瞄准的对象。有鉴于此，在快速人口老龄化叠加高质量健康养老服务发展的双重背景下，在未满足的照料需求对人民美好生活的深远影响被普遍认知的基础上，进一步健全兜底健康养老服务，识别失能老人未满足的照料需求及其风险因素以便建立精准的服务匹配模式，已到了刻不容缓的地步。对此，本文旨在通过实证分析以期实现以下三个主要目标。

（1）掌握四川省健康养老服务需求规模。

（2）明确哪些因素会阻碍照料需求的满足，重点识别需求部分未满足与完全未满足的关键风险因素之间的差异。

（3）基于未满足的照料需求的影响因素，结合健康养老服务供给面临的障碍，参考发达国家有益经验，提出针对具有不同的未满足的照料需求的失能老人的健康养老服务精准配置模式。

（一）四川省健康养老服务需求发展变化

本部分拟使用中国老年健康影响因素跟踪调查（CLHLS）四川省数据对四川健康养老服务需求进行分析。本部分选取失能老人的照料需求满足

---

① 曹杨、杜鹏：《失能老人的照料需要满足状况及其影响因素分析》，《人口与发展》2021年第1期。

② Mor, V., "Disability: The Commonality among Differences", In Allen, S., and Mor, V., eds., *Living in the Community with Disability: Service Needs, Use, and Systems* (New York: Springer Publishing Company, 1998), 353 – 370.

程度来测量健康养老服务需求。具体而言，通过询问有无照料者以及已有照料是否满足需求来划分照料需求的满足状况。对于寻求帮助的老人，调查询问"谁是主要帮助者"，若回答"无人帮助"则视为需求完全未满足；对于有人帮助的老人，调查进一步询问"这些帮助能否满足需求"，若回答"不满足"和"未完全满足"则判定为需求部分未满足，回答"完全满足"则判定为需求完全满足。

1. 四川省失能老人规模评估及其发展变化

如表5所示，2018年，九成以上的老人日常生活完全能够自理，失能老人不到一成，其中轻度失能老人占比最高，约5%，中、重度失能老人的比例在1%左右。根据不同自理能力老人的占比，并结合2018年四川省65岁及以上的老年人口数量①，我们估算2018年四川省完全能够自理的老人有1105万人，失能老人近77万人，其中轻度失能老人有53万人、中度失能老人有11万人、重度失能老人有13万人。

观察2005～2018年的纵向变化发现，老人完全自理的比例在波动下降的基础上占绝对主导地位，失能老人比例则在波动中上升。其中，重度失能波动上升且速度最快，轻度失能上升速度次之，中度失能上下波动幅度较小。具体到不同失能程度，除2008年外，轻度失能老人占失能老人的比例最大，各年度均占到了失能老人总体的五成以上，且2018年轻度失能老人占老年人口的比例约为2005年的2倍；再就是重度失能老人，2018年重度失能老人占老年人口的比例约为2005年的3倍，中度失能老人的占比总体上略低于重度失能老人，但差距不大（2014年除外）。

表5　2005～2018年四川省老人日常生活自理能力的变化

单位：%

年份	完全自理	轻度失能	中度失能	重度失能	总计
2005	96.5	2.4	0.7	0.4	100
2008	96.5	1.1	1.1	1.3	100

---

① 《2018年四川省人口统计公报》，四川省统计局网站，2019年3月19日，http://web.sctjj.cn/sjfb/tjgb/201903/t20190319_277120.html。

年份	完全自理	轻度失能	中度失能	重度失能	总计
2011	89.5	7.1	1.5	1.9	100
2014	88.8	5.7	1.3	4.2	100
2018	93.5	4.5	0.9	1.1	100

注：百分比已加权。

2. 四川省失能老人健康养老服务需求评估及其发展变化

全国有上千万的失能老人，这一规模引起了政府对该群体的健康养老服务问题的关注，全国49个城市已经开始试点面向失能老人的长期照护保险制度。但由于忽视了既有照料的贡献，供需结构失衡。对于有70多万失能老人的四川来说，应该在健康养老服务发展的早期借鉴全国的经验教训，避免不必要的资源浪费，精准把握失能老人中照料需求未满足的规模。

如表6所示，2018年，分别有近五成失能老人的照料需求完全满足或部分未满足，照料需求完全未满足的比例为3%。结合上述估算的各年度失能老人数量我们发现，需求得到完全满足的失能老人约38万人，需求得到部分满足的老人近37万人，需求完全得不到满足的失能老人超过2万人。从供给侧来看，四川省截至2017年末已建成7.07万张医养结合床位数①，这对于需求未满足的30多万失能老人来说远远不够。

2005~2018年，照料需求完全满足的比例在波动上升的基础上约为40%；而部分未满足的比例则表现出了较为明显的下降趋势，但仍为50%左右，这在一定程度上可以说明失能老人照顾需求满足的基准情况；完全未满足的比例在2008年以后快速上升，2018年该比例为2005年的15倍。

表6　2005~2018年四川省失能老人的照料需求满足状况

单位：%

年份	完全满足	部分未满足	完全未满足	总计
2005	34.1	65.7	0.2	100
2008	50.3	49.6	0.1	100

---

① 《2018四川人口老龄化与健康养老状况分析报告（全文）》，个人图书馆，2018年9月16日，http://www.360doc.com/content/18/0916/22/46650822_787225367.shtml。

续表

年份	完全满足	部分未满足	完全未满足	总计
2011	36.5	54.1	9.4	100
2014	42.4	48.5	9.1	100
2018	48.9	48.1	3.0	100

注：百分比已加权。

3. 分年龄组失能老人健康养老服务需求的发展变化

由于照料需求满足状况与年龄密切相关，本部分将进一步分年龄组考察照料需求满足状况。整体上来看，2005~2018 年分年龄组失能老人的照料需求满足状况的变化与总体失能老人基本一致，完全满足的比例波动上升，部分未满足的比例波动下降，完全未满足的比例总体上升。进一步对比高龄老人与中低龄老人的需求满足状况可知，两者的主要区别在于需求部分未满足和完全未满足上。虽然高龄老人（80 岁及以上）与中低龄老人（65~84 岁）需求部分未满足的比例都呈下降趋势，但中低龄老人的降幅更大（19.8 个百分点）。除 2005 年外，高龄老人需求部分未满足的比例在各年度都高于中低龄老人。虽然各年龄组的老人需求完全未满足的比例波动上升，但 2011 年以后中低龄老人需求完全未满足的比例都高于高龄老人（见表 7）。

表 7　2005~2018 年分年龄组四川省失能老人的照料需求满足状况

单位：%

年龄组	年份	完全满足	部分未满足	完全未满足	总计
65~84 岁	2005	33.1	66.9	0	100
	2008	53.0	47.0	0	100
	2011	35.1	53.5	11.4	100
	2014	41.8	46.4	11.8	100
	2018	49.6	47.1	3.3	100
85 岁及以上	2005	39.2	59.4	1.4	100
	2008	40.9	59.1	0	100
	2011	41.3	55.9	2.8	100
	2014	43.4	52.3	4.3	100
	2018	47.1	50.8	2.1	100

注：百分比已加权。

（二）　四川省失能老人需求未满足的影响因素分析

在厘清了失能老人的照料需求满足状况的基础上，本部分将进一步探究什么因素导致失能老人的照料需求未获满足，并重点比较这些因素对部分未满足与完全未满足的照料需求的影响差异。

1. 二元 Logistic 混合回归分析

本部分以照料需求满足情况为因变量，以居家失能老人的经济状况、健康状况和社会支持为自变量，以社会人口特征为控制变量，考察照料需求满足情况的影响因素。为便于解释，表 8 列出的是系数风险比（odds ratio），表示照料需求未满足的概率与照料需求满足的概率的比值，系数风险比的取值若大于 1，表明照料需求未满足的概率更高。

如表 8 所示，在控制了年龄、性别、婚姻情况、城乡、教育水平以及调查年份等变量后，经济状况、老人失能状况与老人居住方式都对其照料需求满足情况有显著影响。在经济层面上，相对于家庭年收入在 2667 元及以下的低收入老人，中收入（2668～6500 元）老人照料需求未满足的可能性低 35.1%，而高收入（6501 元及以上）老人照料需求未满足的可能性比低收入老人低 40.4%。从老人健康状况来看，是否患病对需求满足情况影响并不显著，但老人的失能状况对需求满足情况有显著影响，相较于轻度失能老人而言，中/重度失能老人需求未满足的可能性更高，是轻度失能老人的 2.056 倍。从社会支持的角度来看，居住方式对需求满足情况的影响主要体现在独居和仅与配偶同住的对比上，相较于独居老人而言，仅与配偶同住的老人需求未满足的可能性低 61.6%。

表 8　二元 Logistic 混合回归分析结果

变量	系数风险比	聚类稳健标准误
高龄（参考组：中/低龄）	0.874	0.211
男性（参考组：女性）	0.944	0.160
有偶（参考组：无偶）	1.075	0.310
城市（参考组：农村）	0.931**	0.134
教育水平（参考组：文盲）		
小学	1.211	0.219

变量	系数风险比	聚类稳健标准误
初中及以上	0.915	0.272
调查年份（参考组：2005）		
2008	0.535**	0.106
2011	0.724	0.159
2014	0.681	0.190
2018	0.654*	0.136
家庭人均年收入（参考组：0~2667元）		
2668~6500元	0.649**	0.108
6501元及以上	0.596**	0.111
中/重度失能（参考组：轻度失能）	2.056***	0.278
患慢病（参考组：未患慢病）	1.099	0.153
居住方式（参考组：独居）		
仅与配偶同住	0.384*	0.188
与子女同住	0.652	0.221
与其他家人同住	0.718	0.274

注：样本量为1000；显著性为，* 表示 $p < 0.05$，** 表示 $p < 0.01$，*** 表示 $p < 0.001$。

2. 多分类 Logistic 混合回归分析

本部分以照料需求满足程度为因变量，以居家失能老人的经济状况、健康状况和社会支持为自变量，以社会人口特征为控制变量，考察照料需求完全满足、部分未满足与完全未满足的影响因素。为便于解释，表9列出的是系数风险比（odds ratio），分别表示照料需求部分未满足的概率、照料需求完全未满足的概率与照料需求满足的概率的比值，系数风险比的取值若大于1，表明照料需求部分未满足或完全未满足的概率更高。

由表9可知，在控制了年龄、性别、婚姻情况、城乡、教育水平以及调查年份等变量后，失能状况对不同需求未满足均有显著影响，与需求完全满足相比，中/重度失能老人需求部分未满足的可能性是轻度失能老人的2.186倍，而中/重度失能老人需求完全未满足的可能性与轻度失能的相比低70.3%。家庭人均年收入与居住方式仅对需求部分未满足具有显著影响，对需求完全未满足的影响不显著。具体而言，中收入老人需求部分未满足的可能性较低收入老人低35.6%，而高收入老人需求部分未满足的可能性较低收入老人低41.3%，仅与配偶同住的老人需求部分未满足的可能性比独居老人低62.3%。

表9　　多分类 Logistic 混合回归分析结果

变量	部分未满足	完全未满足
高龄（参考组：中/低龄）	0.935	0.419
男性（参考组：女性）	0.970	0.494
有偶（参考组：无偶）	1.083	1.224
城市（参考组：农村）	0.914	1.400
教育水平（参考组：文盲）		
小学	1.215	1.168
初中及以上	0.927	0.752
调查年份（参考组：2005）		
2008	0.532**	0.671
2011	0.694+	1.646
2014	0.661	1.240
2018	0.652*	0.800
家庭人均年收入（参考组：0～2667元）		
2668～6500元	0.644**	0.804
6501元及以上	0.587**	0.775
中/重度失能（参考组：轻度失能）	2.186***	0.297*
患慢病（参考组：未患慢病）	1.068	2.259
居住方式（参考组：独居）		
仅与配偶同住	0.377*	0.359
与子女同住	0.672	0.370
与其他家人同住	0.735	0.503

注：样本量为1000；显著性为，+表示 $p < 0.1$，*表示 $p < 0.05$，**表示 $p < 0.01$，***表示 $p < 0.001$。

（三）健康养老服务供需匹配的机制与路径

在快速人口老龄化叠加高质量养老服务发展的双重背景下，在未满足的照料需求对人民美好生活的深远影响被普遍性认知的基础上，我们不仅需要继续深入研讨健康养老服务供需不匹配的现状与原因，更重要的是如何从制度层面构建健康养老供需匹配的实现机制并付诸行动。因此，根据失能老人未满足的照料需求及其风险因素，并结合发达国家有益经验，本节提出健康养老服务供需匹配的价值目标、制度设计、实现机制与发展路径，旨在降低失能老人未满足的照料需求，促进健康养老服务与最需要照料的潜在服务对象的精准匹配。

1. 供需匹配的价值目标

健康养老服务的发展应以帮助家庭实现顺利养老为根本目标。受文化观念的影响，亚洲国家老年人的照护问题在传统上倾向于依靠以家庭为主的非正式照护。在日本，3/4 的年轻人承担着照顾父母的责任。德国长期照护体系也十分重视家庭照护的基础作用，其相关法律中规定子女照护父母的责任，政府也会通过现金补贴和知识技能培训等服务为家庭照护者提供支持。美国虽然与我国有较大的文化差异，但从经济的角度来说，居家照护和社区照护比机构照护成本低，并且老年人更愿意在自己熟悉和舒适的家庭环境中生活，通过社区中的照护设施获得所需的服务。因此，经过长期发展和探索，照护重心也逐渐转向了居家和社区照护。如美国的PACE 模式就是以最大限度地保持老人的自主性和独立性为目的，帮助老年人能尽可能长久地在社区中继续居住。

由研究结论可知，在 70 多万的失能老人中，超过一半老人的照料需求得到完全满足，而且这些老人当中九成以上的老人的主要照料者是家人；无人照料的老人约 3%；有人照料但需要更多照料的老人的占比高达 48%，并且超过九成有人照料但需要更多照料的老人的主要照料者是家人。一方面，这在一定程度上反映了我国当下较为充足的家庭照料资源；另一方面，则反映出当下中国的家庭照料者不堪重负，难以提供满足老年人照料需求的服务。因此，现阶段四川省社会养老服务的总体发展方向并不是要从量上替代家庭照料，而是帮助家庭实现顺利养老，倡导"就地养老"照护理念。首先，要充分发挥既有养老床位的效率；其次，需要实现医养结合的结构性转变，补充家庭难以承担的专业长期照护功能，缓解家庭照料压力，满足功能障碍较为严重的失能老人部分未被满足的需要。

2. 供需匹配的制度设计

（1）社会经济政策制定应关照未满足的照料需求

随着我国经济发展逐渐进入新常态，增速下来了，既有的和新生的社会问题就无法再通过以发展换稳定的方式来解决，我们也必须重视这些问题。最先需要改变的是我们的公共政策导向，我们应该以保障社会公平正义、促进民生福祉增长为目标重新思考我们的政策设计。从回归分析结果可以看到，经济水平较高的老人的照护需求更容易满足，那么通过提高老年人收入的方法来帮助他们应对增长的照料需求无疑是一种行之有效的方法。来自家庭、社会以及政府的帮助对于老年人的福祉起着非常重要的作用，而这些作用的发挥也有赖于对社会经济发展与未满足的照料需求的重视。

（2）逐步形成居家服务质量提升、上门服务不再受限的长期照护保险制度

在当前长期照护机构设施还不完善，且老年人更加愿意和子女共同生活的情况下，失能老人在家接受照护是一种成本较低、接受度较高的照护形式，应从政策上鼓励，同时应加强监督管理，尽可能避免出现投入的资源为子女所用而没有改善失能老人状况的现象。目前，成都是全国在四川省唯一的长期照护保险制度试点城市。以成都市长期照护保险制度为例，首先，长期照护保险制度应明确对受益人的动态评估和退出机制。对于复原或失能状况减轻的受益人要及时清退或更改补贴等级；相反，对于失能状况未能得到有效改善或恶化的老人要重新制订照护方案；与此同时，需要将回访结果的真实性与保险公司的年终考核挂钩，从而避免保险公司为寻求更多的收益而忽视服务质量评估。此外，有必要对非正式照护者开展强制性的定期专业技能和心理素质提升培训，并且将一定比例的照护补贴与非正式照护者的培训出勤率挂钩，从而提高其参与的积极性。

上门服务是弥补家庭照护不足的重要部分，然而成都市长期照护保险受益人并不愿意购买上门服务。针对这一问题，应在充分收集了解情况的基础上，为上门护理机构提供相应帮助。比如，可借鉴嘉兴的做法，将补贴居家服务的保险金分为两类：一定比例可用于补贴非正式照护者，剩下的只能用于购买专业上门服务。此外，可以在经过科学测算的基础上考虑补全目前上门服务缺失而失能老人需要的康复服务，并解决一些服务（比如安置尿管、鼻饲管等）需要开医嘱的问题，使上门护理服务能够真正满足居家失能老人的需求。最后，建议民政购买的居家服务与长期照护保险制度涵盖的上门服务从支付和供给上实现无缝衔接与有机融合，避免资源重叠与浪费。①

3. 供需匹配的实现机制

（1）将照料需求满足程度纳入需求评估体系，建立以需求满足为导向的健康养老服务供给与补贴机制

中国传统针对老年人的社会照料服务由政府提供且仅局限于少数民政对象，如城市"三无"老人与农村"五保"老人。但是伴随人口老龄化而来的是失能老人的同步增加，如果沿用传统的民政福利受益人筛选标准，则会忽视功能障碍这一重要健康指标，从而导致有限的社会照料服务难以匹配到最有照料需求的失能老人。因此，要实现健康养老服务的供给侧改革，亟须建立统一的需求评估体系，明确哪些人可以享受哪些服务，做到服务需求与供给的精准化匹配。国际上目前对老年人的照料需求评估的做法主要分为两类：一是在以税收为主的国家或地区（英国、澳大利亚、美国、中国港台地区），照料需求评估一般先对老人的经济状况和家庭照顾能力进行核实，确属经济状况较差者或无人照顾者才进一步根据其健康状况配以政府提供的长期照护服务相关补贴；二是在以保险为主的国家（日本、德国、奥地利、荷兰），照料需求评估不再进行经济状况审查，而是面向所有评估对象，以健康状况为主要依据，经认定后均可享受同等的服务内容。②

借鉴国外经验，四川省长期照护保险制度试点城市成都也尝试建立需求评估，并根据评估结果判定保险受益人资格。但现在90%的评估项目是关于老年人的疾病与功能状况等健康相关的内容，而忽视了现有的照料支持对需求的满足程度，从而造成钱没有花在刀刃上。未满足的照料需求会

---

① 曹杨、宋璐佳、肖金雨、娄莉萍：《积极应对人口老龄化背景下长期照护保险制度试点的成效、挑战与发展方向——以成都市为例》，《残疾人研究》2020年第3期。

② 曹杨：《失能老人长期照料服务供需匹配研究》，四川大学出版社，2022。

对老年人的健康与医疗卫生服务利用带来一系列的负面影响。将照料需求满足状况纳入需求评估体系，可以及时、便利地筛查出具有潜在健康高风险的刚需人群。① 因此，应从需求评估、服务供给、保险金发放的全流程完善四川省长期照护保险制度。

一方面，应建立全省统一的长期照护服务需求评估体系，并将照料需求满足状况作为刚性指标纳入该评估体系。与国内目前各地所使用的冗长的评估条目相比，照料需求满足状况所使用的问题简短精练，而且有经验告诉我们简短的评估工具具有与长而复杂的评估工具同等的预测力。以自评健康状况这一指标为例，学术研究证明，单一的自评健康状况对死亡与医疗卫生服务利用的预测能力和较长的健康测评工具一样精确，因此自评健康状况得以在国内外的全国性数据中广泛使用，我国的人口普查数据也被纳入了这一指标。此外，美国的实践经验也为我们使用这一指标提供了现实依据：美国一些州政府利用针对具体服务项目的需求未满足的评估来判定居家养老服务的供给与受益人资格。②

另一方面，长期照护保险应瞄准照料需求未满足的失能老人。那么这一需求评估指标如何用于指导服务供需匹配呢？从政府的角度来看，面对需要日常生活照料的老年人规模的加速增长，以政府为主导的基本养老服务十分有限，那么照料需求未满足的评估则帮助政府缩小了需要筛选的兜底人群的范围，为实现有限的基本养老服务与最需要人群的精准匹配提供了初步筛查。根据本文的描述分析可知，四川省近40万失能老人的照料需求没有完全获得满足，而这些老人进入了政府进一步评估基本养老服务受益人的筛选框。政府可以针对这些照料需求没有完全满足的失能老人进行家庭经济状况审查，对于经济状况较差者（如低保家庭）提供无偿的基本照料服务或能够基本覆盖服务费用的长期照护保险。

（2）将照料需求满足程度作为健康养老政策评估指标并实行动态监测，建立基于供需互动的政策评估机制

---

① 曹杨：《失能老人长期照料服务供需匹配研究》，四川大学出版社，2022。

② Li, H., Morrow-Howell, N., and Proctor, E., "Assessing Unmet Needs of Older Adults Receiving Home and Community-Based Services: Conceptualization and Measurement", *Journal of Social Work in Long-Term Care*, 3 (3-4), 2006: 103-120.

　　"十二五"期间，社会养老服务体系建设规划将每千名老年人拥有养老床位数作为政策效果的评估指标，"十三五"与"十四五"期间，社会养老服务体系建设目标从片面强调服务设施量的增长转向服务设施的结构优化，相应的在政策效果评估的指标选取上，除了每千名老年人拥有养老床位数，还增加了政府运营的养老床位数比例、护理床位数比例以及设立老年医学科的二级及以上综合性医院占比。但是这些评估指标依然是单一地反映供给侧的发展变化，而无法实现对供需匹配的衡量，从这个层面上来看，现有的养老政策评估指标并没有很好地反映供给侧改革的政策初衷。[①]

　　2015 年，习近平总书记在中央全面深化改革领导小组第十次会议上强调"让人民群众有更多'获得感'"。这不仅体现了共享发展的理念，而且在一定程度上也可以作为政策效果评估的代名词。本文所关注的照料需求满足状况则是评估健康养老服务"获得感"最直接的手段。因此，应坚持以人民为中心的价值追求，将人作为健康养老服务全流程的聚焦点，将失能老人的需求作为健康养老服务的出发点，将失能老人的需求满足状况作为健康养老服务的归宿点，转变当前单一地反映供给侧变化的政策评估方式，更加关注失能老人在健康养老服务中的"获得感"。

　　4. 供需匹配的发展路径

　　传统生物医学模式指导下的健康维护以医疗诊治为主，对成本与专业水平要求较高。随着失能老人的激增，为了应对其复杂的健康需求，集生活照料、护理康复和权益保护于一体的健康养老服务应运而生。功能衰退是一个循序渐进的过程，尤其重度失能是不可逆的，相比高额的单病种诊疗，高质量的健康养老服务在延缓衰退进程的同时，能更好地保障失能老人有更多参与社会的机会。因此，为失能老人及时提供满足其需求的健康养老服务，一方面可以把握功能衰退进程中的重要时间节点，提高轻度失能老人的复原机会，尽可能地延缓重度失能、失智老人的衰退进程，进而避免高额的医疗支出；另一方面，有助于帮助失能老人由被动接受服务向主动的社会参与转变，提升其社会福祉。故本节根据上述结论提出，健康

―――――――――

　　① 曹杨：《失能老人长期照料服务供需匹配研究》，四川大学出版社，2022。

养老服务供需匹配的实现可以考虑两条路径，即对无人照料、有人照料但需要更多专业照料的两类失能老人，提供差别化、有针对性的健康养老服务。①

（1）关注健康养老服务与一般养老服务之间的空白地带，构建从重度失能到健康的连续性健康养老服务体系

对需要照料又无人照料的老人来说，社会照料则是刚需，而这些老人处于功能退化的初期，结合经济效益与老年人的养老偏好来看，社区居家养老服务优于机构服务。我国绝大多数城市试点的长期护理保险面向重度失能老人，为重度失能老人提供了基本的服务保障，但轻、中度失能老人仍处于保障盲区。目前我国轻、中度失能老人在失能老人中占比最高，而且功能衰退是一个循序渐进的过程，如果能在衰退初期及时为其提供长期照护，他们仍有机会恢复独立的日常生活能力。② 因此，在不断发展完善针对重度失能老人的健康养老服务的同时，应进一步为处于照护盲区的轻、中度失能老人提供过渡性的社区居家养老服务。这类服务的强度与支出虽然高于一般养老服务，但低于面向重度失能老人的健康养老服务，建议将这类服务纳入民政购买的居家养老服务的补贴范畴，从而弥补长期照护保险尚未覆盖的照料盲区。③

欧美发达国家从 20 世纪 70 年代开始，为了降低过度使用机构照料所带来的较高财政支出，开始鼓励"去机构化"，大力发展社区居家养老照料。有研究证明，提供以消费者为主导的社区居家照料服务可以降低老年人未满足的照料需求。④ 以美国为例，美国于 20 世纪 80 年代在公共医疗救助制度之下建立了社区居家服务豁免项目（Home and Community-Based Service Waiver Program）。该项目的服务对象以失能、失智老人为主，同时也覆盖一些特殊群体，如艾滋病患者。该项目允许州政府自愿提供一系列

---

① 曹杨：《失能老人长期照料服务供需匹配研究》，四川大学出版社，2022。

② Gibson, M. J., and Verma, S. K., " Just Getting by: Unmet Need for Personal Assistance Services Among Persons 50 or Older with Disabilities", American Association of Retirement Persons Public Policy Institute, 2006.

③ 曹杨：《失能老人长期照料服务供需匹配研究》，四川大学出版社，2022。

④ Casado, B., van Vulpen, K., and Davis, S., "Unmet Needs for Home and Community-based Services among Frail Older Americans and Their Caregivers", *Journal of Aging and Health*, 23 (3), 2011: 529 – 553.

原本公共医疗救助制度未覆盖的居家服务项目，包括个案管理、家政服务、上门护理、个人日常生活料理、成人日间医疗护理、康复服务以及喘息服务。除了联邦政府规定的上述七项服务，各州政府还拥有确定其他所需服务的自主权，只要这些项目通过美国医疗财务管理局（Health Care Financing Administration）的批示，州政府就可以付诸实践。[①]

参考美国社区居家服务豁免项目，鉴于需要照料但无人照料的老人的经济状况更差且家庭照料资源极度缺乏，建议在四川省大力发展以日常生活照料为主的社区居家养老服务，并鼓励政府为经济困难的无人照料的失能老人购买此类服务，从而缓解其无人照料的风险，使其仍然能够维持在家里的正常生活，避免对养老院不必要的使用，更是为未来独生子女父母一代步入老龄化社会所面临的家庭照料资源缺乏提前做好准备。

（2）为功能严重衰退的失能老人建立以专业长期照护为主、家庭照护支持为辅的服务模式

照料躯体与认知功能障碍严重的老年人对现代家庭提出了巨大的挑战，影响老年人及其家庭的福祉。对于作为家庭照料者的老年人配偶而言，自身的衰老叠加照护压力会导致其体力和精力上不堪重荷；对于上有老下有小的中年子女，在工作、抚养子女和照料父母之间疲于奔命，难以同时兼顾，且承担着购买社会服务的经济压力。长时间的照护负担将影响家庭照护者身心健康，对老年人和家庭照护者造成不利影响。如不为家庭照护提供必要支持，在老年人子女数持续减少的趋势下，居家照护将举步维艰。

本文研究显示，虽然重度失能老人基本上都有人照料，但他们存在需求部分未满足的风险更高，可能的原因之一是目前他们的主要照料者仍是家人。这一方面告诉我们，为确保照护质量，功能严重衰退的老人更适合专业的长期照护而非家庭照护；另一方面则对平衡家庭照护与家庭发展提出了挑战。因此，为了保证老年人所获得照护服务质量，维持家庭发展能力，使家庭和家人不因照护老人而被拖垮，在老年人自主选择的基础上，

---

① Duckett, M. J., and Guy, M. R., "Home and Community-Based Services Waivers", *Health Care Financing Review*, 22(1), 2000：123 – 125.

政府应通过长期照护保险制度培育专业的长期照护机构，并优先收住重度失能老人。同时，考虑到老一代的老年人对于社会养老机构的接纳度仍然较低，因此长期照护机构的发展应以邻近社区的中小型机构为主。此外，应着力打造针对家庭照护者的支持性服务，让不愿意入住机构的老年人也能尽量在家获得所需的照护，同时缓解家庭照护者的重担，改善老年人与家庭照护者的关系，促进家庭照护的可持续性发展。①

总体上来看，国内现有的社会化健康养老服务依然以老年人为主要服务对象，而忽视了老年人家庭对服务的需要，但也有以成都为首的一些地方城市（如北京、上海、南京和杭州等）开始尝试开展以家庭照护者为服务对象的服务帮助，并已在喘息服务、经济补助、社会系统支持等方面做了有益的尝试，收到良好效果，表明政府主导的家庭照护支持可行、有效。② 具体可采取以下措施：通过政府购买，为家庭照护者提供喘息服务，使家庭照护者得到必要的休息和恢复；通过长期照护保险制度为家庭照护者提供适度经济补助，以维护家庭经济能力，与之相伴的要建立有效的服务质量评估机制，提升家庭照护服务质量；为家庭照护者提供无偿的专业技能培训，提高服务效率；建立家庭照护者的心理疏导机制，避免家人对老年人情感支持与生活照料弱化的双重困境；建立居家照料信息服务平台，提供疾病咨询、照护技巧、服务供给等信息，为照护者创建沟通渠道；尝试建立类似产假的父母照护假制度，为在职人员在有需要时提供一定时间的带薪假期。政府和社会应提高对居家养老照护者身心健康水平的重视程度，全方位多层次提供支持，为居家养老创造更适宜的家庭、社会环境，进一步促进有老年人的家庭健康、和谐发展。

（四）四川省养老与老年健康事业发展建议

四川省老龄化程度较全国总体更深，已进入深度老龄化社会，2020 年65 岁及以上老年人口占比16.93%，比全国平均高3.43 个百分点。2010～2020 年65 岁及以上老年人口净增加536 万人，年均增长4.87%，增速居

---

① 曹杨、杜鹏：《失能老人的照料需要满足状况及其影响因素分析》，《人口与发展》2021年第1期。

② 曹杨：《失能老人长期照料服务供需匹配研究》，四川大学出版社，2022。

全国首位。全省老年人口在城乡之间、地区之间分布高度不均衡。"十四五"期间，伴随老年人口高龄化、失能化，家庭养老功能弱化和"未富先老"等问题，社会养老服务需求巨大，社会保障服务供给压力增大，养老基本公共服务对社会财富创造与现代化建设形成极大压力，对养老保障制度将产生结构性影响。

"十四五"时期，四川省经济将由中高速增长阶段转向高质量发展阶段，人口老龄化为消费市场繁荣带来重大机遇。老年人口比重增加带来老年群体消费总量占 GDP 的比重加大，发展适合老年人需求的产品和服务，为经济社会持续、高质量发展提供重要动力。互联网、物联网、大数据、云计算、区块链等信息技术的发展，为促进供需精准对接、实现养老服务资源的整合与优化配置提供了更好的技术支持，能节省照料成本，提高服务效率。随着人口老龄化的不断深化，老年人口规模不断增长，对政治、经济、文化、社会和国际竞争力的影响作用更大，社会各界将更加关注，既能为养老服务发展提供更加良好的发展环境，也将提出更加繁重的发展要求。

1. 完善基本养老服务体系

健全养老保险体系。坚持覆盖全民、统筹城乡、公平统一、可持续基本原则，加快构建多层次、多支柱养老保险体系，大力发展企业年金、职业年金，提高企业年金覆盖率，规范发展养老保险第三支柱，推动个人养老金发展，健全灵活就业人员社保制度，进一步完善城乡居民基本养老保险制度和被征地农民参加基本养老保险政策。建立健全多层次医疗保障制度体系，逐步扩大老年人基本医疗保险支付范围，鼓励发展补充医疗保险和商业健康保险。探索建立社会福利、救助和保险相衔接的长期照护保障制度，着力解决失能、失智老年人的长期照护问题。扩大长期照护保险基金支付范围，将基层医疗机构、养老机构、社区养老服务综合体纳入协议照护机构，探索将治疗性康复辅助器具使用费用等纳入长期照护保险体系。

完善社会救助制度。充分发挥社会救助的"兜底线"作用，健全基本生活救助与专项救助、临时救助衔接，实现应保尽保、应救尽救。加大对经济困难的高龄、独居、失能、重点优抚对象和计划生育特殊困难家庭老年人的救助力度，切实保障因病因残等支出型生活困难老年人的基本生活。落实最低生活保障，确保符合条件的老年人按规定纳入最低生活保障、特困人员救助供养等社会救助制度保障范围。发展适度普惠福利，构建以扶老、助残、济困为重点的社会福利制度体系，为符合条件的老年人提供养老服务补贴、护理补贴、高龄津贴，逐步提高老年人社会福利水平。

实施兜底整体方案。制定基本养老服务清单，推动基本养老服务清单内容纳入基本公共服务范畴并逐步丰富发展服务项目。健全城乡特困老年人集中供养服务机制，逐步将城乡低保老年人、计划生育特殊家庭老年人纳入基本养老服务重点保障对象，确保有集中供养意愿的特困老年人全部实行集中供养。公办、公建民营、民办公助养老机构优先接收事实无人照料的独居、孤寡、空巢、留守老年人和高龄老年人，满足生活不能自理人员集中供养需求。

2. 完善多层次养老服务供给网络

建设居家社区养老服务设施骨干网。优化社区养老服务设施布局，充分考虑老年人接受服务的便利性和服务半径等因素，分级分类配建补齐居家社区养老服务设施，形成居家社区"15分钟养老服务圈"。支持培育一批居家社区类社会企业、社会组织连锁化、规模化、专业化发展，形成社区养老服务品牌标杆。提升居家社区养老服务能力，通过政府补贴、购买服务等方式，优先保障经济困难的高龄、失能、半失能、独居以及计划生育特殊家庭等困难群体的居家社区养老服务需求。发展"家庭照护床位"，完善相关服务、管理、技术等规范以及建设和运营政策，支持养老机构运营家庭养老床位并提供专业服务。开展失能老年人家庭成员照护和应急救护培训，鼓励有资质的社会组织和服务机构开展社区养老照料和监护服务，帮助家庭成员提高照护能力。落实基层医疗卫生机构与居家老年人建立签约服务关系，为居家老年人提供上门医疗卫生服务，构建失能老年人长期照护服务体系。通过政府主导、多元参与等方式，多渠道、立体式、全方位构建全域覆盖、政企协同的老年助餐服务网络。加强老年人居家和社区适老化改造。通过政府支持、产业引导、业主众筹等方式，鼓励老年人家庭根据老年人身体现状、实际需求、居住环境等情况，对住宅及家具设施等进行适老化改造。推进公共服务适老化改造提升，优化出行、就医、消费、文娱、办事等高频事项和服务场景，为老年人提供智能便捷适老的公共服务。

推动机构养老服务转型升级。优化养老机构布局结构。重点发展满足基本养老服务需求和服务高龄及失能失智老年人的养护型、认知障碍型的养老机构。建设更多便捷、低价、优质的养老机构，加强嵌入式小型多功能养老服务机构。支持社会力量重点发展面向中低收入群体的普惠型养老服务机构，适度有序发展面向中高收入群体的中高端养老机构，支持规模化、连锁化、专业化发展。提升养老机构服务质量。重点加快现有养老机构床位改造升级，增设失智老年人护理专区，提供生活照料、康复护理、安宁疗护一体化的全周期养老服务，提高护理型床位占比。深化公办养老机构改革。坚持公办养老机构公益性属性，按照宜公则公、宜民则民的原则推进改革，发挥公办养老机构兜底、普惠和示范作用。实行公办养老机构入住评估轮候制度，在满足兜底保障需求基础上，优先为经济困难的失能失智老年人、残疾老年人、计划生育特殊家庭老年人提供低偿托养服务，逐步为社会老年人提供基本养老服务。积极探索具备条件的公办养老机构改制为国有养老服务企业。

加快补齐农村养老服务短板。将补齐农村养老服务短板纳入乡村振兴战略统筹推进，尽快形成县、乡、村三级农村养老服务网络。加强推动农村养老服务设施均衡布局，将农村养老服务设施建设纳入预算内投资优先安排，通过撤并、重建、整合等方式，构建 1 + N 农村公办养老机构联合体。鼓励利用农村闲置房屋发展一批设施完备、服务优良的乡村养老基地。大力发展互助养老。积极开展互助养老模式，依托农村社区日间照料中心及其他闲置村级设施，设置农村互助养老服务站点。整合互助养老服务点及镇（街道）便民服务中心、村级党群服务中心、村（社区）社工站（室）、老年人协会、养老机构、日间照料中心、老年助餐点、镇卫生院、社区卫生服务中心、村（社区）卫生室等服务设施资源，为农村老年人提供互助养老服务，实现农村老年人基本养老需求"有需必应"。

3. 推动养老服务产业多元化发展

加强养老服务市场主体建设。积极扶持培植本土养老服务企业，加快培育壮大社会力量使其成为发展养老服务业的主体。通过购买服务、股权合作、"互联网＋"等方式，支持各类市场主体增加养老服务有效供给。积极引进知名养老服务企业，加快培育打造一批规模化、连锁化的龙头养老服务企业，满足老年人多元化养老需求。加快打造一批养老服务知名品牌。大力发展专业养老服务机构，支持有实力且运作规范的家政服务企业承担居家养老服务工作，完善居家养老服务体系。推广"互联网＋居家养老"平台建设，推进线下服务与线上服务相结合。

推动养老服务业融合发展。促进养老服务与文化、旅游、餐饮、体育、家政、教育、养生、健康、金融、地产等行业融合发展，拉长养老产业链条，丰富养老服务内容，形成产业规模效应，形成一批产业集群和集聚区，培育一批品牌化、规模化、有影响力的新型养老服务产业集团，鼓励社会资本通过多种方式和途径参与养老与健康服务业设施建设、运营和服务，塑造四川养老服务品牌。建设养老服务特色产业园区，聚集养老服务企业，扶植老年产品用品研发制造，培育养老服务品牌，开发产品销售网络平台，配套优惠政策，形成集聚规模效应。

推进农村养老产业与乡村振兴有效衔接。鼓励进城务工人员回乡创业，参与、培育和发展农村养老服务。建设乡村型健康养老基地，促进养老旅游、康养产业融合发展，助力乡村振兴战略，因地制宜建设特色康养旅游小镇。依托区域生态、医疗、文化等资源优势打造乡村健康养老示范基地，支持社会力量建设旅居养老服务设施，结合各地区自然资源禀赋，促进城乡养老产业融合发展。支持社会力量在农村投资兴办面向失能、失智、高龄老年人的医养结合型养老机构，鼓励社会资本参与投资高端养老和康养小镇建设。

4. 强化科技赋能养老服务升级发展

增强科技支撑能力。支持养老服务等关键技术研发，加快推进信息技术和智能硬件在老年用品领域的深度应用，建设一批智慧健康养老示范企业和基地。加大老年相关领域科技成果转化，支持老年用品关键技术和产品研发、成果转化、服务创新及应用推广，促进老年用品产业创新。发展劳动力替代及增强技术，加快服务机器人、康复机器人等智能设备在现代服务、养老陪护、医疗康复、教育娱乐、公共安全等领域的普及。加强人体机能增强技术的研发及应用。加强老年辅助技术的研发应用及推广。

提升智慧养老水平。大力推进"互联网＋养老"信息化服务发展，完善全市养老服务信息平台，加强信息技术在基本养老服务申请受理、过程管理、资金结算、信息推送、服务质量监测、安全生产监管等方面的应用，为老年人提供"菜单式"就近便捷养老服务。聚焦老年健康风险因素控制、健康服务领域关键问题，融合移动互联网、5G等信息技术，推进智慧健康服务应用。推进养老产业数字化转型，着力推进"智慧养老院"和"智慧养老社区"建设。充分运用5G、物联网、大数据、人工智能、虚拟现实、增强现实等技术，支持互联网企业导入养老服务和老年健康服务，支持优质养老机构互联网平台化发展，推动互联网平台精准对接居家社区服务供应商和老年人家庭。开展"智慧助老"行动，鼓励企业研究开发适老化智能产品。组织开展专题培训，提高老年人对智能化应用的操作能力。

5. 健全养老服务支撑保障体系

大力建设老年友好型社会。通过完善适老公共服务标准，推进适老公共设施改造，增加"老有所乐"服务场景，不断加强适老公共服务设施建设。通过开发老年人力资源，优化老年人力资源配置，加大"银发人才"创新创业服务力度，积极搭建老年人才市场，鼓励老年人参与科学文化知识传播、专业技能传授、科技开发应用和咨询服务等活动，支持老年人依法从事经营和生产活动、兴办社会公益事业，发挥老年人在经验、知识、技能方面的优势，对年轻劳动者实现"传帮带"，发挥老年人在关心教育下一代、维护社会治安、协助调解民间纠纷等工作中的重要作用，积极营造老有所为的社会环境。

加快完善法律制度体系建设。构建以老年人权益保障、养老服务等法律为统领，以行政法规、部门规章、规范性文件为主体，以相关标准为支撑的养老服务政策法律体系，实现养老服务有法可依、有法必依，依法保障老年人合法权益。

强化养老服务人才队伍建设。鼓励省内有条件的各类院校设置养老服务相关专业或开设相关课程，建立校企养老服务人才双向培养机制。利用各类养老服务实训基地，加强养老从业人员职业培训。积极开展养老护理员职业技能等级认定，引导养老从业人员参加社会工作者职业资格考试。建立社工引领志愿者服务机制，培育壮大老年志愿服务队伍。完善养老服务从业人员关爱和激励褒扬机制。

加强养老服务要素保障。加大养老财政投入力度，建立养老服务经费投入保障机制，逐步加大养老服务财政资金投入力度，提高养老服务在社会福利事业彩票公益金的占比，鼓励利用政府专项债券支持政府投资的养老服务基础设施建设项目，逐步提高公办养老服务设施建设标准。探索设立养老服务发展基金，积极引导社会资本投入农村养老服务，形成多元投入机制。做好扩大长期护理保险试点，丰富健康保险产品供给。完善养老用地用房支持政策，做到应保尽保。

强化养老服务质量监管。严格执行民政部《养老机构管理办法》，建立健全跨部门综合监管制度，推动建立职责明确、分工协作、科学有效的综合监管制度。加强养老服务事中事后监管，推行"互联网＋监管"，运用大数据等新技术手段，实现规范化、精准化、智能化监管。开展养老机构服务质量日常监测工作，完善监测指标体系，健全动态监测和持续改进机制。依托各级养老服务中心等机构，通过购买服务等方式，委托第三方开展养老服务质量评估、安全评估、职业培训等专业性、技术性工作，通过"以评助监""以评促管"，提高综合监管水平和效能。开展养老机构服务质量等级评定工作，提升养老机构规范化建设水平，建立养老服务高质量发展长效机制。

养老服务篇

四川养老服务发展情况

党和国家高度重视老龄事业和养老服务体系的发展，将积极应对人口老龄化上升为国家战略。2022 年 2 月，国务院印发了《"十四五"国家老龄事业发展和养老服务体系规划》。该规划提出，全社会积极应对人口老龄化，加快健全居家社区机构相协调、医养康养相结合的养老服务体系和健康支撑体系，提升老年人的获得感、幸福感、安全感。[①]

当前四川人口老龄化的形势十分严峻，面临着老年人口总量大，老龄化速度加快、高龄化程度度深、老年人家庭空巢率持续上升、失能和半失能老年人口比例较高等多重突出问题，给四川社会经济的可持续发展带来了巨大挑战和考验。养老服务问题成为目前四川经济社会发展中面临的重要问题之一，构建符合国家标准和四川实际的多元化、多层次社会养老服务体系还需要政府、市场、社会、家庭等多主体的共同努力。

一 四川养老服务发展历程与现状

（一）我国养老服务发展历程

国内养老服务发端于改革开放初期，这一时期，国家重点解决基础生活需求问题，老龄人口主要依靠家庭养老，仅有小部分老年人可得到国家统一分配的养老服务资源。[②]

[①] 中国政府网，2021 年 12 月 30 日，http://www.gov.cn/zhengce/content/2022 - 02/21/content_567 4844.htm。

[②] 马岚：《改革开放四十年我国社会化养老服务的政策演进和发展趋势》，《重庆社会科学》2018 年第 12 期。

20 世纪 80 年代后，我国开始重视人口老龄化问题。在此阶段，老年人的服务内容多属于社会福利与社会救济的范畴，政府主要服务对象是孤寡老人和生活困难老人，主要通过福利院、敬老院、光荣院等收养性社会福利机构提供养老服务。社区养老服务逐渐得到关注，取得适当成效，但家庭依然作为核心的基本养老服务责任者。

自 2000 年开始，政府主导设立公办养老机构，促使养老行业快速发展，养老服务体系逐渐形成，养老服务由"福利性"向"社会化"拓展，但社会参与度不足。2011 年至今，我国政府通过规划、政策、投入、协调等手段，加强养老服务发展顶层设计，我国养老服务业发展迅速推进，规模扩大，结构改善，质量提升，促进养老服务业发展与经济发展良性互动，与社会进步协调推进。

总体而言，我国养老服务主要以政府引导为核心，并逐渐走向市场化和产业化，养老服务内容趋于多样化和专业化，市场集中度也逐渐提升。

（二）四川养老服务发展历程

加快建设四川养老服务体系、积极应对四川省人口老龄化对于推进健康四川建设和促进四川省经济社会全面进步意义重大。四川省委、省政府高度重视老龄事业发展和养老服务体系建设，"十三五"期间，已将养老健康业作为全省五大新兴先导型服务业之一纳入省委、省政府民生工程并加以推动落实。根据中央和省委的决策部署，四川相继出台一系列政策文件推动养老服务发展，完善四川基本养老服务体系建设，不断满足日益增长的养老服务需求。

1. 初步构建基本养老服务体系

四川省人口老龄化快速发展，传统的家庭养老模式已经不能满足老年人多层次、多样化的养老需求，聚焦让老年人老有所养、老有所依、老有所乐、老有所安，构建以居家为基础、社区为依托、机构为支撑的基本养老服务体系，满足不断增长的社会养老服务需求。

2012 年，四川省民政厅制定了《关于加快发展养老服务业的意见》。该意见提出，到"十二五"末，初步形成"9073"养老格局：90% 的老年人通过自我照料和社会化服务实现居家养老，7% 的老年人通过社区组织提供的各种专业化服务实现社区照料养老，3%的老年人通过入住养老机构实现集中养老。该意见还提出推进居家养老服务、发展社区养老服务、强化机构养老服务、壮大养老服务产业四大主要任务。[①]

2014年，四川省人民政府印发了《关于加快发展养老服务业的实施意见》，提出全面建成以居家为基础、社区为依托、机构为支撑，功能完善、规模适度、覆盖城乡的养老服务体系。该意见提出要把大力发展居家养老和社区养老服务以及加强养老机构建设作为主要任务来推进。[②]

2015年，为贯彻落实《关于加快发展养老服务业的实施意见》，《四川省人民政府办公厅转发民政厅等部门关于四川省2015—2017年养老服务体系建设重点任务安排意见的通知》中下达了2015～2017年四川省养老服务体系重点建设目标任务，提出要从居家养老、社区养老和机构养老三方面的养老服务设施方面完善养老服务体系建设。随着相关政策相继出台，四川省覆盖城乡的社会基本养老服务体系初步建立，以居家养老为基础、社区服务为依托、机构养老为支撑的养老格局基本形成。[③]

2. 推进医疗卫生与养老服务深度融合

虽然四川省的基本养老服务体系已初步建立，但四川省医疗卫生和养老服务资源以及彼此相对独立的服务体系远不能满足老年人多层次、多样化的健康养老服务需求，迫切需要医养相融合的优质服务资源，从满足老年人实际需求出发，切实为老年人提供治疗期住院、康复期护理、稳定期生活照料、安宁疗护一体化的服务。

四川省委、省政府高度重视医养结合工作，先后出台了一系列政策措施，大力推进医养结合服务，推进健康老龄事业产业发展。2014年，四川省人民政府印发《关于加快发展养老服务业的实施意见》，提出推进医疗

---

①　四川省人民政府网站，2012年9月25日，https://www.sc.gov.cn/10462/10883/11066/2012/10/9/10232006.shtml。

②　四川省人民政府网站，2014年2月14日，https://www.sc.gov.cn/10462/10883/11066/2014/2/17/10293595.shtml。

③　四川省人民政府网站，2015年3月24日，https://www.sc.gov.cn/10462/10883/11066/2015/3/27/103 30956.shtml。

卫生与养老服务相结合。① 2016 年，《四川省人民政府办公厅转发省卫生计生委等部门关于加快推进医疗卫生与养老服务相结合实施意见的通知》提出了建立医疗机构与养老机构合作机制、支持养老机构开展医疗卫生服务、鼓励医疗机构提供健康养老服务、统筹医疗与养老服务深度融合、鼓励社会力量兴办"医养结合"机构以及大力发展中医药健康养老服务六大主要任务，全面推进医疗与养老服务深度融合。②

为进一步加速推动医养结合，四川将加快医养结合产业发展作为养老服务工作的重点之一。2018 年，四川省人民政府发布了《四川省医疗卫生与养老服务相结合发展规划（2018—2025 年）》。该规划初步构建了四川省医养结合发展的空间格局，即"一核两带三区三中心"，以成都为"核心"，以川北医学院（北带）和西南医科大学（南带）为"两带"，以攀西阳光康养区域、秦巴生态森林康养区域、川西民族特色康养区域为"三区"，以医养结合的全生命周期商业健康保险、人才培养和养老产品研发转化为"三中心"，确立更加完善的老年医疗卫生服务网络。同时，该规划还明确提出加快推进城乡医养结合服务体系建设、健全完善医疗卫生机构与养老机构合作机制、大力推动养老机构开展医疗卫生服务、拓展医疗卫生机构养老服务功能、有力推进医疗卫生服务向社区家庭延伸、支持社会力量兴办医养结合机构、大力发展中医药健康养老服务七大重点任务，积极探索养老办医、医疗办养、养护结合的服务模式，基本打破了"养老不医护""治病不养老"的局面，逐渐形成以居家为基础、社区为依托、机构为补充、医养相结合的健康养老服务体系。③

3. 农村和民族地区养老服务发展日趋重视

四川农村养老以家庭养老为主，农村敬老院承担了部分特困人员的养

---

① 四川省人民政府网站，2014 年 2 月 14 日，https://www.sc.gov.cn/10462/ 10883/ 11066/ 2014/2/17/10293595.shtml。

② 四川省人民政府网站，2016 年 8 月 4 日，https://www.sc.gov.cn/10462/c103046/2016/8/ 10/ea03dd6b198f4773babb7ef3b6907ed8.shtml。

③ 四川省人民政府网站，2018 年 9 月 30 日，https://www.sc.gov.cn/10462/c103046/ 2018/10/9/a97daf76309f43638 5563e951449825a.shtml。

老服务功能。农村青壮年劳动力流出导致农村老年人"留守""空巢"等问题凸显。目前农村居家社区养老服务正在起步阶段，功能释放十分有限；农村机构养老资源少，且基础设施陈旧落后。另外，农村大多数养老服务机构是财政拨款建设项目，资金来源供给单一且严重不足。近年来，四川省农村养老矛盾突出，农村养老服务体系的构建和完善成为四川省养老服务业发展的重点工作之一。

2014 年以来，四川省人民政府印发了《关于加快发展养老服务业的实施意见》① 和《四川省"十三五"老龄事业发展和养老服务体系规划》② 等政策文件，均提出要重视和发展农村养老服务。2017 年，四川省民政厅出台《关于开展农村养老服务体系建设试点工作的指导意见》，在省内 22 个县（市、区）开展农村养老服务体系建设试点，以"3334"工作思路扎实推进四川农村养老服务体系建设，即通过建立健全领导、投入、工作"三大机制"，全面建设农村区域性养老服务、农村社区养老服务、农村养老服务信息"三大平台"，推进服务类事业单位转型、发展养老服务社会组织、壮大养老服务人才队伍这"三大主体"，最后在发展定位、组织实施、服务对象以及服务内容上着力实现"四个转变"，逐步缓解"老而无休、老而无安、老而无欢"的养老矛盾，实现农村老年人"生活有照料、生病有看护、纠纷有调解、精神有慰藉"。③

2020 年，四川省人民政府办公厅发布的《关于推进四川养老服务发展的实施意见》指出，实施农村养老服务补短板工程，将补齐农村养老基础设施短板、提升乡镇养老院（敬老院）建设标准纳入乡村振兴战略统筹推进。加快构建"1＋N"农村公办养老服务联合体，推动乡镇敬老院转型为区域性养老服务中心。逐步将区域性养老服务中心和乡镇敬老院收归县级直管。到 2022 年，每个县至少建有一所以农村特困失能、残疾和计划生育

---

① 四川省人民政府网站，2014 年 2 月 14 日，https：//www.sc.gov.cn/10462/ 10883/ 11066/ 2014/2/17/10293595. shtml。

② 四川省人民政府网站，2017 年 10 月 26 日，https：//www.sc.gov.cn/10462/c103044/2017/ 11/2/f8cee9303f93440184a3b5c6c 17095c3. shtml。

③ 《我省启动农村养老服务体系建设试点工作》，四川省人民政府网站，2017 年 10 月 20 日，https：//www.sc.gov.cn/10462/10464/ 10797/2017/10/20/10436195. shtml。

特殊家庭老年人专业照护为主的县级特困人员供养服务设施（敬老院），农村留守老年人关爱服务工作机制和基本制度全面建立。①

四川省是多民族聚居的省份，有3个自治州。除了农村地区，四川民族地区的养老服务建设也严重滞后。2017年，《四川省人民政府关于印发四川省"十三五"老龄事业发展和养老体系建设规划的通知》发布，强调要加强民族地区养老服务，开展民族地区老龄问题研究，加强对民族地区人口老龄化形势的研判，因地制宜开展应对人口老龄化行动，支持民族地区加快养老服务体系建设。②

4. 智慧健康养老服务成为未来发展趋势

养老服务需求得到基本满足后，四川加快发展智慧健康养老产业是未来实现更好养老的良方。四川省互联网发展基础好，电子信息产业发达，人才资源丰富，有力促进了新一代信息技术与四川养老服务的深度融合。2018年，《四川省人民政府办公厅关于制定和实施老年人照顾服务项目的实施意见》发布，提出从加快全省老龄大数据服务平台建设、开发应用智能终端和居家社区养老服务智慧平台和信息系统等方面推动建设智慧养老工程。③同年发布的《四川省人民政府办公厅关于全面放开养老服务市场提升养老服务质量的实施意见》也指出，加快养老服务信息化建设。推进"互联网＋"养老服务创新，发展智慧养老服务新业态。④《四川省人民政府办公厅关于印发四川省医疗卫生与养老服务相结合发展规划（2018—2025年）的通知》将全面推进老年人智慧健康服务作为重点任务之一。⑤

2019年，四川省经济和信息化厅、民政厅和省卫生健康委联合印发《四川省智慧健康养老产业发展行动方案（2019—2022年）》，提出到2022

① 四川省人民政府网站，2020年2月3日，https：//www.sc.gov.cn/10462/c103046/2020/2/4/6a4242baa8d844b8a99e24172f8ca942.Shtml。

② 四川省人民政府网站，2017年10月26日，https：//www.sc.gov.cn/10462/c103044/2017/11/2/f8cee9303f93440184a3b5c6c17095c3.shtml。

③ 四川省人民政府网站，2018年1月12日，https：//www.sc.gov.cn/10462/c103046/2018/1/17/29b33ce9b36f421d87aba9ec664e1b02.shtml。

④ 四川省人民政府网站，2018年1月12日，https：//www.sc.gov.cn/10462/11555/11563/2018/2/11/10444982.shtml。

⑤ 四川省人民政府网站，2018年9月30日，https：//www.sc.gov.cn/10462/c103042/2018/10/9/d312a7bca1714f60bd758a8220c68d78.shtml。

年，全省基本形成智慧健康养老产业体系，建立 8~10 家智慧健康养老示范基地，引进和培育 10~15 家具有示范引领作用的行业领军企业，形成一批智慧健康养老服务知名品牌，建成国内领先的智慧健康养老产业高地。同时，该方案提出推动关键技术研发与产品供给、推广发展智慧健康养老服务、提升智慧健康养老创新服务能力、提升智慧健康养老创新服务能力、培育壮大健康养老产业、提升信息基础设施支撑能力六大重点任务。① 2021 年，四川以社区养老服务综合体为枢纽，着手建设智慧养老社区试点，打造居家社区"15 分钟养老服务圈"，加快养老服务信息化建设。②

（三）四川养老服务现状

四川是我国比较有代表性的深度老龄化省份之一。了解其养老服务现状对其养老服务适应本地社会经济水平发展、满足不同阶段老年人多样化、多层次的养老服务需求具有重要参考意义。

1. 养老服务模式

四川省目前的养老模式以居家养老为主，并且多数老年人也更倾向于选择居家养老的模式。但四川居民对居家养老服务的知晓度不够高，尚未建立健全居家养老服务体系，社区开展居家养老服务具有局限性，居家养老服务资源在数量和质量上不能很好地满足老年人对医疗护理及精神文化等的需求。③

社区养老的模式受到欢迎，能满足老年人的基本养老需求，但仍存在供需错位、社区养老评估体系不健全、社区养老政策落实力度不强等问题。基于目前条件，四川社区还难以向老年人提供多层次、多方面、个性化的养老服务，仍需要多方面、多部门、系统性解决问题。④

---

① 《四川省智慧健康养老产业发展行动方案（2019—2022 年）政策解读》，四川省人民政府网站，2019 年 3 月 25 日，https://www.sc.gov.cn/10462/10464/13298/13303/201903/c601 33a868184bdf99398dd85a6208a7.shtml。
② 车茂娟、王亚敏：《构建四川多元化多层次养老体系建设》，《中国统计》2019 年第 1 期。
③ 李添仁：《内江市居家养老模式研究》，华中科技大学硕士学位论文，2015。
④ 刘旭君、金蓉：《人口老龄化背景下社区养老的困境与应对策略探究——以四川省乐山市为例》，《兰州职业技术学院学报》2021 年第 3 期。

养老机构基础建设尚可，养老机构服务较为齐全，能够满足生活照料、膳食等基础性服务；同时，医养结合、康养结合的机构养老模式逐步兴起。[①] 但目前大部分老年人对养老事业的发展情况了解不足，对入住养老机构的接受度不高，导致四川机构养老的发展受限。

2. 医养结合养老服务

目前四川医养结合养老服务主要包括养老机构内设医疗机构、医疗机构内设养老机构、养老机构与医疗机构合作、提供居家医养服务四种模式，前三种模式为目前医养结合的主要形式。[②] 四川医养结合型养老机构快速扩张，2017 年末四川医养结合机构数达 1113 个，比 2016 年末增加 41.8%。提供居家医养服务的机构增幅最大，达 83.1%；其次为医疗机构内设养老机构，增幅达 56.7%；养老机构与医疗机构合作的机构增幅达 50.3%；增长较慢的为养老机构内设医疗机构，增幅为 22.2%。同时，医养结合机构床位数以及医养结合机构照护人员数量均大幅上升。

虽然四川医养结合养老服务得以快速发展，但目前仍存在医养结合机构总量偏少、机构床位不足与入住率偏低并存、专业护理人才不足、地区之间医养结合发展不平衡等突出问题。老年人的养老服务需求不断增加，迫切需要医养结合的优质养老服务，还需多方形成合力，促进资金投入，加大对医养结合领域的支持力度；同时，需要加快培养医养结合专业人才，努力稳定护理人才队伍，加快整合现有养老服务相关资源，推动医养结合加速发展。

3. 农村养老服务

近年来，四川从基础设施、养老保障水平以及孝老敬老爱老氛围等方面不断推进农村养老提质增效。2018 年以来，四川投入资金 10 亿元，适老化改造提升敬老院 723 个、床位 10 万余张；投入资金 2.3 亿元实施消防改造，基本消除全省农村敬老院消防安全隐患；全省已建成农村区域性养老服务中心 486 个、农村互助养老幸福院 5070 个。农村养老保障水平不断

---

①　辛丙松：《基础建设尚可部分问题待解决——四川城市养老服务业典型调查》，《四川省情》2019 年第 11 期。

②　《四川人口老龄化与健康养老状况分析》，四川省统计局网站，2018 年 6 月 29 日，http://tjj. sc. gov. cn/scstjj/ c105849/2018/6/29/a12e0eaa7cce46918d037a58cf413604. shtml。

提高，服务质量大幅提升。全省 47.3 万名符合特困救助供养条件的对象全部纳入特困救助供养范围，生活不能自理特困人员集中供养率达到 24.6%。农村孝老敬老爱老氛围逐步浓厚，在省、市、县、乡四级全覆盖组建老年志愿服务队伍 573 支，采取"社工引领志愿者"方式，常态化开展农村助老爱老志愿服务项目 2000 余个。①

虽然四川农村养老逐渐得到重视，但目前还存在农村地区养老与医疗资源不足、农村地区老年人的养老医疗健康服务体系不够完善、发展不均衡、农村地区的老年人群养老医护服务需求得不到很好满足等问题。下一步还需要完善县老年活动中心、敬老院、日间照料中心、养老服务点四级养老服务网络，同时从农村养老服务专业队伍的壮大和推进农村地区医养结合等多方面提高四川农村养老服务水平。②

4. 智慧养老

智慧养老的发展为创新四川养老服务模式提供新契机。四川居家养老服务线上线下相结合的服务模式初步形成，88.9% 的市、县建成居家养老服务信息平台，连接线下服务资源提供方 2 万余个，为 220 万余名社会老年人提供生活照料、信息咨询、精神慰藉、健康管理、紧急救援等服务。四川养老服务信息平台、老龄信息管理系统、"健康四川"服务云平台等将相继投入使用。③

尽管智慧养老服务在四川快速发展，但目前针对智慧养老的政策制度还不够完善和具体、老年人对智慧养老的认可度和接受度不足、智慧养老的社会力量参与不足等问题亟待解决。未来政府应积极推广相关政策，加

---

① 《四川省民政厅对省十三届人大四次会议第 701 号建议答复的函》，四川省人民政府网站，2021 年 10 月 15 日，https://www.sc.gov.cn/10462/11689/11698/11704/2021/10/15/d84706ab2bbd46e0bfae7df37ab83e3b.Shtml。《四川省民政厅对省十三届人大四次会议第 124 号建议答复的函》，四川省人民政府网站，2021 年 5 月 1 日，https://www.sc.gov.cn/10462/c102966/2021/10/15/de49a77cc73d46799c7c3315f9250df7.shtml。

② 《四川省民政厅对省政协十二届四次会议第 0819 号提案答复的函》，四川省人民政府网站，2021 年 10 月 15 日，https://www.sc.gov.cn/10462/11689/11698/11703/2021/10/15/43b429bad59b478583913edc74e81d0d.Shtml。

③ 《四川省民政厅对省政协十二届四次会议第 0712 号提案答复的函》，四川省人民政府网站，2021 年 8 月 4 日，https://www.sc.gov.cn/10462/c102966/2021/10/15/900ade1cf8c2421d932fc1241837869b.shtml。

大宣传力度，倡导智慧健康养老服务，提高老年人的认可程度和接受度；同时，除老年人的基本需求外，将老年人日益增长的医疗服务、精神慰藉等需求融入智慧健康养老服务平台，提供更加多元化、人性化的智慧化服务。

5. 养老服务满意度

老年人的满意度能直观地反映老年人的感受，也是养老服务现状的真实反映。王冰采用计算机辅助电话访问的调查方式对四川省家庭里有 60 岁及以上老人的 6000 名城乡常住居民进行了随机访问，了解居民对当地养老服务发展总体情况的满意度，结果显示，评价为基本满意的老年人占比（42.2%）最大，只有 6.4% 的老年人评价为非常满意，分别有 26.0% 和 12.3% 的老年人表示不太满意和很不满意。[①] 高静等调查了四川省四个城市老年人对居家养老服务满意度，其结果显示，多数老年人（56.6%）对居家养老服务持中立态度，仅 3.4% 对社区提供的居家养老服务很满意，不太满意的占比 16.0%，很不满意的占比 5.8%。[②] 安梦成对四川省成都市的社区养老服务满意度研究显示，只有 15% 的老年人对社区养老满意度的评价是非常满意，评价为满意的老年人占比（33.0%）最大，然而还有 12.5% 老年人对社区养老满意度的评价是不满意。[③] 廖文秀对四川仁寿县 24 家农村养老院的老人调查结果显示，对基本设施和日常照料的满意度均在 45% 左右，但对体育健身、休闲活动、心理辅导和医疗保健的满意度均在 25% 以下。[④] 总体而言，大多数居民对养老服务表示基本满意，对养老服务表示非常满意的居民占少数，并且仍有小部分居民非常不满意目前的养老服务。从养老服务需方角度来看，四川省养老服务工作仍存在较大的提升空间。

① 王冰：《四川省居民养老现状及需求意愿调查研究》，西南交通大学硕士学位论文，2017。
② 高静、柏丁兮、吴晨曦、弋新、唐妮、李迎春：《四川省四个城市居家养老服务现状及需求调查研究》，《中国疗养医学》2015 年第 1 期。
③ 安梦成：《成都市社区养老服务满意度及其影响因素调查研究》，载杨明洪《西部发展评论 2015》，民族出版社，2016。
④ 廖文秀：《四川省仁寿县农村养老院发展对策研究》，中南林业科技大学硕士学位论文，2019。

二 四川养老服务供给网络体系

随着四川人口老龄化的深度发展，积极打造多元化、多层次的养老服务供给体系，是满足老年人日益增长的养老服务需求的必然要求。目前，养老服务中政府、家庭、社区、社会组织等多元主体均在发挥各自的优势，以党委领导、政府主导、社会参与、全民行动有机结合的养老服务供给网络体系逐渐形成，为老年人提供多样化、个性化的养老服务选择。

（一）养老服务供给主体

养老服务供给主体包括政府、家庭、社区、社会组织（企业和个体户），不同主体分别承担不同责任。政府是主导性供给主体，家庭是基础性供给主体，社区是枢纽性供给主体，社会组织（营利/非营利组织、非政府组织、社会工作者、志愿者组织、老年群众组织等）是新生性供给主体，各主体间相互配合、协调一致，发挥各自养老优势。

1. 政府

政府作为养老服务供给的核心与主导，其在养老服务供给中不仅是服务的直接提供者，还肩负决策、计划、组织协调以及监督等责任。政府应完善养老服务的顶层设计，负责养老服务发展的中长期规划的制定；通过制定法律法规、政策等文件规范养老服务的生产、供给与服务等内容并提供相应的财政支持。同时，政府还需要统筹协调，合理配置养老服务资源，引导市场、社会组织以及家庭等供给主体参与养老服务过程，并平衡多元主体之间的责任与利益。此外，政府监管职能的有效发挥是确保养老服务高效运行、实现养老服务目标的重要保障。

然而，目前养老供给体系运行中，政府自身存在对本身应该承担的具体职能边界的界定不够清晰，出现职能缺位、错位和越位等现象，尤其是在养老服务的协同运作上存在不足，存在公共资源浪费、重复投资等问题。[①] 在四川，养老服务在资金、政策方面也存在一定问题，并且在购买

---

① 彭青云：《多元主体视角下社区居家养老服务路径探索》，《浙江工商大学学报》2019年第3期。

方式、落实执行法规政策等方面也亟待改进。具体表现如下。第一，政府购买养老服务采取了非竞争的方式，同一个区域只能设立一个养老服务机构，而筛选养老服务机构的方法，则是通过一系列指标进行评分，再由评分之间的对比选择最后的服务主体。① 然而，很多被选择的服务机构并不符合相应的标准，难以有效地提供服务资源。第二，政府重视程度不够、研究深度不够；未将落实执行法规政策纳入政绩考核中；老年人诉求渠道不通畅等原因导致法规政策落实不到位、推行力不强。②

2. 家庭

家庭是社区居家养老服务的基础。由于我国传统的孝道文化，家庭在养老过程中占据着较为重要的位置。随着社会进程的不断加快，家庭保障的功能不断减弱，新的养老服务供给主体不断涌现，但是家庭依旧是社区居家养老中的基础性供给主体。家庭供给是指以家庭为养老主体，尽可能多地承担对老人赡养的职责与义务。相对于其他养老服务供给主体，家庭不仅能够给予老年人经济上的支持，并且家庭提供的精神慰藉和照护是其他主体无法替代的，具有较强的抵抗风险的能力以及维持长期服务的特点。

近年来，四川家庭结构也发生了显著变化，"4+2+1"、小型化、核心化、高龄化、空巢化、失能化等结构模式逐渐形成。家庭这一供给主体应对自然和社会风险等能力逐渐降低，导致家庭的养老服务供给不稳定。③此外，居家老年人的养老支出费用逐年增加，家庭及其成员在居家老年人养老经济支持上压力凸显，日益成为限制家庭及其成员供给能力发挥的制约因素。④

3. 社区

社区是半行政、半自治组织，在养老服务的供给上具有较强优势。社

---

① 李雨：《成都市成华区政府购买居家养老服务问题研究》，青海师范大学硕士学位论文，2019。
② 王林森：《城镇居家养老服务供给能力研究》，西南财经大学博士学位论文，2017。
③ 冉丽娜：《关于农村养老服务供给主体多元化研究的综述》，《劳动保障世界》2020 年第30 期。
④ 王林森：《城镇居家养老服务供给能力研究》，西南财经大学博士学位论文，2017。

区是集人性化和专业化于一体的养老服务主体，可以适当减轻家庭和政府的负担。由家庭、邻里到整个社区，这种互助式和非正式型的供给主体是未来养老服务重点开发和整合的资源，应激发其潜力和活力，使其成为养老服务供给的重要责任主体，在养老服务中要发挥指挥协调的重要枢纽作用。

首先，社区具有较为稳定的邻里关系，老年人在熟悉的环境里便能享受社区提供的各种养老服务，社区建立的老年活动室或各种兴趣小组能够为老年人提供一个相互交流沟通、培养兴趣爱好的机会，减少老年人的孤寂感，丰富老年人的生活，使老年人的心情愉悦、精神得到慰藉。其次，社区组织还可以更好地实现家庭养老和社会养老的有机结合，在社区建立日间照料中心、托老所等或依托社区附近的养老机构、医疗机构、家政服务中心等，为老年人提供生活照料、康复护理、营养保健、心理咨询等服务，老年人可以不远离家门，就近得到照料。最后，针对老人的不同情况，社区可以为老人提供个性化的养老服务方式。例如，生活能够自理同时有家人照顾的老人，社区主要护理服务范围是在日间为老人提供娱乐活动，简单的日常健康护理以及医疗保健护理服务；生活能够自理但是没有家人陪伴的老人，社区重点进行心理慰藉，减少老人的孤独感；生活不能自理且没有家人照顾的老人，社区提供上门照料服务，安排专业人员进行照护。① 目前，四川社区在养老服务供给方面存在信息不对称和从业人员素质参差不齐的难题。社区的信息宣传工作比较传统和陈旧，出现明显的信息宣传不对称现象。另外，社区养老服务人员队伍素质不高，且社区缺乏系统的服务人员管理机制。除此之外，四川社区供给在设施环境建设、资源整合能力两方面也存在问题。首先，养老服务中的社区设施环境建设不完善，存在缺乏科学化、人性化规划，落实执行力度不够、监督机制缺乏等问题。其次，由于社区与政府间养老合作机制缺乏、社区汇集智慧养老能力不足、社区尚未有效建立社会力量引入机制等，社区并没有充分发挥其强大的资源整合能力。

---

① 李佳琦、吕红：《社区居家养老服务多元化供给主体构建》，《劳动保障世界》2019 年第 29 期。

4. 社会组织

社会组织主要指非营利组织、志愿组织等，具有志愿性的特征。民间社会力量参与养老服务供给不仅符合福利提供主体多元化的发展模式，也适应了"小政府，大社会"的未来发展趋势。在经济上，各种非营利组织和志愿组织能够广泛动员社会力量筹集资金共同参与养老服务的建设，缓解政府财政压力，如对老年人的扶贫救济、助医助残、助孤安老等服务。在服务上，各种民间养老、护理机构能够弥补官办养老机构的不足，为老年人提供更具专业化、多元化的服务。在功能上，民间社会力量具有公益性、民间性、透明性特征，能够为养老服务资金的筹措和分配提供一个平台，发挥中介组织的作用，例如各种慈善会、基金会等可以搭建连接民众与政府、企业之间的桥梁，通过协调整合社会资源，实现养老服务资源的互通有无。在监督上，民间社会组织具有独立性，能够对政府的养老服务政策的运行，如资金的使用、服务的质量等进行体制外的监督，保证公共资金在养老服务投入使用方面的公开性、透明性和公平性。在文化上，民间力量的参与还能广泛地调动起民众参与养老服务的热情，例如调动更多人参与养老护理人员、义工、志愿者的队伍，在社会上形成良好的尊老、爱老、敬老风气。[①]

社会组织的参与使由政府直接供给的养老服务行业增添了不少的活力，但目前我国社会组织的发展仍然是滞后的，其能量未被完全激发出来。社会组织发展滞后的原因是多方面的。首先，社会组织缺乏专业知识技能的支撑；其次，社会组织的资金筹措能力不足；最后，社会组织对自身定位认识不清。[②]

不同于以上的情况，目前四川参与养老服务的社会组织存在的问题主要表现在以下三方面。第一，自主性不强。由于政府干预较多，社会组织受限明显；同时，社会组织的公益性、奉献精神、志愿性不够等也导致了社会组织的自主性不强。第二，服务领域不宽。在实际服务中，社会组织并没有达

---

① 黄闯：《新时代农村社会养老服务发展的实践困境与优化策略》，《新疆社科论坛》2018年第3期。

② 邱舒：《政府购买社区居家养老服务中多元主体合作供给研究——以福州市鼓楼区为例》，广西大学硕士学位论文，2020。

到其供给能力要求，出现服务领域不够宽的情况。第三，服务人员管理不善。具体表现在社会组织参与度不够、服务人员管理不科学，志愿者和社会工作组织不力，资金不足、服务经费紧张、难以招募服务人员三方面。[①]

（二）养老服务内容

养老服务供给主体不同，其提供的服务内容也不相同。政府主要是在财政、政策、法规、行政等方面提供支持。家庭主要提供生活照料、精神关怀、情感交流等服务。社区主要提供居住环境、社交活动、体育锻炼、文化娱乐等服务。社会组织主要提供餐饮供应、邻里互助、老年活动中心等服务。

政府需要制定一系列发展养老服务的政策法规，并且做好相应的监督管理工作。除此之外，作为负责资金、资源投入的供给方，政府会选择在招投标中突出的养老服务供给组织，为其提供置办机构场所、设施、器材以及人员雇佣等费用，甚至也有由政府直接雇佣的养老站工作人员。政府对居家养老服务供给也承担着监督评估的作用，不仅对供给机构运作程序进行监督，也对服务供给质量进行监督。

家庭是城镇居家养老服务的内部供给主体，政府、社区与社会组织是城镇居家养老服务的外部供给主体。其提供的主要服务包括以下三个方面：第一，提供经济支持，满足居家老年人养老需求。第二，日常生活照料。有日常基本型生活照顾，如衣、食、住、洗澡等；工具性照顾，如购物、做饭、洗衣、外出等。第三，精神慰藉。家庭及其成员在丰富老年人精神生活尤其是在满足老年人日常社交、文化娱乐、亲情感受、天伦之乐等需求方面发挥巨大作用，使老年人获得强大精神支撑，保持心情愉悦，提升生活信心。第四，心理支持。家庭及其成员对老年人的心理支持，推动了老年人的角色转变，使其打消内心顾虑，积极主动靠拢社会，提高安全感，安度晚年生活。

社区主要为家庭日间无人看护或无力看护的社区老年人提供生活照料、精神慰藉、生活娱乐、医疗保健、长期照护、紧急救援、出行辅助等服务。社区养老服务主要通过以下方式实现：举办养老、敬老、托老福利

---

① 王林森：《城镇居家养老服务供给能力研究》，西南财经大学博士学位论文，2017。

机构；设立老人购物中心和服务中心；开设老人餐桌和老人食堂；建立老年医疗保健机构；建立老年活动中心；设立老年婚介所；开办老年学校；开展老人法律援助；等等。除此之外，社区作为城镇居家老年人养老的主要活动场所和聚居地，也在硬件设施、环境治理、体育设备、医疗服务点、社区日常服务站等方面提供服务。

社会组织作为城镇居家养老服务的新生供给主体，其主要通过政府购买、志愿者组织、社会工作者、企业养老产品、资金捐助、实物捐助等形式参与居家养老服务。另外，还能发挥专业优势为社区养老驿站和照料中心提供专业指导，组织中心或驿站的社会工作者开展专业的个案、小组以及心理辅导工作，完善养老服务社会工作者的招聘、管理和考核流程，处理社会工作者与老年人及家属之间的矛盾纠纷，及时向社区及街道政府反馈老年人的需求动态。①

（三）养老服务从业人员

1. 我国养老服务从业人员

养老服务从业人员主要包括养老院、福利院等机构管理人员，老年医疗、康复保健、老年护理、心理咨询和社会工作等专业技术人才，以及从事生活照护的养老护理人员等。目前我国养老服务从业人员存在总量低、专业性不足等突出问题。我国人力资源和社会保障部公布的 2021 年第三季度全国"最缺工"100 个职工排行中，养老护理员排在第 19 位。② 国家统计局数据显示，养老服务床位 813.5 万张，③ 仅按照国家标准养老护理员与老人的比例 1∶4 计算，至少需要养老护理员 200 万余名。然而，我国目前养老护理员仅有 32.2 万名，缺口达到近 170 万名。④ 多数养老机构都没

---

① 彭青云：《多元主体视角下社区居家养老服务路径探索》，《浙江工商大学学报》2019 年第 3 期。

② 《2022 年第一季度全国招聘大于求职"最缺工"的 100 个职业排行》，人力资源和社会保障部网站，2022 年 4 月 7 日，http://www.mohrss.gov.cn/SYrlzyhshbzb/dongtaixinwen/bunei-yaowen/rsxw/202204/ t20220427_445453.html。

③ 《中华人民共和国 2021 年国民经济和社会发展统计公报》，国家统计局网站，2022 年 2 月 28 日，http://www.stats.gov.cn/xxgk/sjfb/zxfb2020/202202/t20220228_1827971.html。

④ 《聚焦急难愁盼，谋划养老护理人才队伍高质量发展》，民政部网站，2022 年 3 月 12 日，https://www.mca.gov.cn/article/xw/mtbd/202203/20220300040382.shtml。

有实现专业护理、心理咨询、法律援助等专业服务人员的覆盖，面对技术性、专业性要求较高的养老服务，如康复训练、心理疏导等，大都难以胜任。① 老年人日益增长的养老护理、医疗保健、康复护理等养老服务需求与专业养老服务护理人才不足形成了鲜明对比。

2. 四川养老服务从业人员

近年来，四川各部门从学历教育、职业教育和在职人员培训等方面着力加强养老服务行业技能人才队伍建设。学历教育方面，全省高等院校开设健康服务与管理、中药学等养老健康服务相关专业点 250 个；全省中等职业学校开设涉老人才相关专业 23 个、专业点 133 个。职业教育方面，大力开展学制教育培养和相关职业技能培训，有效提升从业人员的职业素养和技能水平。在职人员培训方面，从 2017 年起，连续实施"百千万养老人才队伍建设工程"，培训人员超过 1.6 万人次，实现了全省市（州）、县（区）民政部门养老服务业务骨干和养老院院长培训全覆盖。②

然而，目前四川养老服务现有从业者的整体服务水平较低，难以满足老年人养老需求，制约了养老服务业发展。目前，四川养老服务人才队伍建设存在一些突出问题，主要体现在以下三个方面。第一，医疗养老服务人员的种类不完善。按照业务责任划分，养老服务者应该包括全科、专科医生、护士、管理人员、康复理疗师、社区工作者等多种专业类型人员。目前，四川省的医疗和养老机构很少配备专业齐全的养老服务者。③ 第二，从业人员缺乏系统全面的培训和从业资质。2016 年，四川省各个城市的养老服务机构数量约 300 个，各个养老机构的职工共有 2301 人，但是拿到职业资格证书的助理社会工作师只有 18 人，拿到社会工作师资格的人员只有

① 颐和社工：《我国养老服务人才培养现状》，搜狐网，2019 年 12 月 30 日，https://www.so-hu.com/a/363707708120003334。

② 《四川省民政厅对省政协十二届四次会议第 0712 号提案答复的函》，四川省人民政府网站，2021 年 8 月 4 日，https://www.sc.gov.cn/10462/c102966/2021/10/15/900ade1cf8c2421d932fc1241837869b.shtml。

③ 黄一粟、李桃：《四川省医养结合养老模式深入发展困境及对策探究》，《边疆经济与文化》2019 年第 10 期。

7 人，远远无法满足专业性的护理需求。[1] 第三，人才保障机制不健全。目前，四川省从事养老保障服务的工作人员处于一个"两高三低"的状态，即人员流动率高、劳动强度大、服务水平低、薪资报酬低、社会地位低，存在"招不进人也留不住人"的问题。根据一项对成都市主城区 44 家机构的调研数据，被调研的 44 家机构共计服务老年人 1521 人，共有工作人员 166 人，将工作人员与共计服务老年人数做对比，可得出服务需求与供给比为 9.2：1，这种不匹配会直接导致老年人日常的需求满足效度较差。[2] 此外，外界人士对养老行业和养老服务工作的不了解，导致当下社会环境对相关从业人员的职业认同度不高，医疗相关专业的学生也更愿意到医院任职而非养老机构。众多高学历、高素质人才因激励保障制度不完善、工作压力大、工作时间长、照护风险多等各种原因另谋他就。

三　四川养老服务综合监管水平现状

1. 国家养老服务监管政策与制度

在人口老龄化趋势日益严峻的背景下，老年人对高质量的养老服务需求日益增长，养老服务供给规模随之不断扩大，我国养老服务进入发展的"快车道"。在这个过程中，养老服务问题不断凸显，提升养老服务质量势在必行。在养老服务体系建设中，养老服务监管是提升养老服务质量和保障老年人基本权益的重要手段之一，为此，国家出台了一系列的政策加强我国养老服务的监管。

2017 年，为尽快破除养老服务业发展瓶颈，激发市场活力和民间资本潜力，民政部等部门发布了《关于加快推进养老服务业放管服改革的通知》，提出推进养老服务业简政放权、放管结合、优化服务改革。[3] 为进一步激发养老服务业创新活力，提高养老服务质量，2018 年修订的《老年人

---

① 吕琦、任晓雅：《"医养结合"养老模式的必要性、困境与对策分析》，《劳动保障世界》
　　2019 年第 5 期。
② 韩琼：《供需视角下成都市主城区老年日间照料中心服务供给研究》，西南交通大学硕士
　　学位论文，2020。
③ 民政部网站，2017 年 2 月 9 日，http://www.gov.cn/xinwen/2017 – 02/09/content_
　　5166789. htm#1。

权益保障法》取消了养老机构设立许可，全面放开养老服务市场。《老年人权益保障法》的修订虽然降低养老服务业的"准入"门槛，但对养老服务业的事中、事后监管提出了更高的要求，即从原来的"围绕许可监管"向"事中事后监管"转变。① 2019 年，为强化放权与监管并重的服务管理体系，深化养老服务业"放管服"改革，国务院办公厅发布了《关于推进养老服务发展的意见》。该意见围绕深化"放管服"改革，明确指出建立养老服务综合监管制度，提出制定"履职照单免责、失职照单问责"的责任清单，制定加强养老服务综合监管的相关政策文件，建立各司其职、各尽其责的跨部门协同监管机制，完善事中、事后监管制度，健全"双随机、一公开"工作机制，加大对违规行为的查处惩戒力度，坚持最严谨的标准、最严格的监管、最严厉的处罚、最严肃的问责，加快推进养老服务领域社会信用体系建设。② 2020 年 12 月 21 日，为促进我国养老服务的高质量发展，国务院办公厅印发了该领域第一份以监管为主题的文件《关于建立健全养老服务综合监管制度促进养老服务高质量发展的意见》。该意见围绕监管重点、监管责任、监管方式、保障和落实四个方面实施综合监管的举措，以监管促进养老服务走上规范发展之路，成为从根本上保障养老服务实现高质量和可持续发展的有效抓手。③

2. 四川养老服务监管政策与制度

为促进全省养老服务业更好更快发展，四川省人民政府办公厅于 2018 年出台了《关于全面放开养老服务市场提升养老服务质量的实施意见》，明确了监管机制、行业自律、宣传引导、督促落实等管理形式，提出建立政府、市场、社会"三位一体"的养老服务监管体系，主动服务未取得许可的养老机构，帮助其依法获得许可，在执法过程中发现的问题，督导其限时整改，并提出亟须建立健全以国家、行业标准为主，地方标准相配套

---

① 中国人大网，2018 年 12 月 29 日，http://www.gov.cn/guoqing/2021 - 10/29/content_5647622.htm。
② 中国政府网，2020 年 12 月 31 日，http://www.gov.cn/zhengce/content/2020 - 12/31/content_5575804.htm。
③ 中国政府网，2020 年 12 月 21 日，http://www.gov.cn/zhengce/content/2020 - 12/21/content_5571902.htm。

的养老服务标准体系，抓紧制定相关地方性管理和服务标准，落实养老机构综合评估和报告制度，同时加强养老服务领域非法集资信息监测和分析，做好政策宣传和风险提示工作，并加强养老设施和服务安全管理，建立定期检查机制。^① 该文件为强化养老服务监管、推动行业标准化和行业信用建设奠定了良好基础。为了有效满足老年人多层次、多样化养老服务需求，2020 年，四川省人民政府办公厅出台了《关于推进四川养老服务发展的实施意见》，提出实施综合监管能力提升工程，建立各司其职、协同配合的综合监管机制，加快建立养老服务领域社会信用体系建设，建立第三方社会监督和行业自律机制，加强对养老服务业的监管。^② 随后，为进一步扩大"一老一小"服务有效供给，持续改善民生福祉、促进家庭和谐，2021 年，四川省人民政府办公厅出台了《四川省促进养老托育服务健康发展实施方案》，构建了以信用为基础的新型监管机制，政府对养老托育服务机构实施"红黑名单"管理，依法依规进行跨部门联合惩戒，严防"一老一小"领域非法集资，开展专项排查。^③ 此方案是四川省积极应对人口老龄化的关键举措。同年，为持续深化养老服务领域"放管服"改革，加快形成高效规范、公平竞争的养老服务统一市场，引导和激励养老服务机构诚信守法经营、持续优化服务，提升应急管理能力，促进养老服务高质量发展，四川省人民政府印发了《关于建立健全养老服务综合监管制度的实施意见》。这是四川省养老服务领域第一个以监管为主题促进高质量发展的文件，在四川省养老服务发展进程中具有重要里程碑意义和基础性地位。该文件围绕"谁来管""管什么""怎么管"三个核心问题对养老服务监管提出一系列措施。首先，对于"谁来管"，该意见通过明确监管责任主体，建立多元化监管体系，确保事有人管，责有人负，确立了以"政府主导、机构自治、行业自律、社会监督"四位一体的大监管格局。

---

① 四川省人民政府网站，2018 年 1 月 12 日，https：//www.sc.gov.cn/10462/11555/11563/2018/2/11/10444982.shtml。

② 四川省人民政府网站，2020 年 2 月 3 日，https：//www.sc.gov.cn/10462/11555/11563/2020/2/28/b4f1c306c36c4df1b5a1f3aa7af10d9c.shtml。

③ 四川省人民政府网站，2021 年 11 月 9 日，https：//www.sc.gov.cn/10462/zfwjts/2021/11/10/bcdf4bc3417c414387e328ef3edb6990.shtml。

其次，对于"管什么"，该意见以综合监管作为养老服务事业和产业高质量发展的出发点和落脚点，从加强机构登记备案、质量安全、从业人员、运营秩序等六个监管方面建立全流程监管机制，形成综合监管闭环。最后，对于"怎么管"，该文件通过深入推进协同监管、建立信用监管机制、推行"互联网＋监管"、强化标准规范引领四个方面，创新多形式监管手段，提升综合监管能力，有效保障老年人的合法权益。①

3. 养老服务监管存在的问题与建议

随着人口老龄化日益加剧，党和国家高度重视养老服务体系的建设，政策层面频繁发力。作为公共服务的重要组成部分，满足老年人多层次、多元化的高质量养老服务是改善民生、推进国家治理现代化的极大助力。为了提高养老服务业的质量，习近平总书记在2016年中央财经领导小组第十四次会议上提出"适应需求、质量优先、价格合理、多元供给"的高质量发展思路。至此，推动养老服务业高质量发展已成为四川省养老服务业的共识，而养老服务监管便是实现养老服务业高质量发展必不可少的一把利剑。

然而，在养老服务业"放管服"的改革背景下，养老机构全面取消设立许可，改为由民政部门登记备案，养老服务体系在转型过程中暴露出许多问题，且四川乃至全国的养老服务制度建设相较经济社会发展都较为滞后。首先，关于养老服务发展的相关规范较为缺乏，倡导性规定较多，但可操作性不高，配套的实施机制缺乏。② 养老服务综合监管制度是养老服务高质量发展的保障，与其对应的体制机制则是让制度落地生根的路径，而体制机制匮乏难以形成有序的养老服务监管体系。其次，政府与市场边界不清，对事业和产业发展定位不明，监管、培育和扶持市场的作用发挥不充分。③ 目前，虽然众多政策文件倡导多主体监管，但在转型过程中，民政部门仍然是绝大多数养老事业的管理者，而作为传统行政机关，民政

---

① 四川省人民政府网站，2021年12月31日，https：//www. sc. gov. cn/10462/zfwjts/2022/1/4/186b2bc8cc934dbf9c3624fc28bcfeae. shtml。
② 王冰：《四川省居民养老现状及需求意愿调查研究》，西南交通大学硕士学位论文，2017。
③ 益西达瓦：《积极老龄化背景下四川养老服务业的发展路径》，《社会福利》2018年第10期。

部门的职能冗杂、事务繁多，使养老监管难以摆脱政府包办的传统形象，极容易破坏政府的公信力、打击其他监管主体的积极性。最后，养老服务综合监管的正常运行离不开技术支持，在监管过程中，为了保证政府各部门、社会主体之间沟通顺畅，数字政府平台或监管软件是必不可少的，但这些技术平台的使用效用容易受财政、专业人才、思维等因素影响，导致监管主体之间因技术偏差出现沟通障碍。① 四川地区经济发展不平衡，人才分布在城市与农村地区之间、不同民族地区之间存在一定的差距，而这可能导致欠发达地区的技术平台的建设、运营、后期维护存在一定的困难，从而为养老服务监管带来一定问题，制约四川养老服务的高质量发展。那么，面对新形势，如何创新养老服务的监管方式，构建权责分明、分工协作、透明高效的综合监管机制，推动养老服务高质量发展，便成为养老服务监管面临的一道"新考题"。

首先，养老服务监管需要专注于政策目标，正确处理"管与不管""谁来管""怎么管"等核心问题，制定相关管理条例，加强对社会力量开办的养老机构的法制管理，明确审批程序，建立完善的养老机构准入条件和退出机制，完善监管职责职能及有效的监管措施，完善处罚条例，并做好养老机构的绩效考核与评估工作，实现养老服务向高质量发展的有序转型。② 其次，完善平台建设，推进养老服务数据统一开放共享，打破信息壁垒，利用信息化手段开展监管，提升智慧监管水平，注重执法监管和企业征信等数据资料的归集整理和共享共用。在该过程中，需要颁布相关法律来保障数据安全。③ 最后，厘清监管主体，落实主体责任。在政府、行业、社会三方合作的过程中，政府应扮演监管的主导者，各个监管主体协调者的角色，行业协会应被给予更多的自主权，这就需要通过制定更为严格的行业标准、黑名单等手段规制企业的行为。除此之外，应公开政府、养老行业的相关信息，拓宽社会力量参与养老监管的渠道，使养老机构处

---

① 胡文婷：《老龄化背景下成都市社区智慧养老服务模式研究》，西南财经大学硕士学位论文，2018。
② 王冰：《四川省居民养老现状及需求意愿调查研究》，西南交通大学硕士学位论文，2017。
③ 周励：《建立健全养老服务综合监管制》，《陕西科技报》2022 年 4 月 1 日。

在社会直接监督之下。① 总而言之，在养老服务高速发展的今天，四川正面临养老服务发展的相关规范较为缺乏、政府定位不清、技术偏差等问题，亟待以标准引领高质量发展，以评估激励高质量发展，以监管保障高质量发展，构筑养老服务高质量发展综合监管防线，不断健全完善养老服务综合监管体系，保障和提升养老服务质量。

---

① 赵曼：《养老服务综合监管制度的建立健全进入"快车道"》，《中国民政》2021 年第 2 期。

四川养老服务体系发展状况

2021年5月11日，第七次全国人口普查结果显示，中国60岁及以上人口占比超过18%，人口老龄化程度进一步加深。四川省常住人口中60岁及以上人口1816.4万人，占比21.71%，与第六次全国人口普查相比，60岁及以上人口的比重上升了5.41个百分点。四川省老年人口基数大，率先迈入深度老龄化，也是老龄化问题较为严重的地区之一。四川省委、省政府高度重视老龄事业发展和养老服务体系建设，将养老服务体系建设纳入全省经济社会发展规划总体布局进行系统谋划，已初步构建出以居家为基础、社区为依托、机构为补充，将医疗服务与健康养老相结合的多层次养老服务体系。

一 社区养老

（一）社区养老基本概述

2021年，打造城乡老年友好型社区成为推动"十四五"老龄事业发展的重要举措和重点任务。① 社区指聚居在一个公共区域内，具有共同利益的生活共同体。社区可以为养老服务提供丰富的资源，因而成为养老服务的重要载体。社区养老模式是我国基本的养老模式之一，即政府和社会力量通过整合周边养老服务资源，建立专业化的服务机构，依靠社区为居家老人提供上门服务或托管服务的特定养老方式，为老年人就近养老提供专

---

① 《国务院关于印发"十四五"国家老龄事业发展和养老服务体系规划的通知》（国发〔2021〕35号），中国政府网，2021年12月30日，http://www.gov.cn/zhengce/content/2022-02/21/content_5674844.htm。

业化、个性化、便利性的养老服务。[①]

随着我国人民生活质量的日益提升，人民对社区养老服务不再拘泥于传统的社区服务模式，而是提出了多样化、多层次的新需求。有学者提出了社区嵌入式养老模式，以社区为载体，以资源嵌入、功能嵌入和多元运作方式嵌入为理念，通过竞争机制在社区内嵌入一个市场化运营的养老方式。例如，多地通过政府购买服务的形式引入专业化养老机构、社工人员。为社区老人特别是生活能力丧失的老人提供如助餐、洗澡洗头、家政、家庭维修等简单生活服务；提供包括建立个人的健康档案、医生健康巡诊、家庭医生上门治疗、康复护理服务在内的健康医疗服务，让社区老年人享受基本的健康医护服务；提供包括社区老年人突发紧急疾病、不经意间跌倒、走失，家中出现房屋漏水、漏电、燃气阀门忘记关闭等威胁到老年人生命安全事项的危急救援服务；给予包括老年人的心理问题咨询等涉及日常生活中各个方面的其他养老服务。

目前，四川省社区养老设施不断完善，老旧小区养老服务设施建设进一步加强。2020 年以来，创新开展社区养老服务综合体建设试点，省级投入资金 3.8 亿元，创建 144 个社区养老服务综合体示范项目，创建超过100 个全国示范性城乡老年友好型社区。广安市、成都市新都区新繁街道被授予"全国无障碍环境示范市县村镇"称号，南充市、自贡市等 7 个城镇被授予"全国无障碍环境达标市县村镇"称号。省内社区养老机构共计4182 家，满足基本社区养老需求。其中，社区日照中心 4166 家，社区综合体 16 家。同比 2014 年，社区养老服务设施数量增长了近 3.5 倍，城市社区老年人日间照料场所覆盖率增长近 60%，农村社区日间照料场所覆盖率增长近 40%。2018 ~ 2022 年，四川省民政厅重视农村社区养老，不断缩小城乡差距，对全省 1000 余个农村公办养老机构 10 万张床位进行适老化改造。从政府购买专业服务来看，仅 2021 年，政府投入省级财政奖补资金4680 万元，在 69 个县市区开展社工服务体系建设试点，带动各地加快实现乡镇（街道）社工服务全覆盖。

---

① 李始源：《临沂市罗庄区社区居家养老服务问题与对策研究》，山东农业大学硕士学位论文，2021。

但从中国老年社会追踪调查（CLASS2018）来看，499 份四川省问卷中选择社区养老模式的老年人仅 27 位（5.41%）。中国健康与养老追踪调查（CHARLS2018）975 份四川省问卷中，没有一位被访老人选择社区养老模式。刘祯帆等对四川省 640 名城区老人进行的抽样调查显示，仅 8.1% 的被调查老年人选择社区养老。① 总体来讲，老年人对社区养老服务认识不足，需求意愿较低，社区养老服务的支撑作用仍需夯实。

（二）社区养老影响因素

为了助力社区养老健康发展，厘清社区养老需求影响因素，已有研究从个人特征、家庭特征、经济特征、健康情况、心理特征及社会参与情况角度勾勒社区养老老人画像。高文化程度、少子女（特别是没有子女和只有儿子）、高就医频率、低自理能力、现阶段养老方式低满意度、高社区养老满意度的低年龄段（69~74 岁）老人更倾向选择社区养老作为安度晚年的方式。

有学者认为，年龄对老年人群社区养老需求具有消极作用。相对于低龄阶段的老年人，74 岁以上的老年人日常生活更加节俭，不愿花钱购买并非完全免费的社区社会化养老服务。加之社区养老还未成熟，存在定位模糊、机构建设参差不齐等问题，不能满足更高级别的护理需求。年龄越大的老年人更需要接受医院或机构专业化、全托化的养老服务。中、高龄老年人出于经济、护理需求的双重考量，社区养老的意愿不强。

研究表明，多数人的需求层次结构与整体经济发展水平和国民受教育水平直接相关。② 处在物质和经济相对充裕环境中，受教育程度较高的阶层更有可能持有"后物质主义价值观"，需求层次从基本的生存问题转移到自由平等、尊重认同等议题上。③ 因而，文化程度较高的老年人往往具备较高的社会地位及收入，更重视精神文化方面的需求，不喜传统养老院相对封闭的环境、不耐缺乏专业支持的居家养老方式。而社区养老可以使

---

① 刘祯帆、李鑫、熊兴兰、郭思竹、龙霖：《四川城区老年人养老方式选择及其影响因素调查》，《护理学杂志》2018 年第 14 期。

② 李路曲：《政治文化理论的逻辑演进》，《天津社会科学》2020 年第 4 期。

③ 秦广强：《群际差异视角下的政府工作满意度研究：2005 年与 2015 年比较》，《中央民族大学学报（哲学社会科学版）》2020 年第 6 期。

老年人维持原有的非正式社会关系网和熟悉的生活环境及习惯，保持较高的社会参与性，有助于积极老龄化。此外，低文化程度的老年人对社区养老内涵理解较为有限，对新鲜事物的接受程度较低，利用社区养老服务意识能力不足，养老方式选择更为保守，从而影响其选择意愿。因此，应当加大社区养老宣传力度，采用通俗、易懂的宣传形式，促进老年人理解。

在我国基本文化情境与社会关系特征中，家庭是最基本的经济生产和社会生活单位，其最重要的功能之一即履行赡养老人的义务。家庭承担了部分养老责任，包括子女亲友在内的家庭成员基于血缘、地缘关系为老年人提供必要的生活支持。有子女家庭尤其是多子女家庭在养老方面具有一定的优势，如子女轮流承担照顾任务，分摊养老费用等，所以有子女的老年人更多地依赖子女养老。一旦缺乏子女的陪伴与亲密关系的建立，生活悠闲的老年人极易产生精神上的空虚抑郁，更倾向于向社区求助。调查进一步显示，女儿更为细致，所以注重老年人日常生活和精神慰藉方面的照顾，而儿子则偏向于给予老年人直接物质方面的支持。相对于只有儿子的老年人，有女儿的老年人在生活上得到全面照顾的可能性更大，因此只有儿子的老年人比有儿有女的老年人寻求社区养老的概率更大。

从健康层面来看，老年人处于生命周期的末端，无法阻止生理机能的逐步衰退和老年性疾病的发生，往往自理能力和健康状况较差。与既往研究一致，为了减轻子女赡养负担以及满足养老及简单的医疗保健方面的需求，高就医频率、低自理能力的老年人有更多理由与更大概率选择社区养老。

最后，在养老现状层面，对当前养老方式不满意以及觉得社区养老能够满足其养老需求的老年人往往成为社区养老的目标群体。当对当前的养老方式不满意时，老年人会寻求新的养老方式，从而在一定程度上增加了社区养老需求。

（三）社区养老发展思路

自 2020 年开始，四川全面实施居家社区养老服务提质增效工程，重点以社区养老服务综合体为枢纽，试点建设智慧养老社区，打造居家社区"15 分钟养老服务圈"，在老年人口聚集区和养老服务设施基础薄弱的地区进行规划建设，坚持全区域设置无障碍化，建立为老服务信息平台，为老年人提供急救援助、安全防护、远程照护等多层次、多样性、可及性和便捷性的养老服务。在完善服务内容的同时，壮大服务队伍，培育公益性的社会服务机构从事社区智慧养老服务，鼓励政府通过承包、委托、联合经营等方式，将养老服务综合体交由社会力量运营，增强养老服务的多样性。

次年，民政部办公厅、财政部办公厅联合印发《关于组织实施2021年居家和社区基本养老服务提升行动项目的通知》，四川成都市、绵阳市等42个地区实施2021年居家和社区基本养老服务提升行动项目，并给予中央专项彩票公益金支持。一方面，引导地方各级人民政府、市场主体和社会力量将更多资源投入居家和社区基本养老服务、完善基础设施，为经济困难失能和部分失能老年人建设家庭养老床位、提供居家养老上门服务。另一方面，完善专业化养老服务支撑网络，加强养老服务人才队伍建设，对服务对象的经济困难程度、失能等级认定做出明确界定，细化了服务支持内容，提出了补助标准确定和资金支付方式，规范了提供主体范围，并对项目监管从内容流程、服务质量、监测评估等方面提出明确要求。

直至2022年，四川省委办公厅、省政府办公厅印发《2022年全省30件民生实事实施方案》，计划投入省级资金2亿元建设100个社区养老服务综合体，力争实现全省所有街道和有条件的乡镇至少建有1个社区养老服务综合体，基本建成居家社区"15分钟养老服务圈"。

总体来看，四川省的社区养老服务建设重点强调"智慧"社区养老服务、打造"15分钟养老服务圈"，建设四川老年教育数字化公共服务平台，主要从养老基础设施建设和养老人才队伍培养两条路径来有效推进。目前，社区养老服务的建设步伐逐渐加快，努力化解养老服务供给单一性与需求多元化之间的客观矛盾，探索建立居家和社区基本养老服务高质量发展制度机制，为实现2035年全体老年人享有基本养老服务的战略目标打下坚实基础。

二 居家养老

（一）居家养老基本概述

《中共中央 国务院关于加强新时代老龄工作的意见》明确指出"创新居家社区养老服务模式，依托社区发展以居家为基础的多样化养老服务"，将居家养老服务"最后一公里"落到实处。[①] 居家养老作为养老模式的一种类型，普遍被视作现阶段乃至未来的主流养老方式。20世纪末，"居家养老"主要基于私人化的家庭内部单位这一服务发生场域提出，这是其与"机构养老"区分的关键参考因素。从养老主体来看，一般是为一些特定的老年群体（部分能够自理且未完全失能的老年群体）提供居家式的养老服务。由此，逐渐衍生出"居家养老"与"社区照顾"结合的"社区居家养老"，更加强调社区在养老提供者与养老主体中的作用。政府主导、各种社会力量共同参与，以社区为依托，秉承着适度普惠且低成本高满意度的原则为居住在家里的老年人提供养老服务的社会化服务，服务内容主要包括生活照顾服务、医疗保健服务和精神慰藉等服务。

目前，四川省城乡居家养老服务覆盖率分别达到90%和60%。中国老年社会追踪调查（CLASS2018）显示，499份四川省问卷中选择居家养老模式的老年人有465位（93.19%）。中国老年健康影响因素跟踪调查（CLHLS2018）中1356份四川省问卷，选择居家养老模式的老年人有1337位（98.60%）。中国健康与养老追踪调查（CHARLS2018）中975份四川省问卷，居家养老模式成为所有被访老人的选择。刘祯帆等对四川省640名城区老人进行的抽样调查显示，选择居家养老人数高达81.6%。[②] 这些数据无不彰显出居家养老在四川省养老规划与战略中的重要地位，居家养老服务的兜底作用持续发力。

[①] 纪竞垚：《居家养老服务的政策效应：基于对老年人生活质量影响的分析》，《人口与发展》2022年第3期。

[②] 刘祯帆、李鑫、熊兴兰、郭思竹、龙霖：《四川城区老年人养老方式选择及其影响因素调查》，《护理学杂志》2018年第14期。

为更好地应对老龄化的压力，早日实现"健康四川 2030"健康老龄化，① 四川省高度重视居家养老工作，提出"推动养老机构进家庭和社区，将专业服务延伸到家庭，为居家养老提供支撑"的社会养老服务任务目标。② 从 2012 年持续印发出台老年服务业相关指导意见，2014 年建立政府购买居家养老服务制度，到 2020 年结合居家养老支持服务的实际情况，制定实施四川省政府购买居家养老服务实施办法，不断规范四川省社会养老服务体系建设工作中的政府购买服务行为。截至目前，四川省已普遍建立居家养老服务补贴制度，按照不低于 300 元/（人·年）的标准，通过政府购买服务为特殊困难老年人提供居家养老服务支持，四川已累计服务 1100 万人次。

课题组采用二次分析法，借助中国健康与养老追踪调查（CHARLS2018）四川省数据进行分析，以了解选择居家养老模式的老年人个体家庭基本情况、社会经济情况与健康情况。根据研究对象界定，本文将年龄不足 60 岁的样本剔除，对老年人在关键问题上回答"不知道""无法回答"等模糊答案的样本采用热卡插补法进行缺失处理，最终得到 10476 个研究样本。

1. 居家养老老年人基本情况

居家养老老年人人口学特征包括性别、年龄、民族、文化程度、生活地址、婚姻状态等，调查地区居家养老老年人基本情况呈现如下特点（见表 1）。

（1）性别结构较为均衡，呈现男女一致的态势

调查数据显示，选择居家养老的男性老年人与女性老年人分别占比 48.98%、51.02%，女性老年人仅比男性老年人高 2.04 个百分点，性别分布较为均衡，反映出性别在老年人是否选择居家养老模式上并未呈现太大差异。

（2）人数随年龄增长递减，低龄老年人成为主体

60~69 岁的低龄老年人是居家养老老年人的主体（59.47%），中龄、

---

① 《到 2030 年四川主要健康指标达到全国平均水平以上》，四川省民政厅网站，2017 年 3 月 30 日，https://www.sc.gov.cn/10462/10464/10797/2017/3/30/10418619.shtml。

② 《四川省民政厅对省政协第十二届三次会议第 0769 号提案答复的函》，四川省民政厅网站，2020 年 11 月 20 日，http://mzt.sc.gov.cn/scmzt/tajy/2020/11/20/7b936878dc5341b2ac7f895b5f3a70c5.shtml。

高龄老年人分别占比 30.05%、10.48%，反映出居家养老这一对老年人自理能力要求较高的养老模式更加受到低龄老年人的青睐。

（3）文化程度普遍偏低，小学及以下老年人居多

居家养老老年人文化水平普遍较低，与调查老年人整体学历比例相近。其中，小学及以下文化程度的占比高达 75.28%，初中程度的占比为 15.40%，高中/中专及以上程度的仅占 9.32%。

（4）有配偶的城镇老年人占主体地位

在居家养老的老年群体中，生活在城镇的老年人有 76.12%，农村老年人占比仅为 23.88%；有配偶的老年人占比高达 78.62%，无配偶的老年人只有两成左右。这一数据侧面反映了生活地址、婚姻状况对于老年人的养老方式选择具有重要意义。

表1　四川省居家养老老年人基本情况

单位：人，%

项目	类别	人数	占比
性别	男	5131	48.98
	女	5345	51.02
年龄	低龄（60~69岁）	6230	59.47
	中龄（70~79岁）	3148	30.05
	高龄（≥80岁）	1098	10.48
民族	汉族	9739	92.96
	少数民族	737	7.04
文化程度	≤小学	7886	75.28
	初中	1613	15.40
	高中/中专	827	7.89
	≥大专/大学	150	1.43
生活地址	农村	2502	23.88
	城镇	7974	76.12
婚姻状态	有配偶	8236	78.62
	无配偶	2240	21.38

2. 居家养老老年人家庭情况

（1）多照料支持，少照料负担

由表2可知，居家养老老人群体中，具有来自亲戚朋友的日常照料的老年人占绝大部分，占比高达72.89%；需要对子女后代提供照料的老年人不足40%。选择居家养老的老年人多是家庭内部能够提供必要养老条件的。

（2）满意目前生活，乐观养老

老年人生活满意度得分最高为5.00，最低为1.00，标准差较低（0.53），均值为3.33，高于阈值3。说明选择居家养老的老年人普遍满意目前的生活状态与水准，对养老生活持较为乐观的态度。

（3）家庭收入偏低，但无外债

选择居家养老的老年人家庭总收入平均为40855.82元，相较于2021年四川省居民人均可支配收入2.91万元（平均家庭人口2.66人）偏低。此外，98.05%的居家养老老年人没有外债负担。

表2　四川省居家养老老年人家庭情况

单位：人，%，元

项目	类别	人数	占比
亲友照料	有	7636	72.89
	无	2840	27.11
照料任务	有	3934	37.55
	无	6542	62.45
负债情况	有	204	1.95
	无	10272	98.05

项目	均值	标准差	最小值	最大值
家庭人口	2.66	1.47	1.00	13.00
家庭总收入	48215.51	83602.80	4804.00	3654040.00
生活满意度	3.33	0.53	1.00	5.00

3. 居家养老老年人保险情况

调查发现，居家养老老年人基本医疗保险参保率高达97.30%。但基本养老保险情况相反，仅有不到20%的老年人享受基本养老保险，反映出基本养老保险的普及推广还有提升空间（见表3）。

表3　四川省居家养老老年人保险情况

单位：人，%

项目	类别	人数	占比
基本医疗保险	有	10193	97.30
	无	283	2.70
养老保险	有	2060	19.66
	无	8416	80.34

4. 居家养老老年人健康情况

调查结果显示，居家养老老年人健康状况尚可，自评健康选择一般的老年人有将近一半。绝大多数老年人身体健全，残疾种类最多的为耳疾（聋/半聋），体现出选择居家养老的老年人自理能力较强。同时，42.56%的老年人患有慢性病，高血压病成为其中最普遍的慢性病。另外，居家养老老年人大多心理、认知健康，只有极少数的老人患有与情感/精神、记忆相关的疾病（见表4）。

表4　四川省居家养老老年人健康情况

单位：人，%

项目	类别	人数	占比
自评健康	很差	728	6.95
	较差	2465	23.53
	一般	5064	48.34
	较好	1146	10.94
	很好	1073	10.24
是否残疾	是	1479	14.12
	否	8997	85.88
残疾种类	躯体残疾	316	3.02
	智力缺陷	379	3.62
	失明/半失明	432	4.12
	聋/半聋	615	5.87
	哑/严重口吃	79	0.75

续表

项目	类别	人数	占比
是否患有慢性病	是	4459	42.56
	否	6017	57.44
慢性病种类	高血压病	1157	11.04
	血脂异常	963	9.19
	糖尿病/血糖升高	563	5.37
	癌症等恶性肿瘤	156	1.49
	慢性肺部疾病	547	5.22
	肝脏疾病	309	2.95
	心脏病	766	7.31
	中风	694	6.62
	肾脏疾病	410	3.91
	胃部/消化系统疾病	684	6.53
	关节炎/风湿病	697	6.65
	哮喘	250	2.39
是否患有情感/精神疾病	有	120	1.15
是否患有记忆相关疾病	有	331	3.16

（二）居家养老影响因素

调查组建立 Logistic 回归模型探究老年人个体家庭基本因素、社会经济因素与健康因素对其居家养老方式选择的影响作用，拟合模型有统计学显著性意义，具体结果如表 5 所示。

表 5　居家养老的影响因素

项目	回归系数	标准差	OR 值	P 值	95% CI
年龄	0.007	0.310	1.007	0.983	0.549 ~ 1.847
民族	− 0.243	1.040	0.784	0.815	0.102 ~ 6.02
性别	− 0.417	0.457	0.659	0.361	0.269 ~ 1.612
文化程度	− 0.11	0.364	0.896	0.763	0.439 ~ 1.828
生活地址	− 2.496	0.458	0.082	0.000	0.034 ~ 0.202
婚姻状态	− 0.342	0.677	0.710	0.015	0.013 ~ 0.632

项目	回归系数	标准差	OR 值	P 值	95% CI
生活满意度	-0.259	0.392	0.772	0.509	0.358~1.663
家庭人口	1.245	0.569	3.473	0.029	1.139~10.59
亲友照料	0.869	0.429	2.385	0.043	1.029~5.52
照料任务	15.019	575.585	3331722.515	0.979	0.000
家庭总收入	0.000	0.000	1.000	0.383	1.000
负债	-1.243	1.109	0.289	0.263	0.033~2.539
养老保险	2.232	0.910	9.318	0.014	1.565~55.461
医疗保险	0.157	1.061	1.170	0.882	0.146~9.354
健康水平	0.309	0.233	1.362	0.184	0.863~2.151
残疾	0.442	0.666	1.556	0.507	0.422~5.744
慢性病状况	0.473	0.463	1.605	0.306	0.648~3.975
情感及精神问题	14.629	2974.957	2255765.633	0.996	0.000
记忆相关疾病	-0.274	1.086	0.760	0.801	0.091~6.386
常量	3.422	2.382	30.631	0.151	

分析结果显示，生活地址、婚姻状态、家庭人口、亲友照料与养老保险水平是影响老年人选择居家养老的关键因素，即有配偶、多家庭人口、高照料支持水平、有养老保险的城镇老人更青睐居家养老这一方式。

与以往研究一致，生活在农村的老年人居家养老的概率显著低于城镇老年人，仅占城镇老年人选择居家养老的可能性的8.2%。独居无配偶的老年人选择居家养老的可能性仅为有配偶老年人的71.0%。究其原因，可能是城镇老年人更有机会享受到成熟的养老配套设施、先进的物质技术支持，且有配偶的老年人生活能够彼此照料、相互陪伴，因此更偏向选择不改变原有生活方式的居家养老模式。以往研究普遍认为，女性低龄老年人生活经验更足，少有潜在健康威胁，具备更多独立生活、家庭养老的条件。但本次调查发现，性别、年龄、民族、学历水平对老年人居家养老选择的影响并不显著。

作为居家养老的发生地点，家庭的具体情况是老年人考虑的关键因素。家庭人口数对老年人选择居家养老具有显著正向影响。家庭成员每增加一名，老年人居家养老的概率增加2.473倍。亲友照料水平亦是老年人选择居家养老的重要决定因素，亲友支持力度越大，老年人越易选择居家养老。一般来说，多成员、多照料支持的家庭为老人提供了相对充裕的非正式支持，让老年人在熟悉的环境中、在亲情的陪伴下原居安养，延续更加直接和原始的居家养老模式。这在一定程度上促使老年人放弃了对社区、机构养老资源的寻求与利用。与此同时，代际照料任务、家庭总收入等对老年人选择居家养老的影响无统计学意义。

基本养老保险在减少老年人群后顾之忧、影响养老方式决策中发挥着重要作用。但基于我国独特的经济社会发展历程，上述制度和体系的建立目前尚不完备，总体来看我国社保制度依然无法实现全民覆盖与"应保尽保"，特别是部分农村老年人没有足够的养老金维持生计。[①] 调查发现，无基本养老保险的老年人选择居家养老的可能性是有基本养老保险老年人的9.318倍。缺乏基本养老保险的老年人养老物质资源相对匮乏，生活环境熟悉、成本最小、自给自足的居家养老成为其首要选择。

（三）居家养老发展思路

受传统养老观念影响，目前居家养老亦是大多数老年人期望的养老方式。拓展家庭养老服务功能、完善家庭养老服务设施成为四川省推进居家养老服务模式重要抓手。

居家社区养老在满足健康老人的餐饮、医疗、照护等服务需求方面相对容易，而失能老人需要专业的长期照料，居家养老服务难以满足其照护需求。基于此，四川省政府出台《四川省促进养老托育服务健康发展实施方案》，着力提升家庭照护服务，选择12个市开展家庭照护床位建设试点，依托有资质的养老服务机构，按照养老机构的服务标准，为居家的失能失智、半失能等需要照护服务的老年人上门提供"类机构"照护服务。以此借助家庭照护服务升级将"养老院"搬进老年人家中，建立家庭喘息服务机制，有效缓解高龄困难老年人居家养老难题。

近年来，四川省也在全面推广实施特殊困难老年人家庭适老化改造，累计改造1.7万户，帮助老年家庭减少或消除居家障碍，提高生活自理能

---

① 邓大松、丰延东：《社区养老服务缓解了中国老年人健康脆弱性吗?》，《湖北大学学报（哲学社会科学版）》2021年第5期。

力，提高生活质量，解放家庭劳动力。2021年，四川省政府常务会审议通过《关于进一步做好既有住宅电梯增设工作的指导意见》，进一步放宽电梯增设条件，并明确优先考虑残疾人、老年人等特殊群体需求。在农村危房改造中，优先满足符合条件的残疾人、老年人基本住房需求，保障住房安全。

三 机构养老

（一）机构养老基本概述

党的十九届四中全会通过的《中共中央关于坚持和完善中国特色社会主义制度 推进国家治理体系和治理能力现代化若干重大问题的决定》进一步明确："居家养老、社区养老、机构养老并不是互相分割的，三者是互相协调、相辅相成的关系。"[1] 随着人口老龄化和高龄化以及家庭的核心化发展，传统的家庭养老机构养老模式已经逐渐不能适应快速增长的养老需求，机构养老作为居家养老和社区养老的有力补充，在社会养老服务供给中发挥着不可替代的作用。

机构养老主要是指以社会机构为依托，依靠国家资助、亲人资助或老年人自备的形式获得经济来源，由福利院、养老院、托老所等机构，统一为老年人提供生活照料、精神慰藉等养老服务，以保障老年人养老需求得到满足的一种养老方式。与有亲情自然优势的传统居家养老相比，机构养老可以通过提供社会化养老服务来分担家庭的养老功能；与社区养老相比，机构养老服务能够为老年人尤其是自理能力不足、特殊困难的老年人提供更为专业的服务，满足养老的连续性、专业性、即时性要求。

2022年，受疫情影响养老机构数较2018年有所下降，但四川省养老机构的数量持续居全国第2位，各类已建成的养老机构数量共计2526个，可使用床位达298733张，服务数量高达154205人次，平均入住率为51.61%。2019年底，全省每百名老年人拥有养老床位3.1张，较全国每

---

① 纪竞垚：《居家养老服务的政策效应：基于对老年人生活质量影响的分析》，《人口与发展》2022年第3期。

百名老年人拥有养老床位 3.05 张偏高。然而，与国际标准每百名老人应有 5 张床位相比，还有一段距离。养老机构在分类上主要可以分为公办养老机构、民办养老机构。公办养老机构主要是指机构建设和运营均由政府财政资金全额托底保障，其为非营利福利性质，四川省的大部分市、县（区）社会福利院和乡镇敬老院均属于这种形式，当前其服务对象主要为农村、城市特困等老年群体。民办养老机构是社会资本直接投资并自主运营的养老机构，其中大部分具有一定的营利性，如华邦美好家园·成都锦江孝慈苑、蓉逸好邻·新安居社区康养中心、远洋·椿萱茂老年公寓等均属于此类，另一部分为社会组织等兴办的养老机构，具有一定公益性，如达州市达川区创康养中心、泸州市中颐金色颐养园等。

从中国老年社会追踪调查（CLASS2018）来看，499 份四川省问卷中选择机构养老模式的老年人仅 7 位（1.40%）。中国老年健康影响因素跟踪调查（CLHLS2018）中 1356 份四川省问卷，选择机构养老模式的老年人有 19 位（1.40%）。中国健康与养老追踪调查（CHARLS2018）中 975 份四川省问卷，没有一位被访老人选择机构养老模式。刘祯帆等对四川省 640 名城区老人进行的抽样调查显示，占 10.3% 的老年人选择机构养老。[①]总而言之，四川省养老机构硬件数量依然保持较高水平，但居家养老、社区养老和托老、机构养老所占比例均与"9073"格局有所偏离，老年人对机构养老服务认识不足、存在偏见，机构养老服务质量与内容仍需提升、丰富。

（二）机构养老影响因素

四川省养老机构在不断完善，但养老业在发展的过程中面临着许多问题。何为老年人选择机构养老的影响因素？如何有的放矢地提升老人机构养老意愿？这些问题很大程度上成为政、学、业三大领域聚焦的研究核心，当前研究主要从个人条件、机构建设两个层次展开。

关于个体层面的老年人机构养老影响因素研究，国内学者最早关注到了年龄、性别、文化程度、婚姻状况等人口统计因素对老年人机构养老满

---

① 刘祯帆、李鑫、熊兴兰、郭思竹、龙霖：《四川城区老年人养老方式选择及其影响因素调查》，《护理学杂志》2018 年第 14 期。

意度的作用。性别的不同会影响入住机构满意度，相对来说，生活经验更加丰富、适应能力更加强大的女性老人入住养老机构的满意度更高。就年龄阶段而言，70岁及以上的老年人，尽管受到传统养儿防老观念的影响，但即使行动不便或生活不能自理，为减轻子女负担，大多会倾向于选择机构养老。与此同时，高学历、有养老保险的老人普遍积累了更多的养老资金，对新兴养老方式接受度较高，无形中为机构养老的选择提供了经济、认知资本。与社区养老相似，子女数量、婚姻状况亦对机构养老起主要作用。子女较少（特别是独生子女家庭）、无配偶的独居老年人为了减轻子女照料压力，同时获得吃穿住行以及医疗健康方面更高的保障，普遍做好了进入机构养老的准备。但研究表明，仍然有大部分老年人将机构养老视作"没面子、丢人"，因为机构养老社会接受度不高与受到"养儿防老"观念影响而拒绝入住养老院，甚至产生反常行为，引发自卑、抑郁与焦虑。部分老年人对养老机构缺乏全面的了解和认识，以及我国养老机构收费较高，服务水平较低，因而在选择机构养老的过程中还比较犹豫。

从养老机构的规划建设角度出发，养老机构作为养老服务的供给方，其服务质量是影响老年人及其家庭机构养老意愿的根源所在。值得注意的是，养老机构除了要为老人提供生活居所和健康照料，还应让老人拥有社群归属感。有学者将机构服务标准划分为提供娱乐服务多样性、对娱乐休闲的感受、享受娱乐服务频率、娱乐服务人员态度满意度。良好的机构软硬件条件是吸引老年人入住、克服偏见的积极因素，反之亦然。许多老人在访谈中表示，他们无法接受养老院残疾老人和身体健全的老人混居的住宿安排，易使不同身体健康状况的老人产生分歧或活动纠纷。另外，养老院中专业社工团队为老人提供丰富多样的业余文化生活，这样的组织形式与对老年人精神需求的重视让老人焕发新的活力，成为老年人继续选择机构养老的重要原因之一。

（三）机构养老发展思路

为了突破养老公共服务待遇水平低的难题，四川省政府愈加强调从机构养老服务的"质"和"新"入手，维护老年人合法权益，保障老年人实际需求，更好地为老年群体服务。

一方面，规范养老机构管理，提升养老服务能力与质量。自 2017 年起，四川省累计投入 10.06 亿元专项资金在全省范围内开展养老机构服务质量建设专项行动，拉开养老机构的适老化改造、消防系统提档升级、不合规机构整改关停的序幕。2018 年，四川省司法厅通过拟定《四川省养老机构条例》，从立法角度建立全省养老机构规划建设、服务标准等政策，解决基层在养老机构管理、监督检查中面临的法律依据问题。2022 年，四川省卫生健康委面向社会公开打击整治存在非法行医等违规行为的养老机构，涉及未经备案或未取得《医疗机构执业许可证》擅自开展诊疗活动、非医师在养老机构擅自开展诊疗活动、养老机构内设医疗机构诊疗活动超出登记或备案范围等违法违规行为；并贯彻落实四川省打击整治养老诈骗专项行动的工作要求，严厉打击整治养老机构非法行医行为，实施综合监管能力提升工程。特别对于经济发展、养老服务较为落后的农村地区，补齐农村互助养老服务设施建设短板。加快构建"1 + N"农村公办养老服务联合体，广泛发展互助式养老服务，推动乡镇敬老院转型为区域性养老服务中心。逐步将区域性养老服务中心和乡镇敬老院收归县级机构直管。健全农村留守老年人救助保护机制，探索建立留守老年人风险评估制度。

另一方面，利用机构改革契机，促进医养资源的深度结合。随着老龄化、高龄化的快速发展，四川省 70% 以上老年人患有慢性疾病，失能老人近 200 万名，数量不断增长的失智、失能、生活不能自理的非健康老年人对医疗护理的需求也在增加，医养结合模式开始成为机构养老发展的新趋向。但目前四川省的大部分养老机构的照护功能仍以日常照料为主，缺乏养老与医疗的有效结合。养老机构的疾病控制措施也多是遵照原有医嘱监督老年人服用成品药物，而不是为老年人进行有针对性的疾病诊断或采取其他对症措施。2018 年，四川省政府出台了《四川省医疗卫生与养老服务相结合发展规划（2018—2025 年）》，初步构建了四川省医养结合发展"一核两带三区三中心"的空间格局。2020 年，四川省人民政府办公厅印发《四川省创建全国医养结合示范省实施方案》，主要从提升居家养老的医疗卫生服务水平、夯实社区医养结合服务基础、优化医养结合机构空间布局和资源配置、推动医养结合产业升级、强化创建工作保障五个方面提出 18 条具体措施，重视医养结合科技应用持续拓展，医养结合供给与需求有效对接，医养结合资源跨区域、跨部门协调联动，助力建设具有全国影响力的高品质生活宜居地。2022 年，四川省卫生健康委、民政厅启动医养服务示范单位创建工作，认定 20 家省级医养服务示范单位，鼓励更多养老机构更加重视老年民生保障，提高医养服务质量，优化医养服务发展环境，从而更好细化并满足老年人健康养老服务需求。

四川养老与老年健康服务需求

一　四川老年人口规模结构及预测

（一）四川省人口老龄化的现状

四川作为中国的人口大省，2020 年总人口达 8367.5 万人，常住人口总量居全国第五位，同时，四川省也是全国老龄化最严重的省份之一。①

2020 年四川省 60 岁及以上人口为 1816.4 万人，占全省人口的 21.71%，比全国平均水平高 3.01 个百分点，总量列山东、江苏之后排第三位；65 岁及以上人口为 1416.8 万人，占全省人口的 16.93%，比全国平均水平高 3.43 个百分点，仅次于山东，位居全国第二。② 从时间趋势方面看，2020 年 60 岁及以上人口占比比 2010 年上升 5.41 个百分点，比 2018 年提高 0.58 个百分点，平均每年提高 0.5 个百分点；2020 年 65 岁及以上人口占比，与 2010 年相比，上升 5.98 个百分点，与 2018 年相比，提高 2.76 个百分点。从总体来看，四川省的老年人口基数大，老龄化程度深，老龄化进程快，未来应对老龄化社会的挑战正在持续加深。

参照新的联合国通用标准，当一个国家或地区 65 岁及以上人口占比超过 7% 时，意味着其进入了老龄化社会，超过 14% 为深度老龄化社会，超过 20% 则进入超老龄化社会。2020 年四川 65 岁及以上老年人口所占比例为 16.93%，这表明四川已进入深度老龄化社会，经济发展和社会保障将

---

① 《8367.5 万人！四川常住人口总量全国第五》，四川省人民政府网站，2021 年 5 月 26 日，https://www.sc.gov.cn/10462/c106900/2021/5/26/7832c949458c430da2f8ded546003a5f.shtml。

② 《四川省第七次全国人口普查公报（第二号）》，四川省统计局网站，2021 年 5 月 26 日，http://tjj.sc.gov.cn/scstjj/tjgb/2021/5/26/68cf8ce902a44c389e72591bd5a31ca2.shtml。

面临巨大挑战。

（二）四川省老年人口的结构

1. 四川省老年人口的年龄结构

四川省人口老龄化除了呈现程度不断加深的特点，还呈现高龄化速度加快的趋势。近年来四川省 80 岁及以上老年人口数量不仅增长快，而且占比也有所提高。2020 年，80 岁及以上人口有 263.8 万人，占常住人口的比重为 3.15%，比 2010 年增加了 112.5 万人，比重提高了 1.27 个百分点，占 60 岁及以上老年人口总量为 14.5%，较 2010 年提升 3.0 个百分点，高龄老年人口占比也呈增长态势。

2. 四川省老年人口的性别比例

从老年人口的性别比例来看，2020 年四川省女性老年人口多于男性，性别比与之前相比有所下降。2020 年 65 岁及以上男性老年人口数量为 686.7 万人，占老年人口的 48.47%；65 岁及以上女性老年人口数量为 730.1 万人，占老年人口的 51.53%。四川省 65 岁及以上老年人口的性别比（以女性为 100）为 94.06，与 2010 年第六次全国人口普查结果相比，老年人口性别比下降了 3.63。[①]

3. 四川省老年人口的城乡分布

从城乡分布来看，四川省老年人口多集中于农村。2020 年，四川省 60 岁及以上人口为 1816.4 万人。其中，城市老年人口为 504.1 万人，城镇老年人口为 323.0 万人，城市和城镇老年人口共计 827.1 万人，占全省老年人口总量的 45.5%；农村老年人口为 989.3 万人，占全省老年人口总量的 54.5%。农村老年人口占总人口的比例比城镇和城市老年人口之和所占比例高 9 个百分点。65 岁及以上老年人口中，农村老年人口为 793.9 万人，所占比例略高于 60 岁及以上老年人口，为 56.0%。80 岁及以上老年人口中，农村老年人口为 144.4 万人，所占比例为 54.7%。总体来说，四川省老年人口城乡分布的特点为农村地区高于城镇和城市地区。具体见表 1。

---

① 周丽娜：《面对人口老龄化：找原因、探影响、想对策》，《四川省情》2021 年第 8 期。

表1　四川省60岁及以上老年人口城乡分布

单位：万人，%

年龄组	农村老年人口	占比	城镇老年人口	占比	城市老年人口	占比
60岁及以上	989.3	54.5	323.0	17.8	504.1	27.8
其中：65岁及以上	793.9	56.0	249.5	17.6	373.4	26.4
80岁及以上	144.4	54.7	47.2	17.9	72.2	27.4

资料来源：赵倩情《四川老幼人口"两端"数据透视》，《四川省情》2021年第11期。

4. 四川省老年人口的地区分布

四川省人口老龄化还存在区域差异较大的问题。2020年四川省65岁及以上老年人口占比最高的城市为资阳（22.19%），占比最低的城市为甘孜州（8.36%），两者之间相差13.83个百分点。与2010年65岁及以上人口比例相比，增幅最大的是资阳市（9.23个百分点），增幅最小的是甘孜州（1.86个百分点），两者之间相差7.37个百分点。

2020年四川省有6个城市已经进入超老龄化社会（65岁及以上人口占比超过20%），按照从高到低排名依次为资阳（22.62%）、自贡（21.29%）、南充（20.69%）、德阳（20.25%）、内江（20.03%）、眉山（20.02%）。11个城市（遂宁、泸州、绵阳、广元、乐山、达州、广安、攀枝花、宜宾、雅安、巴中）进入了深度老龄化社会，4个市（州）（成都市、甘孜州、凉山州、阿坝州）进入老龄化社会。四川省总计21个市（州），其中有15个市（州）的65岁及以上老年人口比重超过全省平均水平。此外，四川省地域辽阔，地貌类型复杂，根据地理位置和区位分布，将整个四川省划分为五大区域，即成都平原经济区、川东北经济区、川南经济区、攀西经济区、川西北生态示范区。四川省经济发展集中的两大经济区（成都平原经济区、川东北经济区）65岁及以上人口占比都超过了15%，老龄化程度较高。老龄化程度最低的为川西北生态示范区，65岁及以上人口占比仅为8.35%，比最高的成都平原经济区低7.58个百分点（见表2）。由此可以看出，四川省老年人口存在区域化差异问题。

表2　四川省五大区域的老龄化程度

地区	城市	特点	65岁及以上人口占比
成都平原经济区	成都、德阳、绵阳、乐山、眉山、资阳、遂宁、雅安	以省会成都市为核心，涉及的城市最多	15.93%
川东北经济区	南充、达州、广元、广安、巴中	五大区域中组成城市第二多的区域	15.35%
川南经济区	宜宾、泸州、内江、自贡	五大区域中的第二经济增长极	14.91%
攀西经济区	凉山州、攀枝花	少数民族聚集区，自然资源丰富，是四川重要的工业基地	10.65%
川西北生态示范区	甘孜州、阿坝州	四川唯一的一个以生态环境保护和绿色发展为重点方向的区域	8.35%

资料来源：四川省民政厅。

（三）四川省老年人口预测与发展趋势分析

由上面的各项数据可知，四川省老年人口发展形势正在发生深刻变化，总体上呈现老年人口规模变大，高龄老人增长速度快，老年性别比例失调，老年人口性别、城乡和地区分布差异显著，不均衡程度进一步加深。人口老龄化不仅影响着经济发展，也给养老保障体系带来沉重的压力。这决定了人口老龄化工作将是一项涉及国计民生的工作。积极有效应对人口趋势性变化、促进人口长期均衡发展，是全省经济社会发展的基础性、全局性和战略性工程。

本报告进行四川省老年人口预测，可以科学把握四川省老年人口发展规律和变化趋势，为深入贯彻落实积极应对人口老龄化国家战略以及相关生育政策提供循证依据。

1. 四川省老年人口的预测

本部分数据主要来源于四川省第七次全国人口普查主要数据，以及四川省人民政府和四川省卫生健康委员会公布的相应数据。采用国际人口预测软件（PADIS-INT），对四川省2020～2050年的人口结构变化以及老龄化发展态势进行预测。

（1）人口预测模型

人口宏观管理与决策信息系统（Population Administration Decision Information System，PADIS），是国家人口和计划生育委员会在"十一五"期间承担的国家电子政务重点建设项目。PADIS-INT 软件是中国人口与发展研究中心依靠在 PADIS 一期建设过程中形成的技术优势，在联合国人口司的指导和协助下研发的一套国际通用人口预测软件。[1] 这套软件可以为联合国开发一套能在世界范围内推广，特别是在发展中国家推广和应用，并且为这些国家的人口发展规划提供技术支持和经验传播，界面友好、使用方便的人口发展规划预测软件，同时建立国际性的人口预测平台的相关事项。[2]

（2）模型参数设置

应用 PADIS-INT 软件对四川省人口规模和年龄结构进行预测。以 2015 年为基期数据，预测 2050 年的人口发展趋势。使用该软件需要人口预测参数，包括总和生育率、人口平均预期寿命、死亡模式参数、出生性别比等。该模型设定的起始时间为 2015 年，结束时间为 2050 年，参数调整间隔设为 5 年。具体模型的参数设定如下。

基础人口数据：基期人口数据是人口预测的基础，选取精确的人口数据作为预测的开始是十分重要的。因此，本报告以《四川统计年鉴》2015 年 1% 抽样调查数据为基础。

总和生育率。总和生育率指平均每个妇女在育龄期生育的孩子数。体现了人口的生育水平，是人口预测中最重要的参数。由于育龄妇女生育率相关数据难以获得，而且四川省自 2010 年后的生育率数据缺失较为严重，因此采用冯丽敏利用 BP 人工神经网络模型得到的 2015 年四川省育龄妇女生育率预测结果。[3] 2021 年国家统计局出版了《2020 中国人口普查年鉴》，得到四川省的总和生育率为 1.23，低于全国 1.30 的水平。自从 2021 年中共中央颁布"三孩政策"，四川积极响应国家政策，根据省政府发布的

① 于昊森、郑筠、修金月：《基于 PADIS-INT 的湖南省人口预测研究》，《现代商业》2014 年第 13 期。

② 《国家人口计生委在联合国推介国际人口预测软件》，中国政府网，2011 年 4 月 15 日，ht-tp：//www.gov.cn/jrzg/2011－04/15/content_1844621.htm。

③ 冯丽敏：《基于 Leslie 模型对"全面二孩"政策下四川省的人口结构分析》，成都理工大学硕士学位论文，2018。

《四川省人口发展中长期规划》，预计到 2030 年四川的"三孩政策"效应充分释放，生育水平保持稳定并适度提高，总和生育率力争达到 1.6 左右。① 基于此，本报告将四川省的总和生育率按低、中、高三种方案进行设定。

低方案。假设 2020 年过后"三孩政策"的全面放宽对于四川省育龄妇女的生育意愿刺激不大。同时 2020 年发生的新冠疫情导致经济不景气，多数育龄妇女为了降低生活成本反而降低了生育意愿。因此，低方案假设总和生育率到 2050 年仍维持 1.23 的低水平。

中方案。假定生育政策对一部分育龄妇女的生育意愿有促进作用。2020 年后四川育龄妇女总和生育率呈现一定程度的上升，但上升的幅度不大。因此，假设总和生育率到 2030 年基本达到四川省政府预测的 1.60，并且以此生育水平上涨的速度平稳保持到 2050 年。

高方案。假设 2021 年实施全面"三孩政策"后，国家和政府在相应生育政策上的配套实施以及福利制度更加完善，从而引致四川省育龄妇女生育意愿和生育水平进一步提高。总和生育率到 2030 年达 1.80，并且以此生育水平上涨的速度平稳保持到 2050 年。

人均预期寿命。2015 年四川省人口变动情况抽样调查显示，四川省人均预期寿命为 76.38 岁，其中男性为 74.06 岁，女性为 79.14 岁。2020 年四川省第七次人口普查数据显示，四川省人均预期寿命为 77.79 岁，其中男性为 75.01 岁，女性为 80.93 岁。据四川省卫生健康委员会的预测，到 2025 年，全省居民人均预期寿命可达到 78.2 岁，到 2030 年全省居民人均预期寿命可达到 79 岁。② 基于以上数据，根据联合国人均预期寿命年增长步长经验值，2020 年以后平均每年增加 0.05 岁，预测得到 2050 年的人均预期寿命。人均预期寿命设定为高、中、低三种方案相同。

---

① 《四川印发人口发展中长期规划：到 2030 年常住人口达 8470 万人》，四川省人民政府网站，2022 年 2 月 17 日，https://www.sc.gov.cn/10462/10464/13298/13299/2022/2/17/2aec3941012a4c23a644d7fa0a41ee47.shtml。

② 《我省出台"十四五"卫生健康发展规划 到 2025 年人均预期寿命达 78.2 岁》，四川省人民政府网站，2022 年 1 月 25 日，https://www.sc.gov.cn/10462/10464/10797/2022/1/25/2df771295be148d5ae6d232257c413e4.shtml。

死亡模式参数。在使用 PADIS-INT 软件进行人口预测时，要根据项目设置选择模型生命表来确认人口的死亡模式。软件提供了寇尔－德曼模型生命表和联合国模型生命表两大类。根据两种生命表的特点以及结合四川省人口死亡率的实际情况，本报告选择用寇尔－德曼模型生命表来进行预测分析。

出生性别比。出生性别比指的是一段时间内某地区每出生 100 个女婴的同时出生了多少个男婴。《2016 年四川省卫生和计划生育事业发展统计公报》指出，2015 年四川省出生人口性别比为 107.47，基本处于合理水平（102～107）。2019 年四川省出生人口性别比为 107.7。2020 年四川省出生人口性别比为 108.3。① 因此，假设四川省 2020～2050 年人口性别比保持在 108 左右。

迁移规模。人口净迁移率是指某一时段迁入人口数与迁出人口数之差除以这一地区的年平均人口数。如果净迁移率为正数就说明该城市人口处于净流入，反之则为净流出。根据 2010 年第六次全国人口普查相关数据，2010 年四川省人口净迁移率为 0.4‰。由于四川省人口净迁移的相关数据难以获得，故通过以下公式进行处理获得。人口增长率 =（本年末常住人口数 － 上年末常住人口数）/本年末常住人口数。人口净迁移率 = 人口增长率 － 人口自然增长率。因此，可以大致得到四川省 2014～2020 年的人口净迁移率（见表3）。假定到 2050 年迁移规模的趋势大致不变。

表3　四川省人口迁移情况

单位：万人，‰

年份	年末常住人口	年末户籍人口	人口增长率	人口自然增长率	人口净迁移率
2014	8140.2	9159.1	4.08	3.20	0.88
2015	8204.0	9102.0	7.78	3.36	4.42
2016	8262.0	9137.0	7.02	3.19	3.83
2017	8302.0	9113.4	4.82	4.04	0.78

① 《2021 年四川省卫生健康事业发展统计公报》，四川省卫生健康委员会网站，2022 年 5 月 10 日，http://wsjkw.sc.gov.cn/scwsjkw/njgb/2022/5/10/b446c87fad824a82a23f0a15bfb4af0e.shtml。

年份	年末常住人口	年末户籍人口	人口增长率	人口自然增长率	人口净迁移率
2018	8341.0	9121.1	4.68	4.04	0.64
2019	8375.0	9099.5	4.06	3.61	0.45
2020	8367.5	9081.6	−0.90	1.30	−2.20

资料来源：各年份的年末常住人口数据来自历年《四川卫生健康统计年鉴》；人口自然增长率数据来自王晟哲、王学义《生育水平走低叠加人口老龄化 四川的人口结构如何均衡?》，《四川省情》2021 年第 11 期。

迁移模式。按年龄和性别划分的迁移人口占总迁移人口的比例。在四川省的流动人口中，往往是农村人口占比较大。2010 年在外出省外人口中，高达 92.89% 的人口来源于乡村。所以农民工的流动情况可以近似代表四川省人口的流动情况。由于相关资料的缺乏和难获得性，本报告基于 2014 年四川省流动人口动态监测数据中农民工个案的信息，可近似得到四川省 2015 年流动人口分年龄段和性别的迁移模式。

2. 四川省老年人口预测结果分析

（1）人口结构

由于在三种方案预测下都得出 2035 年四川省老年人口达到峰值的情况，因此分别将三种方案得出的人口"金字塔"结果进行分析。由图 1～图 3 可以看出，三种方案显示了一些共同特征。三种人口"金字塔"都呈现底部较窄而中上部较宽的趋势，说明四川省人口结构处于一种失衡状

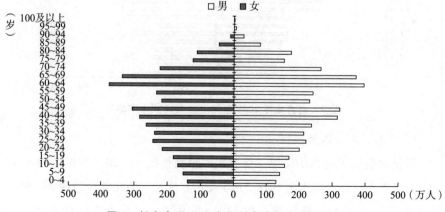

图 1　低方案下 2035 年四川省人口"金字塔"

况。这种趋势下，年轻人口总人口比重小，预示着未来人口的发展将呈减少趋势，将来会出现劳动力短缺等情况，会严重影响经济发展和社会稳定。将三种人口"金字塔"对比可以得出，在低方案下，0～10岁儿童人口比重最小，60岁及以上老年人口比重最大。这是育龄妇女生育率不高导致出生率下降的结果。

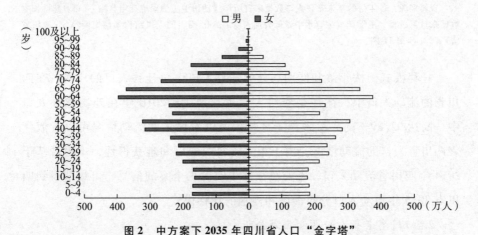

图2　中方案下2035年四川省人口"金字塔"

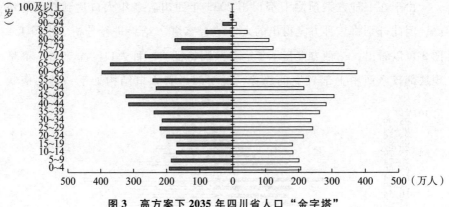

图3　高方案下2035年四川省人口"金字塔"

（2）老年人口数量预测

根据参数设置的预测结果，低方案的预测情况下，2025年四川省60岁及以上老年人口总量将达到1971.57万人，占总人口的比重将达到23.98%，65岁及以上老年人口总量将达到1403.06万人，占总人口的比重将达到17.07%。到2035年60岁及以上老年人口总量将达到峰值，总人口数高达

2704.72 万人，60 岁及以上人口占比将高达 34.14%，65 岁及以上人口占比高达 24.42%。到 2040 年 60 岁及以上老年人口总量为 2682.61 万人，相比 2035 年有所下降，其中 60 岁及以上人口占比为 34.98%、65 岁及以上人口占比为 29.00%。到 2045 年 60 岁及以上老年人口总量将达到 2589.87 万人，其中 60 岁及以上人口占比为 35.21%、65 岁及以上人口占比为 29.42%。到 2050 年 60 岁及以上老年人口总量将达到 2632.62 万人，其中 60 岁及以上人口占比为 37.68%、65 岁及以上人口占比为 29.20%。由此可见，2035 年之后，老年人口的总量有所减少，老年人口占总人口比重一直呈现增长趋势，但增长速度有所减缓。具体预测结果见表 4。

表 4　低方案下四川省 2025～2050 年老年人口预测

单位：万人，%

年份	60 岁及以上人口数	65 岁及以上人口数	总人口数	60 岁及以上人口占总人口比重	65 岁及以上人口占总人口比重
2025	1971.57	1403.06	8220.47	23.98	17.07
2030	2357.85	1608.94	8109.82	29.07	19.84
2035	2704.72	1934.50	7921.76	34.14	24.42
2040	2682.61	2223.81	7668.05	34.98	29.00
2045	2589.87	2164.08	7355.09	35.21	29.42
2050	2632.62	2039.79	6985.98	37.68	29.20

中方案下的预测结果表明，2035 年 60 岁及以上老年人口也达到峰值，为 2704.74 万人，60 岁及以上人口占比达 33.44%，65 岁及以上人口占比高达 23.91%。到 2040 年 60 岁及以上老年人口总量为 2683.06 万人，相比 2035 年有所下降，其中 60 岁及以上人口占比将高达 33.84%，65 岁及以上人口占比高达 28.05%。到 2045 年 60 岁及以上老年人口总量将达到 2639.31 万人，其中 60 岁及以上人口占比为 34.21%，65 岁及以上人口占比为 28.69%。到 2050 年 60 岁及以上老年人口总量将达到 2632.45 万人，其中 60 岁及以上人口占比为 35.25%，65 岁及以上人口占比为 27.31%。具体预测结果见表 5。

表5　中方案下四川省2025～2050年老年人口预测

单位：万人，%

年份	60岁及以上人口数	65岁及以上人口数	总人口数	60岁及以上人口占总人口比重	65岁及以上人口占总人口比重
2025	1971.57	1403.06	8239.11	23.93	17.03
2030	2357.87	1608.96	8189.19	28.79	19.65
2035	2704.74	1934.52	8089.15	33.44	23.91
2040	2683.06	2224.24	7928.60	33.84	28.05
2045	2639.31	2213.49	7715.07	34.21	28.69
2050	2632.45	2039.55	7467.66	35.25	27.31

　　高方案下的预测结果表明，2035年60岁及以上老年人口数峰值和前两个方案差距不大，60岁及以上老年人口总量为2704.75万人，60岁及以上人口占比为33.09%，65岁及以上人口占比为23.67%，与前两个方案相比有所下降。到2040年60岁及以上老年人口总量为2683.08万人，相比2035年有所下降，其中60岁及以上人口占比将高达31.38%，65岁及以上人口占比高达26.02%。到2045年60岁及以上老年人口总量将达到2590.02万人，其中60岁及以上人口占比为32.93%，65岁及以上人口占比为27.51%。到2050年60岁及以上老年人口总量将达到2632.53万人，其中60岁及以上人口占比为34.43%，65岁及以上人口占比为26.68%。具体预测结果见表6。

表6　高方案下四川省2025～2050年老年人口预测

单位：万人，%

年份	60岁及以上人口数	65岁及以上人口数	总人口数	60岁及以上人口占总人口比重	65岁及以上人口占总人口比重
2025	1971.57	1403.06	8249.46	23.90	17.01
2030	2357.87	1608.96	8232.75	28.64	19.54
2035	2704.75	1934.52	8173.95	33.09	23.67
2040	2683.08	2224.26	8549.65	31.38	26.02
2045	2590.02	2164.18	7865.70	32.93	27.51
2050	2632.53	2039.60	7645.80	34.43	26.68

（3）老年人口发展趋势

根据预测结果可以绘制四川省老年人口发展趋势图（见图4）。可以看出，在三种方案下四川省60岁及以上老年人口数量整体呈现上升趋势。其中，2025～2035年的老龄化速度加快，到2035年达到老年人口的峰值。之后到2050年60岁及以上老年人口的总量有所下降，但老年人口占总人口比重总体呈现增长趋势，增长速度有所减缓。高方案和中方案下，都比低方案下老龄化程度减缓。在此方案中，由于生育率低下导致人口增长数量减少，到2050年60岁及以上老年人口比例可能超过2035年，达到峰值。

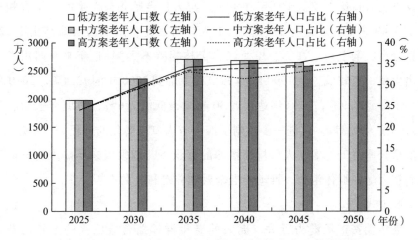

图4　2025～2050年四川省60岁及以上老年人口发展趋势

二　四川老年人口养老需求规模与内容

（一）四川老年人口养老需求规模

1. 老年人口规模

老年人口规模的快速扩大意味着养老需求的增加。根据《四川省第七次全国人口普查公报（第四号）——人口年龄构成情况》，四川省常住人口中，60岁及以上人口为1816.4万人，占总人口的21.71%，其中65岁及以上人口为 1416.8 万人，占总人口的 16.93%。① 与 2010 年第六次全国人口普查相比，60 岁及以上人口的比重上升 5.41 个百分点，65 岁及以上人口的比重上升 5.98 个百分点，人口老龄化进程加剧。② 四川省人口老龄化严重，整体趋势与全国基本一致，但老年人口比重高于全国平均水平，老龄化程度高于全国水平。1995 年四川省 65 岁及以上老年人口占比首次超过 7%，正式进入老龄化社会，比全国提前 4 年。第七次全国人口普查资料显示，四川省 60 岁及以上人口占 21.71%，高于全国的 18.70%，超过 3.01 个百分点；四川省 65 岁及以上人口占 16.93%，高于全国的 13.50%，超过 3.43 个百分点。2020 年，在全国 31 个省份中，四川省 65 岁及以上人口比重仅低于辽宁和重庆，与人口老龄化最严重的辽宁省相比低了 0.49 个百分点，比 65 岁及以上人口所占比重最低的西藏高出 11.26 个百分点，与上海、江苏、黑龙江、吉林相差不大。③ 近年来，四川省人口出生率一直较低，从 1990 年的 19.1‰ 下降到 2000 年的 12.1‰，2010 年持续下降到 8.9‰，2020 年达到近 30 年来最低值 7.6‰，2020 年人口自然增长率仅为 1.3‰，这进一步加剧了四川省人口老龄化的进程。④ 因此，在自然增长率降低、老年人口持续增加的背景下，亟须以老年需求为导向满足和扩大老年群体消费，推动养老金融和养老科技的发展。

2. 消费情况

老年消费市场潜力巨大，庞大的老年群体蕴含着巨大的老年消费市场。据全国老龄工作委员会发布的《中国老龄产业发展报告（2014）》估计，2014~2050 年，中国老年人口的消费潜力将从 4 万亿元左右增长至 106 万亿元左右，占 GDP 的比例将从 8% 左右增长至 33% 左右，我国将成为全球老龄化产业市场潜力最大的国家。四川省老年人口标准消费规模呈

---

① 四川省统计局网站，2021 年 5 月 26 日，http://tjj.sc.gov.cn/scstjj/c111702/2021/5/26/71a9e35493564e019268b2de2cd0a986.shtml。

② 四川省统计局：《四川省 2010 年第六次全国人口普查主要数据公报（第 1 号）》，《四川日报》2011 年 5 月 9 日。

③ 《第七次全国人口普查公报（第五号）》，国家统计局网站，2021 年 5 月 11 日，http://www.stats.gov.cn/tjsj/tjgb/rkpcgb/qgrkpcgb/202106/t20210628_1818824.html。

④ 四川省卫生健康委员会：《四川卫生健康统计年鉴（2020）》，西南交通大学出版社，2021。

现逐年增长的趋势，从 1990 年的 13.86 亿元上升到 2000 年的 42.13 亿元，2011 年持续增长到 180.99 亿元。同时，老年人人均消费金额也在逐年上升，从 1990 年的 4.76 万元上升到 2000 年的 6.31 万元，2011 年持续增长到 9.75 万元，可见老年人的消费能力越来越高。[①] 有研究指出，老年人目前的消费能力相当可观，加之老年人对老年生活的重视以及其物质生活逐渐多元、消费观念发生转变，现在的开放老年人正在逐步抛弃"钱不花，存起来""为了下一代，自己无所谓"的传统观念，开始向健康、养生、积极、进取、乐观的新时代思维转变，老年用品市场会发展得更加迅速。[②] 一项针对成都市老年人消费结构的分析发现，成都市老年人第一大支出为食品支出，医疗保健是继食品支出后的第二大支出。除此之外，为儿孙购买物品、旅游、人际交往在老年人消费支出中占第三、四、五位，成都市老年人的消费类型属于小康型。[③]

人口老龄化会对居民总体消费产生影响，老年人在消费倾向、消费习惯等方面具有特殊性，随着老年人口占比的提高，居民消费的主要影响因素也会整体呈现变化。在老龄化的背景下，消费个体出现从中年到老年的变化，整体人口年龄结构也随之老化，居民可支配收入、消费意愿等因素将随之发生变化，直接作用于个体居民的消费。但人口老龄化既是机遇也是挑战，通过开发老年人消费市场，促进老年群体的消费力，可提高居民总体消费水平。

3. 医疗保健利用情况

随着居民人均总收入和人均总支出的逐年增长，居民用于医疗保健方面的支出也在增长。根据《四川统计年鉴》，2014 年四川省居民人均总支出为 19110 元，2020 年上升至 31650 元。在医疗保健方面，2014 年四川省居民人均支出为 964 元，2020 年上升至 1908 元，达到 2014 年的 1.98 倍。比较而言，农村居民医疗保健支出偏低，但同样呈显著上升趋势。而随着

① 李德山、唐喆：《人口老龄化对居民消费的影响研究——以四川省为例》，载罗中枢主编《西部发展评论 2014》，四川大学出版社，2015。
② 赵昭、张晨：《中国老年消费市场现状分析》，《经济研究导刊》2015 年第 16 期。
③ 曹延雯、江宇、邓佳佳、易佳敏、张培艺：《成都市老年人的消费结构分析》，《现代经济信息》2015 年第 7 期。

老龄化的加剧，老年人医疗保健消费市场应该引起重视。中国消费者协会发布的《2011年老年消费者权益保护现状调查报告》指出，医疗保健消费支出已成为老年人日常消费支出最多和单次消费支出最大的项目，因此老年人是医疗保健行业巨大的潜在消费群体，而医疗保健消费支出成为老年人消费的重要组成部分。一项根据四川省20年纵向数据的研究发现，老年人口比重对医疗保健消费有显著正向影响。[1] 随着四川省老年人口的不断增多，未来的医疗保健消费将进一步增加。

《全国第六次卫生服务统计调查报告》显示，四川省老年人健康状况主要表现为慢病多、共病多、失能多，相关比例均高于全国平均水平。2018年四川省居民两周患病率为41.7%，慢性病患病率为36.3%，高于同期全国两周患病率（32.2%）和慢性病患病率（34.3%）。从年龄结构来看，四川省65岁及以上居民两周患病率及慢性病患病率均最高，相应的老年人群健康服务需求也处于较高水平。《中国卫生健康统计年鉴（2021）》显示，2018年全国居民两周就诊率为24.0%，住院率为13.7%，相比较而言，四川省居民两周就诊率（24.4%）及住院率（14.2%）均较高，而两周未就诊率达51.5%，应住院未住院比例达29.1%。从年龄结构来看，四川省65岁及以上年龄组两周就诊率、住院率均最高。老年居民出现就诊率高、住院率高、住院费用高的"三高"状态，老年疾病本身又具有高慢性病率、高致残率的特点。老龄化将对四川医疗资源和医疗卫生发展构成严峻挑战，医疗卫生事业必须提早做好老龄化应对的准备。[2]

（二）四川老年人口养老服务需求内容

对老年人来说，身体健康状况直接影响其养老服务需求，身体健康状况越差，养老服务需求就越高，对身体健康状况较差的老人来说，养老服务需求是一种刚需。一项对四川省6000位居民的调查研究显示，88.6%的受访者表示家中老人急需不同方面的养老服务项目。其中，表

---

[1] 张冲、万新月：《四川省人口老龄化对医疗保健消费的影响研究》，《医学与社会》2019年第6期。

[2] 李明、杨坤、董志新：《卫生服务需要、需求与利用研究——以四川省为例》，《经济体制改革》2016年第2期。

示急需"医疗保健"的受访者比例最高，为51.2%；第二是急需"在指导下，以适宜的方式锻炼身体"，受访者选择比例为41.3%；第三是急需"生活照料"（主要包括洗衣做饭、打扫卫生、买菜购物、洗澡穿衣、陪同外出等），受访者选择比例为34.1%；第四是急需"休闲娱乐"，受访者选择比例为30.6%。可见，居民对医疗、娱乐、生活照料需求较为集中。[①]

既往研究表明，老年人的养老服务需求内容广泛，但目前学界还没对此达成共识。按照内容划分，可以将其分为物质和精神两类需求，主要包括日常照料、经济保障、医疗保健和精神慰藉四个维度，比较全面地概括老年人的需求内容，因此从以上四个方面进行分析和讨论。[②]

1. 日常照料需求

日常照料需求方面，指的是人在进入老年阶段后，心理和身体状况会发生变化，由此而产生依赖他人照顾自己日常生活的需求。目前，四川省养老方式主要有居家养老、机构养老和社区养老。但受我国传统养老理念影响，老年人很看重家庭带来的安全感、归属感和亲情感，因此家庭永远是我国养老的一个主要载体，居家养老在养老事业发展中居主体地位。而老年人居家养老会产生更多的日常生活照料的需求，但居家养老服务还存在许多问题，因此现阶段主要发展以家庭为核心、社区为依托，由专业人员或非专业人员（包括家人或志愿者等）对老年人提供服务和照顾的新型社会化养老。调查显示，有44.8%的老年人不清楚社区提供过居家养老服务，其余服务项目如家政服务、日间照料、知识讲座等仅有少数老年人所在社区提供过，说明社区尚未建立健全居家养老服务体系，居家养老服务资源在数量和质量上不能很好地满足老年人的需求。上门维修家电及水电设施的需求也较大，而家政服务、生活料理、送货上门等服务需求较小，这可能与老年人年龄段、生活自理能力有关系。[③]

---

① 王冰：《四川省居民养老现状及需求意愿调查研究》，西南交通大学硕士学位论文，2017。
② 王宁：《城市社区养老需求与社区养老服务体系建设》，《重庆科技学院学报（社会科学版）》2011年第11期。
③ 高静、柏丁兮、吴晨曦、弋新、唐妮、李迎春：《四川省四个城市居家养老服务现状及需求调查研究》，《中国疗养医学》2015年第1期。

2. 经济保障需求

经济保障需求方面，随着年龄的增长，老年人自身的劳动能力渐失，从而在经济上处于弱势地位，其收入难以保证基本的生活，甚至可能导致其身体健康、生活照料和精神等需求的满足受到制约，因此收入水平在个人生活质量中发挥着基础作用，除此之外也要考虑日常开支对生活的影响。有研究表明，有社会养老保险的老年人心理健康状况明显高于无社会养老保险的老年人，不易出现焦虑、孤僻、抑郁，甚至精神错乱等问题。[1]养老保险保障制度应加大对农村养老保险制度的资金投入和政策保障力度，尤其对低收入等弱势老年人群体实行差额补贴，提高基础养老金标准，保障其基本生活；对最脆弱人群进行更精准的保险干预。同时，拓宽宣传渠道，加大宣传力度，让农民充分了解养老保险政策内容，不断提高农民自觉参与农村社会养老保险和商业养老保险的意识，努力实现全民参保，进而满足老年人对于养老的经济保障需求。[2]

3. 医疗保健需求

医疗保健需求方面，针对老年人身体特性而言，年龄越大健康状况越差，老年人对健康的需求也就越高。人口老龄化以及社会、环境因素所导致的慢性病的日益增加使养老人群的医疗保健问题日渐凸显。由于老年人身体素质特殊，容易出现治疗效果差、病程长、恢复慢等情况，老年人对医疗保健的要求远远高于一般人群。四川养老人群的健康需求远远高于平均水平，且养老人群受慢性病困扰，心理健康较差。虽然住院药费占医药费用比重有下降的趋势，但四川整体医药费用的上涨幅度仍然较大。面对大量的医疗保健需求，四川人均医疗保健供给在全国排名偏后。2019年，四川卫生总费用为3705.41亿元，全国排第4名，但人均卫生费用仅4424.37元，低于全国平均数，全国排第15名。总体而言，四川卫生技术人员缺乏，2020年每千人口仅为7.56人，低于全国平

---

① 王璇、罗浩：《无社会养老保障老年人的心理健康状况》，《中国老年学杂志》2013年第1期。

② 梅艳虹：《泸州市农村地区老年人积极老龄化现状研究》，西南医科大学硕士学位论文，2021。

均数 7.57 人。① 总体来说，对养老服务需求较大，供给尚不足够，老年人特别是农村老年人的医疗保健压力仍然很大，且老年人对身体健康方面最为重视，对医疗保健和指导锻炼身体的需求最为迫切，应加大此方面的服务供给。

4. 精神慰藉需求

精神慰藉需求是指老年人负面事件较多，心理上很可能出现空缺，内心对快乐充实且体面、有尊严的生活有着强烈的诉求，包括个人情感、社交娱乐、与人交往、知识追求以及价值实现等多种需求。老年人自身的社会价值体验随着年龄增长及健康状况的改变逐渐下降，表现出严重的负担性心理改变。由于老年人的服务需求呈现复杂性和差异性，特别是心理需求具有隐匿性，因此准确识别老年人的心理服务需求是保障老年人晚年生活质量的重要手段。刘晓楚等学者采用 Kano 模型对四川省 27 家养老机构内 773 名老年人调查研究发现，孤独感越高、多病共患、高龄的老年人有着更高的心理抚慰需求。其中，孤独感的影响作用最为突出，是机构老年人最常见的不良心理体验。② 应该积极关注老年人的孤独感这一情感体验，特别是针对高孤独老年人，在强化家庭和社会支持的同时，应该尽可能地为其提供心理抚慰服务。

对四川省农村常住老年居民进行深度访谈和问卷调查发现，老年人的精神慰藉有四种表现形式：一是外界和自身共同的精神慰藉；二是以内在自我价值实现的精神需求为主的精神慰藉；三是以外界客观的精神支持为主的精神慰藉；四是内在和外在两种精神慰藉都缺乏的精神慰藉。外界客观的精神支持和内在自我价值实现的精神需求对老年人精神生活满意度有显著影响。③

总的来说，随着社会经济发展和居民生活水平、自身修养的不断提

---

① 四川省卫生健康委员会：《四川卫生健康统计年鉴（2020）》，西南交通大学出版社，2021。

② 刘晓楚、顾立、鞠梅、张润：《养老机构老年人心理社会支持服务需求 Kano 属性及影响因素分析》，《重庆医学》2021 年第 9 期。

③ 刘金华、谭静：《养老需求中精神慰藉类型的分析——基于四川省彭州市宝山村的调查》，《农村经济》2016 年第 10 期。

升，人们对心理健康、精神文化和生活质量的重视程度也越来越高，养老服务项目的需求也越来越多元化。因此，应该以老年人的实际需求为导向，按需提供服务，针对不同的老年群体，设计、提供不同层次、多元化的养老服务项目。

三　四川老年人口养老需求特征研究

由上文分析可见，随着社会现代化、人口老龄化发展以及养儿防老作用的不断减弱，老年人养老观念和消费观念发生转变，养老服务需求不断增加，但目前四川省养老服务市场普遍出现资源供需不平衡、养老服务信息不匹配、服务设施配置不完善以及利用率低等问题。四川省的养老服务业发展侧重于老年群体的潜在需求，而忽视了其有效需求。目前的养老服务设施并不完善，或者有些设施覆盖率高，但它们的利用率并不高，处于闲置状态甚至破损的设施不在少数，而这一现象在农村地区尤为明显，例如健身娱乐器材成为摆设、多功能活动中心常年不开门、老年活动室成为村民聚众打牌的场所等。老年人的需求内容丰富、层次多样，且具有明显的个体差异性。在老龄化高速发展的背景下，政府承担越来越多的养老责任，例如通过组织社会志愿者提供养老救助、提供资金支持建设养老设施等，因此养老服务具有突出的公共性和公益性。然而，由于现阶段老年人口数量庞大、养老服务发展不完善、家庭模式变化，老年人多样化的养老需求难以得到满足。

需求是供给的风向标，是实现养老服务供给的重要依据，也是政府部门制定相关政策的重要参考。实现供给与需求的匹配，为老年人提供精准服务才是解决老年问题、提高老年人生活质量的关键。对老年人的服务需求进行精准识别，根据老年人的需求提供相应服务，明确哪些因素会对老年人服务需求产生怎样影响，提高养老服务提供的灵活性和针对性，才能避免出现养老服务设施使用效率低和供求信息不匹配等情况，更高效地解决养老问题。因此，发展养老服务业、提高老年人的生活质量应牢牢把握老年群体养老的有效需求，清楚判断和甄别不同老年人群体的需求内容。

（一）养老服务需求多元化发展趋势明显

1943 年美国社会心理学家亚伯拉罕·马斯洛在其论文《人类激励理论》中提出了需求层次理论，该理论成为人本主义科学的重要理论之一，广泛运用于不同领域。马斯洛需求层次理论把人类的需求分为五个层次，分别是生理需求、安全需求、情感和归属的需求、尊重需求和自我价值实现需求。马斯洛的需求层次理论认为，人类的需求是从简单到复杂的，每个人都会产生不同的需求，当某些需求得到满足后，就会产生其他的需求，但只有满足了低层次的需求，才会产生更高层次的需求。想要满足老年人的需求，要从最基本的生理需求、安全需求出发，在满足生理需求的基础上再采取措施满足更高层次的需求。按照马斯洛需求层次理论，结合老年人的特点，五个层次的需求具体内容可概括如下。

第一，生理需求是基础，只有衣、食、住、行等生理上的需求得到满足，才能够维持生理的基本运转。老年人具有特殊的身体条件，其生理需求不同于其他群体，包括夜间照料、老年食堂、物品代购等。只有老年群体的生理需求得到基本满足，才能考虑其他层次的需求。

第二，安全需求主要包括人身安全、财产保障、健康保障等内容，从老年人的养老需求出发，主要考虑医疗需求、保健需求、住行安全需求，老年人对于医疗的需求总体上要大于年轻群体，主要体现在上门看病、医疗急救、定期体检、陪同就医、康复护理、健康知识讲座等方面。

第三，情感和归属的需求方面，主要包括情感需求和精神慰藉需求，例如谈心聊天、文体娱乐、踏青旅游、兴趣培训等。主要原因在于老年人空闲时间相对较多，但由于退休之后社交范围变窄、参与社会活动机会减少，而家人忙于工作、学业等，老年人缺少陪伴，易产生孤独感，对精神慰藉的需求增加。

第四，从尊重需求上分析，延伸为老年人对知识和修养方面的注重。

第五，自我价值实现需求方面，大多数老年人还是希望能够发挥个人能力和实现自身价值的，比如照顾孙辈、打理家务、做志愿者等。[①]

①　王娟、李莉、林文娟、王枫、陈端颖、庄红平、况成云：《基于马斯洛需要层次理论的老年人口养老需要研究》，《中国医学伦理学》2010 年第 6 期。

老年人的养老服务需求体现了养老服务项目需求多元化，更加注重心理健康和精神文化的特点，老年人在医疗保健、指导锻炼、生活照料、休闲娱乐等方面的养老服务需求最为迫切，年龄、受教育程度、居住地等因素对养老模式选择倾向影响显著。充分把握老年人的特点，满足不同阶段老年人内容丰富、层次多样的需求，为不同层次、不同群体的老年人提供适合的养老服务，有利于解决现阶段老年人及其家庭的实际问题，有效应对老龄化，促进社会和谐发展。[1]

（二）四川老年人口养老需求的城乡差异

城市老年人在日间照料、物品采购、居住条件、交通出行、医疗卫生、文体娱乐方面的需求得到了较好满足，对居家和夜间照料、老年食堂、预防保健、精神愉悦、智慧养老、社会参与等方面的需求与日俱增。随着高新技术的发展与应用、社会经济以及人民生活水平的不断提升，新生代老年群体更多地受到了现代消费文化的影响，消费心理趋于成熟化、年轻化，成为"乐活"群体。尤其是刚退出劳动领域的城镇地区老年人，在生活方式发生根本改变但收入水平没有明显下降的情况下，他们大量地增加补偿性消费，出现如旅游、摄影、锻炼、养生、聚餐等各种有别于老一辈老年群体的消费新行为。

然而在农村地区，日常照料、物品采购、医疗卫生、交通出行、精神慰藉等基础养老服务是农村老年人的主要需求。近年来，日间照料中心在农村地区加速建立，但由于农村经济文化落后、生活设施不完善，疾病、孤独、养老服务不可持续等仍然是困扰农村老年人的主要问题。截至2020年底，四川省常住人口8367.4万人，其中60岁及以上人口1816.4万人，60%以上的老年人生活在农村，农村60岁及以上人口占比27.5%，比城市高12.2个百分点；75岁及以上人口中，农村失能、半失能率为81.4%，城市为53.8%；农村留守老年人多达30.68万人，特困供养人员45.8万人，占全国特困供养人员总数的约10%。未来，农村还面临人口迁移、人

---

[1] 王冰：《四川省居民养老现状及需求意愿调查研究》，西南交通大学硕士学位论文，2017。

口老化、健康退化多重压力，老龄化形势将更加严峻。①

农村居民养老服务需求更集中于日常照料以及医疗救助方面，对于四川省农村地区的失独老人，他们更加弱势，患慢性病独居者的医疗保健服务应该成为基层医疗卫生服务工作的一个重点，根据对他们的医疗服务需求的调查，村委会有义务组织村医定期入户，为他们提供上门诊疗、用药指导、健康监测等服务；乡镇政府拿出一定的经费，委托邻里帮扶小组对有需要的家庭进行就医、配药方面的陪护。在医疗保险上，针对这个群体颁发医疗费用报销的补充细则，降低起付线或扩大药品目录和诊疗项目的范围，或者联系县"红十字"协会，免费提供一些医疗服务项目，以最大限度地减轻他们看病的经济压力。长远来看，农村文化生活不可忽视，不仅可以消除独居老人的内心寂寞，而且也是乡村振兴的一个重要主题。独居的失独家庭普遍担忧由于行动不便，油、盐等日用品都无法购买，因此村委会应该发挥作用，招募志愿者或相对年轻健康的老人"结对"帮扶，同时，县级财政负担将重度失能者送进养老院集中供养的费用。

例如，从安全需求方面来看，相较于城市老年人需要上门看病、定期体检和预防保健，乡村地区的医疗设备配置相对落后、缺乏优秀的医护人员、医护人员的医疗技术能力有限等，农村老年居民对急救、看病、就医以及护理有更大的需求。②

养老服务政策的实施一般是"由上而下"推行的，城市养老服务的供给渠道要多于农村地区。农村地区不仅在医疗和教育等方面与城市存在差异，农村地区也没有建立完善的社会保障体系。第三产业在城市和农村地区的发展水平不同，尤其是养老服务业作为第三产业中的新兴产业在农村地区的发展更加滞后。农村老年人享受到的服务数量以及质量都与城市老年人存在一定差距。四川省老龄化的城乡差异是造成城市和农村地区养老需求不同的主要原因。

---

① 李雪：《站在时代肩上，才可能谋求更大发展——四川省民政厅养老服务处副处长黄禹洲谈农村养老》，《中国民政》2022年第9期。
② 戴卫东、李茜：《不同居住方式对农村失独家庭养老需求的影响——基于四川省 H 县的调查》，《人口与发展》2020年第1期。

由以上分析可知，养老服务的城乡居民需求存在差异性，探讨四川省城乡养老服务的实际需求以及相关原因，可以为政府部门制定养老服务政策提供参考，有利于推动四川省养老服务产业的城乡协调发展。

（三）四川老年人口养老需求的年龄差异

随着老年人年龄的增加，老年人对居家养老服务的需求以及对服务人员的要求从文化娱乐方面逐渐转变为以生活照料以及精神慰藉为主。① 随着年龄的升高，身体机能不断衰弱，老年人慢性疾病、残疾和精神问题出现的可能性增加，自理能力不断下降，因此生理上的需求会增加，比如照料、物品代购的需求。年龄的增长往往伴随慢性病患病种类的增加，特别是 80 岁及以上的高龄老年人，身体机能和腿脚灵便程度都迅速减弱，急切需要外界向其提供帮助。一些高龄或者自理能力较弱的老年人会倾向于专业护理照顾。老年人由于年龄的增加及老年疾病的频发，对急救、看病、就医以及康复护理等方面的需求会不断增加。低龄老年人比较看重常规医疗服务，认为定期体检和健康讲座之类的服务有利于疾病的防治，因此低龄老年人对上门看病、定期体检和预防保健等服务的需求更大。高龄老年人对精神慰藉的需求更大，而低龄老年人对精神文化的需求体现出多样化特点，且对文体娱乐、踏青旅游、兴趣培训服务等需求最为迫切。

（四）四川老年人口养老需求的文化程度差异

文化程度反映个人的学习能力和思想开放程度，会直接影响对事物的认知程度和接纳能力。养老服务是一种多层次、内容丰富的服务，老年人文化程度的差异性也影响了其对养老服务的需求程度。随着老年人知识文化程度的提高，其获得养老服务信息的途径更广泛且更愿意尝试新生事物，养老需求呈多样化和差异化发展。对四川省城市老年人和四川省北部老年人的研究结果显示，相较于文化程度高的老年人，文化程度低的老年人更期望家庭养老的模式；文化程度越高、对与子女关系越不满意的老年

---

① 刘晓楚、杨良琴、罗玉茹、罗婧、鞠梅：《基于 Andersen 行为模型的社区老年人医养结合养老需求分析》，《中国全科医学》2019 年第 2 期。

人越愿意接受机构养老和社区居家养老。[①]

目前老年人养老服务的需求不再只是解决个人生理、生存问题，而是朝提高老年人的社会适应性、发挥老年人自身价值的方向不断发展。不同知识文化程度的老年人在这个方面体现出显著的差异性。在对四川省内 21 所养老机构，包括企事业单位、政府街道办以及社会团体或个人兴办的各类性质养老机构进行的研究发现，受教育程度越高的老年人对养老机构服务的需求越高。随着生活水平的提高以及文化程度的提升，老年人对养老机构服务质量的期望值提高。[②] 文化程度较低的老年人对养老服务的需求主要体现在生理方面，比如日常照料类服务的需求和医疗救治类服务的需求。高文化程度的老年人对健康知识讲座及体检服务的需求明显更高。

（五）四川老年人口养老需求的健康状况差异

老年人的身体健康状况及心理健康状况同样会影响到养老服务的需求。人到老年，随着身体机能的衰弱，大多身体受到慢性病、行动不便的困扰，在机构养老可以有效地得到日常的生活照料，养老机构还提供相关的医疗、保健服务，可以有效地降低老年人因病痛带来的伤害。年龄相仿的不同老年人生活在一起，互相沟通，可以有效地排除老年人心理上的孤独感，获得精神慰藉。对老年人而言，他们对医疗保健的服务需求明显受到身心健康情况的显著影响，各种慢性病和重大疾病都会激发他们对养老医疗保健服务的需求，比如上门看病、医疗急救、定期体检、陪同就医、康复护理、健康知识讲座等。身体健康且生活中完全能够照顾自己的老年人与身体差且生活无法完全自理的老年人在情感和归属的需求方面存在明显的差异，身体差且生活无法完全自理的老年人不仅在生活上需要更全面的照顾，也缺少了社会联系，其对精神慰藉的需求有所增加。对四川省泸州市老年人的研究发现，目前老年人多病共患

① 刘祯帆、李鑫、熊兴兰、郭思竹、龙霖：《四川城区老年人养老方式选择及其影响因素调查》，《护理学杂志》2018 年第 14 期。龙兴霞、李鑫、宋芳玲、曾莎莎、龙霖：《四川北部地区老年人群的养老方式需求及其影响因素》，《解放军护理杂志》2018 年第 13 期。

② 邹雅婷、林琳、唐平：《四川省养老机构入住老年人满意度及相关因素研究》，《成都医学院学报》2018 年第 1 期。

现象严重，一位老年人常罹患多种慢性病，需要长期服药、随访、就医。[①] 随着年龄的增长，身体衰弱程度不断加深，常需要医养结合为其提供全方位的养老照护服务。在疾病的生理因素及孤单、失落等心理因素的双重作用下，老年人心理抑郁程度也不断加深，产生了更高的医养结合养老需求。

老年人的身体机能状况是影响其医疗保健服务需求的硬性条件，老年人常见的是慢性病和身体机能退化导致的失能。老年人的失能状况可大致分为自理老年人、半失能老年人和失能老年人。对于失能老年人，他们必须得到其他人的日常照料。特别是患有多种慢性疾病和长期卧床不起的老年人，在子女和其他亲属无法二十四小时全天候陪伴在身边照顾的情况下，就不得不完全依赖社会资源的服务，上门看病、康复护理的需求急剧上升。由于老龄化或疾病带来失能，失能老年人需要以治疗疾病和维持生命为目的的专业医疗、护理，其对于医疗护理服务有着更高质量的需求。半失能老年人的失能程度要低于失能老年人，在日常生活中能够完成部分照料工作，需要一定的医疗服务。另外，对提高生命质量的相关服务需求更高，比如老年食堂、物品代购、医疗急救、康复护等。对于完全自理的老年人，他们可以自行照顾自己，不需要依赖家人和社会的照顾，因此日常照料方面的需求不高，其需求主要以预防疾病和维护健康为目的，例如定期体检、健康指导、健康知识讲座、文体娱乐、兴趣培训等。

① 刘晓楚、杨良琴、罗玉茹、罗婧、鞠梅：《基于 Andersen 行为模型的社区老年人医养结合养老需求分析》，《中国全科医学》2019 年第 2 期。

养老产业篇

四川养老产业发展情况

养老产业是以保障和改善老年人生活、健康、安全以及参与社会发展,实现老有所养、老有所医、老有所为、老有所学、老有所乐、老有所安等为目的,为社会公众提供各种养老及相关产品(货物和服务)的生产活动集合,包括专门为老年人提供的养老产品和服务的活动,以及适合老年人的养老用品和相关产品制造的活动。本报告按照《养老产业统计分类(2020)》,将养老产业分为养老照护服务业、老年医疗卫生服务业、老年健康促进与社会参与业、老年社会保障业、养老教育培训和人力资源服务业、养老金融服务业、养老科技和智慧养老服务业、养老公共管理业、老年用品及相关产品制造业、老年用品及相关产品销售和租赁业、养老设施建设业和其他养老服务业 12 个大类。[1]

养老产业是一个多元化的产业体系,产业辐射面广,覆盖了上、中、下游产业。上游是养老产品和服务,以老年人为服务对象,根据老年人生理特点和生活需要,提供金融、地产、用品等产品和服务。中游是产品和服务的集成,通过直营店、商品超市、经销商、电商平台、社区、机构等形式触达消费者。下游是接受服务的老年群体。老年群体大体可分为具备完全自理能力、具备半自理能力和不具备自理能力三大类,不同类别的老年人群具有显著的需求差异,下游的需求反馈是推动养老产业不断向前发展的原生动力之一。

---

[1] 《养老产业统计分类(2020)》(国家统计局令第 30 号),中国政府网,2020 年 2 月 4 日,https://www.gov.cn/gongbao/content/2020/content_5503559.htm。

一　四川省养老产业发展历程

四川省养老产业发展紧跟国家养老产业的步伐，主要经历了三个阶段。第一阶段，扩大了养老服务对象群体，包括各单位退休群体及"五保"老人，主要由政府拨款，统筹资金，以加快乡镇养老产业建设。第二阶段，养老产业实现投资主体多元化、服务对象公众化、服务形式多样化的转变。第三阶段，国家鼓励民营资本进入养老产业，社区养老受到重视，出现医养结合、以房养老、智慧养老、综合养老的新模式。

（一）养老产业服务对象扩大

1978 年之后，国家开始统一调整恢复各项社会福利保障措施，包括恢复养老产业的发展。这个时期，中国社会福利事业得到快速恢复，并向社会化方向发展。1978 年，国务院颁布《国务院关于安置老弱病残干部的暂行办法》《国务院关于工人退休、退职的暂行办法》，对国有企业职工及机关、事业单位人员退休制度进行了统一规范，将退休制度纳入养老服务保险制度体系，扩大了服务对象。同年 6 月，四川省人民政府印发《关于贯彻执行〈国务院关于安置老弱病残干部的暂行办法〉和〈国务院关于工人退休、退职的暂行办法〉的若干具体问题的处理意见》。1981 年 10 月，四川省人民政府下发《关于严格执行国务院关于工人退休、退职暂行办法的通知》，要求严格掌握退休、退职条件，在办理工人退休、退职手续时，必须严格按照《国务院关于工人退休、退职的暂行办法》规定的条件执行。同时要严格控制聘用退休、退职工人工作，尤其是对返聘拿高工资问题，要严格管理。四川省在一部分地区和单位进行了试点，根据中央组织部老干部工作座谈会和国家劳动总局工人退休、退职会议的有关规定精神，结合实际提出 42 条具体处理意见。

1994 年颁布的《农村五保供养工作条例》和 1997 年颁布的《农村敬老院管理暂行办法》，明确了五保性质、供养性质，规范了发展农村敬老院等相关内容。20 世纪 80 年代后期开始发展养老企业，推出数量可观的老年产品，包括营养品、保健品等，但大部分产品并未受到市场青睐。究其原因，主要是企业对养老消费的定位不够准确、对养老消费市场分析过于乐观，忽视了老年群体的消费习惯、消费特征和消费水平等。

（二）养老产业服务内容增多

进入 21 世纪，中国开始进入老龄化社会，养老成为影响国家经济、政治和社会发展的重要问题。社会各界力量逐渐参与养老产业建设，促进养老产业变革。2000 年，民政部等部门联合发布《关于加快实现社会福利社会化的意见》，明确提出社会福利社会化的政策，主张以居家为基础、以社区为依托、以社会福利机构为补充的养老方式。2001 年，四川省人民政府办公厅发布《关于加快发展社会福利事业的通知》，对社会福利事业的发展进行统筹规划、分类指导的同时，加大政策扶持力度和资金投入，对支持社会兴办福利机构予以肯定。四川省积极推进养老产业发展，养老产业服务内容逐渐进入医疗保健、家政服务、娱乐健身及老年教育等领域，养老服务机构数量快速增长，养老产业潜力巨大，老年市场亟待开发。但部分投资者对如何开发养老市场态度犹豫，想做不敢做，部分已经进入养老产业的投资者，将投资重点放在老年消费品市场，即生活用品、健康用品、服装用品、化妆用品等，未能将养老市场做起来。随着市场环境的变化和国际养老市场成功经验的启发，投资者开始有目的、有计划地研究和开发养老市场。

（三）养老产业政策不断完善

2012 年，党的十八大提出积极应对人口老龄化，大力发展老龄服务事业和产业，给养老产业的发展带来新的机遇。四川省人民政府出台了一系列文件，加快推进四川省养老产业发展。

2014 年，《四川省人民政府关于加快发展养老服务业的实施意见》（川府发〔2014〕8 号）发布，指出要大力发展养老产业，鼓励相关行业拓展适合老年人的文化娱乐、体育健身、休闲旅游、精神慰藉、法律信息、残障老年人专业化服务。支持企业开发康复辅具、食品药品、服装服饰等老年产品，引导商业机构设立老年用品专区。鼓励商业银行、保险公司、证券公司等金融机构开发适合老年人的理财、信贷、保险等产品。鼓励发展养老服务中小企业，扶持发展龙头企业，形成养老服务产业集群。

　　2015 年，《四川省人民政府办公厅关于印发四川省养老与健康服务业发展规划（2015—2020 年）的通知》（川办发〔2015〕96 号）发布，对四川省养老空间进行布局，形成了"一区两片三带"养老与健康服务业发展格局。"一区"即以成都为核心，由德阳、绵阳、遂宁、乐山、眉山、雅安和资阳等组成的创新发展核心区。"两片"即依托泸州、南充的优质医疗资源构建的川南融合发展示范片和川东北融合发展示范片。"三带"即依托独特自然资源、民族特色文化构建的攀西阳光康养服务业发展带、秦巴生态森林康养服务业发展带和川西民族特色康养服务业发展带。

　　2017 年，《四川省人民政府办公厅印发关于进一步扩大旅游文化体育健康养老教育培训等领域消费实施方案的通知》（川办发〔2017〕61 号）提出要全面提升养老消费水平，进一步放宽养老服务市场准入条件，依法对符合条件的养老机构进行设立许可。对营利性养老机构注册登记实行"先照后证"。启动成都市长期护理保险试点工作。制定长期护理评定标准、护理项目、实施细则、经办规程等配套文件。探索商业保险公司参与经办长期护理保险工作，建设长期护理保险信息网络系统，开展长期护理保险待遇支付工作。做好长期护理保险试点的宣传和政策解读工作，跟踪试点实施工作，加强沟通协调，及时妥善处理试点工作中出现的新情况、新问题。

　　2018 年，《四川省人民政府办公厅关于全面放开养老服务市场提升养老服务质量的实施意见》（川办发〔2018〕5 号）发布，明确提高老年人生活便捷化水平、加快养老服务信息化建设、促进老年产品用品升级、拓宽适老金融服务渠道等重点任务，以全面放开养老服务市场，优化供给结构，基本实现均等化服务，明显改善服务质量，显著提升群众满意度。

　　四川积极落实养老产业的政策扶持。全面开放养老服务业市场，深化"放管服"改革，取消养老机构的设立许可；养老院内设医疗机构由设置审批改为备案制；放开养老服务市场，鼓励境外投资人员在华投资，对其实行同等优惠；重点解决养老机构的消防审批、楼层限制等一系列问题；《城企联动普惠养老专项行动实施方案（试行）》中土地、规划、融资、财税等一系列政策的支持，为广大老年人提供买得到、消费得起、服务得好、儿女放心的养老服务；《关于加强规划和用地保障支持养老服务发展的指导意见》降低了养老服务行业资本进入的门槛，在供地政策支持下，社会资本对养老服务业的投资积极性大幅提升。

2020 年，《四川省人民政府办公厅关于推进四川养老服务发展的实施意见》（川办发〔2020〕9 号）印发，指出全面贯彻落实党中央、国务院和省委、省政府决策部署，大力推动养老服务供给结构不断优化、社会有效投资明显扩大、养老服务质量持续改善、养老服务消费潜力充分释放。到 2022 年，将四川打造成西部养老服务高地、全国养老服务示范省，在保障人人享有基本养老服务的基础上，全面建立居家社区机构相协调、医养康养相结合的养老服务体系，有效满足老年人多层次、多样化的养老服务需求，老年人及其子女获得感、幸福感、安全感显著增强。

2021 年，四川省启动了《四川省"十四五"老龄事业发展和养老服务体系规划》编制工作，科学谋划今后一段时期四川养老高质量发展的"成长坐标"。目前，规划已完成向社会公众公开征求意见。规划由规划背景、建立基本养老服务体系、构建多层次养老服务供给网络、壮大多元养老服务产业、健全养老服务质量监管体系、强化养老服务支撑保障力量、夯实规划实施基础等九部分内容构成，并从五个方面采取措施壮大养老服务产业，推动四川养老产业更好满足四川老龄化人群多元化需求，提升老年群体的幸福感。

二　四川省养老产业发展现状

经过 20 多年的发展，依托四川丰富独特的地质、物候、生态、医疗服务、保健养生、运动休闲等资源，养老服务企业得到大力发展，老龄产业业态不断丰富，形成了"一区两片三带"发展格局（创新发展核心区，川南融合发展示范片、川东北融合发展示范片，攀西阳光康养服务业发展带、秦巴生态森林康养服务业发展带、川西民族特色康养服务业发展带），较好满足了四川省老年群体对美好晚年幸福生活的向往和追求。

（一）养老产业分类

1. 养老照护服务业

养老照护服务即对老年人进行生活照料、康复护理、助餐、助行、助浴助洁、助医、日常照料等服务活动。涵盖居家养老照护服务、社区养老照护服务、机构养老照护服务三种类型。其中，居家养老照护服务主要由家庭成员或雇佣人员对老人提供照料，涉及行业有外卖送餐服务、家庭服务、社会看护与帮助服务等；社区养老照护服务主要是养老服务机构依托社区养老服务设施向社区老年人提供日托、全托等服务，涉及行业有餐饮配送服务、老年人/残疾人养护服务、社会看护与帮助服务等；机构养老照护服务主要是各级政府、企业和社会力量兴办的养老院、老年福利院、老年公寓、老年养护院、敬老院、光荣院、农村幸福院、养老大院、农村特困人员供养服务机构等为在机构集中养老的老年人提供养护和专业化护理服务，涉及行业有疗养服务、干部休养服务、护理机构服务、老年人和残疾人养护服务。

"十三五"期间，全省建成各类养老服务机构 1.8 万个、床位 50.7 万张，城乡居家养老服务覆盖率分别达 90% 和 60%；医养结合型养老服务机构达 2000 余家、护理型床位 13 万余张。[①]

2. 老年医疗卫生服务业

老年医疗卫生服务业涵盖老年人预防保健、疾病诊疗、康复护理、临终关怀等老年医疗卫生服务，覆盖老年阶段的基本医疗需求。老年医疗卫生服务包括由各类医疗机构向老年人提供的中医治未病、家庭医生签约、门诊及住院等诊疗、老年康复和医疗护理、老年康复辅具配置、安宁疗护等服务。在医疗机构中，全省已有 273 家二级及以上综合性医院设立老年医学科，119 家医疗机构开展安宁疗护服务。实施社区医养结合能力提升项目，每年支持 100 个基层医疗机构建设医养结合服务示范中心，打造方便可及的医养服务圈。推动 4705 对医疗机构与养老机构达成签约合作，有效缓解养老机构老年人医疗服务需求。2020 年，四川省成功获批创建全国第二个医养结合示范省。[②]

① 四川省卫生健康委员会、四川省老龄工作委员会办公室：《四川省"十三五"老龄事业发展报告》，2021 年 10 月 14 日。

② 四川省卫生健康委员会、四川省老龄工作委员会办公室：《四川省"十三五"老龄事业发展报告》，2021 年 10 月 14 日。

3. 老年健康促进与社会参与业

老年健康促进与社会参与业是指针对老年人健康，为其提供相关的健康指导、运动休闲服务和老年人参与的公益性群众文体娱乐活动等。

老年健康促进与社会参与业主要包括老年体育健身服务、老年文化娱乐活动、老年旅游服务、老年健康养生服务、老年志愿服务五个方面。其所包含的产业涉及群众文体活动、体育组织、健身休闲活动、游乐园、体育健康服务、图书馆、博物馆、群众文体活动、歌舞厅娱乐活动、体育表演服务、旅行社及相关服务、游览景区管理、理发及美容服务、洗浴服务、养生保健服务、健康咨询等。

现在，全省各级各类公共文化设施基本实现免费向老年人开放，公共图书馆、文化馆普遍开设便于老年人参与的服务项目，公共文化设施成为广大老年人参与文化活动的重要阵地。围绕构建县、乡、村三级全民健身设施体系和打造城市社区"15分钟健身圈"，全省累计建成各类健身场地设施24万余处。村级农民体育健身设施实现全省行政村全覆盖。①

4. 老年社会保障业

老年社会保障业是指通过一系列经济、医疗和社会服务等方面的措施，对退出劳动领域或者无劳动能力的老年人实施的社会保护和社会援助。

四川省已连续16年调整企业退休人员养老金，连续5年同步调整机关事业退休人员养老金。截至2020年底，全省基本养老保险参保人数6054.2万人。同时，全省基本医疗保险参保人数8591.68万人。全面落实80岁及以上老年人高龄津贴制度，按照80～89岁老年人高龄津贴一般不低于25元/（人·月），90～99岁老年人高龄津贴一般不低于100元/（人·月），100岁及以上老年人高龄津贴一般不低于200元/（人·月）的标准，累计发放高龄津贴60余亿元。普遍建立居家养老服务补贴制度，通过政府购买服务方式提供居家养老服务支持，惠及200万特殊困难老年人。

5. 养老教育培训和人力资源服务业

养老教育培训和人力资源服务业是指为老年人及其家人，以及为老年

---

① 四川省卫生健康委员会、四川省老龄工作委员会办公室：《四川省"十三五"老龄事业发展报告》，2021年10月14日。

人服务的从业人员提供与养老相关的职业教育、普通教育、技能培训和人力资源开发服务。养老教育培训和人力资源服务业包括养老教育和技能培训、老年教育、养老人力资源服务三个方面。其所包含的产业有中等职业学校教育、高等教育、职业技能培训、其他未列明教育、人力资源服务等。

四川省把老年教育作为社区教育的重点任务，大力推进社区教育与老年教育资源共建共享，扩大老年教育供给。截至 2020 年底，全省共有各级各类老年大学（学校）1094 所，乡镇（街道）老年学校 947 所，在校学员 55.82 万人，培训近 600 万人次。经常性参与教育活动的老年人口比例达到 20% 以上，建有老年学校的乡镇（街道）比例为 72.7%。[①]

6. 养老金融服务业

随着老年人社会保障制度的持续推行和保障面的不断扩大，老年人的经济状况越来越好。养老金融服务业是指为一些理财观念很强的老年人提供的金融产品和理财咨询等。

养老金融服务业包括老年商业保险、商业养老保险、养老金信托、养老债券、其他养老金融服务五个方面。其所包含的具体产业有人寿保险、健康保险、意外伤害保险、财产保险、年金保险、其他非货币银行服务，再保险、商业养老金、保险中介服务、保险监管服务、其他保险活动，银行理财服务、公开募集证券投资基金、其他非公开募集证券投资基金，资本投资服务、保险资产管理、信托公司、证券市场服务、资本投资服务、其他资本市场服务等。

7. 养老科技和智慧养老服务业

养老科技和智慧养老服务业是利用新一代信息技术产品，使老年人实现个人、家庭、社区、机构与各类养老资源的有效对接和优化配置的活动。

养老科技和智慧养老服务业包括养老科技服务和智慧养老服务业两个方面。其所包含的具体产业有工程和技术研究及试验发展、医学研究和试

---

① 四川省卫生健康委员会、四川省老龄工作委员会办公室：《四川省"十三五"老龄事业发展报告》，2021 年 10 月 14 日。

验发展、社会人文科学研究、生物技术推广服务、知识产权服务、科技中介服务、创业空间服务、其他科技推广服务业，质检技术服务、互联网生活服务平台、互联网公共服务平台、互联网数据服务、信息处理和存储支持服务、物联网技术服务、软件开发、集成电路设计、信息系统集成服务、运行维护服务、信息技术咨询服务、其他数字内容服务、其他信息技术服务业等。

8. 养老公共管理业

养老公共管理业包括政府养老管理服务、社会组织养老服务两个方面。其中，政府养老管理服务是指国家及各级民政、教育等部门对养老机构、老年学校安全等进行管理的活动，以及其他与养老相关的管理和服务活动，涉及行业主要有社会事务管理机构、经济事务管理机构和行政监督检查机构；社会组织养老服务是指由与养老服务相关的老年协会等社会团体和基金会提供的养老服务，涉及行业有各类社会团体和基金会等。

9. 老年用品及相关产品制造业

老年用品及相关产品制造业是指针对老年人的特点，制造适合老年人的各类生活、医疗产品。老年用品及相关产品制造业主要包括老年食品制造、老年日用品及辅助产品制造、老年健身产品制造、老年休闲娱乐产品制造、老年保健用品制造、老年药品制造、老年医疗器械和康复辅具制造、老年智能与可穿戴装备制造、老年代步车制造九个方面。其所包含的具体产业有营养食品制造、保健食品制造、机织服装制造、针织或钩针编织服装制造、服饰制造、制鞋业、眼镜制造、通信终端设备制造、日用杂品制造、球类制造、健身器材制造、体育用品制造、包装装潢及印刷、玩具制造、游艺用品及室内游艺器材制造、竹制品制造、家用美容及保健护理电器具制造、化学药品原料药制造、化学药品制剂制造、中药饮片加工、中成药生产、机械治疗及病房护理设备制造、康复辅具制造、医疗设备及器械制造、可穿戴智能设备制造、服务消费机器人制造、智能消费设备制造、残疾人专用车制造、助动车制造等。

10. 老年用品及相关产品销售和租赁业

老年用品及相关产品销售和租赁业是指针对老年人的特点，销售和租赁适合老年人的各类生活、医疗产品。老年用品及相关产品销售和租赁业主要包括销售和租赁两个方面。其所包含的具体产业有营养和保健品批发与零售、服装鞋帽批发与零售、通信设备批发与零售、图书报刊和音像制品批发与零售、电子和数字出版物批发与零售、互联网产品批发与零售、体育用品及器材批发与零售、文化用品批发与零售、其他家庭用品批发与零售、中西药批发与零售、医疗用品及器材批发与零售、保健辅助治疗器材批发与零售、医疗设备经营租赁、休闲娱乐用品设备租赁、体育用品设备租赁、文化用品设备租赁、图书及音像制品租赁、文体设备与日用品租赁等。

11. 养老设施建设业

养老设施建设业是指针对老年养护院、养老院和老年日间照料中心等各类养老设施及其服务用房、场地及附属设施的建设与改造及装修、维修等活动。主要包括养老设施建设、改造及装修、维修，住宅适老化及无障碍改造，公共设施适老化及无障碍改造三个方面。其所包含的产业有专用设备修理、其他房屋建筑业、管道和设备安装、公共建筑装饰和装修、建筑幕墙装饰和装修、其他建筑安装、住宅装饰和装修、电气安装、其他建筑安装等。养老设施关系着老年人的出行方便，2020 年全省新开工改造城镇老旧小区 4193 个，涉及居民近 46.2 万户。开展无障碍环境市县村镇创建工作，2021 年全省 2 个地区被命名为"全国无障碍环境市县村镇"，7 个地区被命名为"创建全国无障碍环境达标市县村镇"。落实既有住宅电梯增设以奖代补政策，全省财政奖补资金 3.4 亿元，增设电梯 2364 部，惠及 3 万余户家庭。①

12. 其他养老服务业

其他养老服务业从养老传媒、法律、展览、婚姻、代理等方面开展，以满足老年人切实的物质生活需求和丰富多彩的精神文化生活需求。主要包括养老传媒服务、养老相关展览服务、老年婚姻服务、养老代理服务、老年法律服务和法律援助五个方面。其中，养老传媒服务、养老相关展览服务、老年婚姻服务、养老代理服务涉及养老健康、文化、娱乐、社会参

---

① 四川省卫生健康委员会、四川省老龄工作委员会办公室：《四川省"十三五"老龄事业发展报告》，2021 年 10 月 14 日。

与、展会、婚姻介绍、婚庆典礼、代办入住养老机构、就医等方面；老年法律服务和法律援助包括老年司法援助服务、老年公益公证服务两方面，为老年人提供法律服务、法律援助、司法救助、公益服务，切实保障老年人的合法权益。其他养老服务业所涉及的国民经济行业十分宽泛，有互联网信息服务、新闻业、图书报纸期刊出版、影视节目制作、律师及相关法律服务、文化会展服务、婚姻服务及其他未列明商务服务业等。

（二）养老产业发展情况

虽然四川省养老产业的发展已经有 20 多年，但是整体发展水平较低，存在各种各样的问题。近几年来，虽然我国政策不断调整变化，但是四川的养老产业发展状况仍然不平衡不充分，主要包括以下几个方面。

1. 管理体制不完善，资金投入不足

政府作为服务角色的功能还没有充分体现，主要问题表现如下。

一是政策体系还不完善。养老产业的扶持政策呈现零散性、碎片化特征，没有系统完整的政策，对异地养老更是缺乏政策支持，外地老年人就医、领取退休金等方面存在政策壁垒。保险产品种类少，难以满足老年人对保险产品的需求。在养老机构的用地、用房、补贴等方面存在政策难执行的问题，实际操作过程中政策执行不到位、不透明。

二是管理体制尚未理顺，政策监管滞后。国家行政管理养老产业的惯性思维一直存在，管理僵化、创新开拓能力不强。目前还未制定具体化的实施意见，养老产业缺少相应的专项政策和推进机制。养老机构数量众多而且多是分散分布，给监管带来困难，目前的监管政策不健全、监管手段陈旧，监管作用未能发挥出来。

三是投资体制不完善。政府投资远超私人投资，虽然私人资本投资正在增加，但它们受利润驱动，主要基于短期利益，没有长期的战略规划，缺乏控制投资的长效机制。

2. 区域发展不平衡

四川养老产业存在地区间发展不均衡的现象，成都和绵阳等经济发展较好地区的养老产业发展水平明显高于其他地区，一些落后地区养老产业发展滞后，市场消费需求无法得到满足，使养老产业很难长期稳定发展。

经济落后的地区投入资金相对较少，养老产业的发展满足不了形势的变化。即使养老产业发展基础条件相近，但是养老服务产业在这些地区的发展水平仍有较大的差距。

3. 结构单一，产业化程度低

在省内市场，养老服务仅作为普通企业的附加服务或衍生服务来维持其生产经营，以小规模经营为主，没有形成真正意义上的产业化模式。产业链不完整，市场占有率低，市场竞争力弱。与国外养老产业结构相比，四川养老产业的结构相对单一。大多数养老机构是独立发展的，与医院及社区合作较少，老年人享受养老服务限制条件较多。老年人遇到突发情况就医时手续麻烦，养老机构与医院之间转诊复杂，责任划分困难。养老服务满足不了喜欢居家养老老年人及经常住院就医老年人的需要。养老机构之间缺乏统筹管理，对养老服务认识单一，机构因资金及人力资源问题灵活性差，服务种类少，发展薄弱。四川现有的养老产业项目中，有规模的专业养老机构数量少，项目质量不高，标准化服务水平不高，不能提供个性化、多样化服务。

4. 市场运作不佳，供需失衡

市场规范和行业准则不健全、服务设施不完备、服务质量较差。我国养老产业的发展还处于起步阶段，服务设施较低级，没有统一完善的市场规范和行业标准，有些商家为了获取最大利益，随意提高服务档次、抬高服务价格、降低服务质量，严重影响养老产业的健康可持续发展。

供应和需求严重不对称，出现问题无法第一时间解决。而养老产业需要较多的资金投入，回本期限较长、面临的风险较高，因此很多企业不敢轻易涉足，对养老服务产业的总体投资规模和投入力度造成了很大的影响，同时社会的养老需求越来越大，进一步加深了供需之间的矛盾。

5. 行业融合度不高

由于传统观念对老年市场的忽视，企业对养老行业认识的不足，对老年产品的研发、生产等不足，相关行业的老年市场未能开发出来。目前养老产业发展主要集中在养老院、福利院等养老服务业上，只能简单满足老年人的饮食起居，为老年人提供简单护理等。而其他的产业链，如老年用品、老年食品、老年疗养、老年家政、老年旅游等多种养老产业业态还处在摸索和起步阶段。企业对老年人需求调研不足，老年人的需求得不到有效满足，企业发展找不到合适方向，各种产品在养老产业上简单附加、拼凑和贴牌。现有的养老产业项目中，多数为机构养老项目，而"候鸟式"养老、中医健康养老、养老地产项目较少，养老食品、用品开发和生产还没有配套跟进，与旅游、体育、装备制造等产业结合不够紧密，产业融合度不够，联动机制尚未形成。由于养老产品市场未完全打开，生产风险高，大企业不愿生产，小企业由于规模小生产出的产品质量没有保障，在产品功能及创新上难以满足老年人需求，养老制造业发展缓慢。

6. 专业人才缺乏，行业整体服务水平不高

参与养老服务的从业人员具有很大的流动性，且多数不具备相应的专业知识和能力。从业人员工资较低、缺乏职业认同感，造成从业人员流动性较大；从业人员经常"无证上岗"，缺乏专业技能培训，间接或直接地阻碍了养老产业的发展。

从业人员的服务意识差。参与这类工作的人群一般是下岗工人或者外来务工人员，他们能够做一些简单的日常护理家政工作，但仅限于对老年人的身体进行照顾，忽略了精神和心理上的呵护。

部分企业对从业人员的监督管理不够严格规范，甚至对员工不符合职业规范的行为视而不见，对整个养老产业健康优质发展造成了不良影响，且养老产业从业人员普遍存在发展受限、待遇低、认可度低的现象，造成该行业严重缺乏养老产业高端人才、养老产业高素质服务型人才，从而导致从业人员素质不高、服务意识不强等。

三　四川省养老产业发展趋势及对策

《中华人民共和国国民经济和社会发展第十四个五年规划和2035年远景目标纲要》提出将"积极应对人口老龄化"上升为国家战略，并要求加强老年健康服务，深入推进医养康养结合；发展银发经济，开发适老化技术和产品，培育智慧养老等新业态。经历过疫情，各路资本纷纷进入养老产业，"互联网＋养老"再次成为热点。淘宝、京东陆续开通线上养老服务，进军居家养老市场，为互联网用户提供上门护理、健康咨询、在线问

诊等服务，丰富了养老产业的模式。在社会发展快速变化及国家政策的推动下，养老产业会不断诞生新的概念和模式，医养结合、智慧健康养老成为养老产业发展新热点，复合型养老产业将从中脱颖而出。

（一）加强顶层设计，完善保障体系

在现有制度体系上进一步完善养老保障体系，包括养老保障制度和相关养老服务体系，为养老产业发展保驾护航。一方面，对不同群体、层次和项目的养老保障制度加以整合，完善现行制度与服务体系政策分立、管理分割的局面。既要落实养老消费制度保障，又要统筹规划养老保障和医疗保障制度，还要结合城乡区域医疗资源分布不合理、发展不均衡因素，切实让制定出台的政策法规能真正对养老产业的发展起到一定促进作用。另一方面，出台鼓励和支持养老产业的法律法规，在产业发展供给侧方面给予土地、人才、资金和技术支持的可落地的政策实施细则。

（二）推进多元化产业融合发展

目前，四川省在养老方面还是以居家养老为主，很多人不愿意选择机构养老。机构养老是今后养老的主流模式，而养老机构数量与床位数量的供给还是显得不足。相对于日本与美国，我国四川省机构养老的发展还处于起步摸索阶段，与国外成熟的养老产业也相去甚远，依托于社区的居家养老是今后养老的必然选择。因四川省养老产业发展不均衡、养老产业和服务整体水平不高，实行多元化跨行业融合发展可以将社会优质有效资源进行整合，解决发展供给不足问题，提升养老质量，满足人民对养老日益增长的美好需求。

加快推进医养融合健康发展。一是建立健全医养融合机制，促进医疗卫生资源进入养老机构、社区和居民家庭。二是鼓励养老机构与医疗卫生机构组建多种形式的医疗养老联合体，将符合条件的养老机构内设医疗卫生机构按规定纳入城乡基本医疗保险定点范围。三是鼓励执业医师到养老机构、社区老年照料机构内设的医疗卫生机构多点执业，促进医疗资源向养老机构、社区和老年人家庭延伸，支持建立老年人家庭签约服务关系。

（三）积极发展社区嵌入式养老和互助性养老

通过政策引导，把城镇中的闲置社会资源，经过一定程序整合改造成社区养老设施，同时将新建或改造建设养老等公共服务设施纳入城镇老旧小区改造范围。依托养老服务设施，在街道、社区范围内大力发展综合性养老服务机构，将养老服务延伸到家庭和社区。充分利用当前城市空间更新、老旧社区改造、乡村振兴等契机逐渐完成养老设施布局问题。将社区的机构养老服务、医疗服务、老年教育服务等资源进行有机整合，打造"一站多点、医养结合、康养融合、养教结合"的社区养老服务综合体。

鼓励地方根据实际需求，推动农村幸福院、养老大院等互助养老服务设施建设，支持有条件的地方给予相应补贴，推进"时间银行"试点，探索互助性养老的更多新形式。

（四）鼓励基层医疗卫生机构增设家庭床位

四川省老年人大多数选择居家和社区养老，形成"9073"的格局，就是90%左右的老年人选择居家养老，7%左右的老年人依托社区支持养老，3%的老年人入住机构养老。针对老年人迫切需要的上门医疗服务，四川省卫生健康委员会和四川省中医药管理局于2021年5月28日联合印发的《四川省关于加强老年人居家医疗服务工作实施方案（试行）的通知》，就是规范发展这方面的服务，提供上门巡诊、家庭病床、护理等老年人迫切需要的服务，特别是满足失能、重病、高龄的老年人的刚性需求。支持鼓励有条件的医疗卫生机构，特别是基层的医疗卫生机构，增设养老床位，开展养老服务，提高老年人的医养结合服务可及性，有效解决居家照护难题。

（五）加快推进养老综合体建设

"一人失能，全家失衡"，当前我国老年人最需要解决、最紧迫的困难就是失能失智问题。养老综合体将机构养老、集中式养老和社区养老三种模式融于一体，可为老年人提供自理、介助、介护一体化的持续性服务。以养老地产为核心，配套设有医院、护理院、健康管理中心、活动场地、老年大学等，在老年人健康状况和自理能力弱化时，依然可以在熟悉的环境中继续居住，并获得与身体状况相对应的照料服务，面向养老人群最大限度利用资源，切实提升老年人养老生活的安定感和幸福感。

（六）搭建平台鼓励民间资本参与

充分发挥社会力量的主体作用，在各级地方政府的基础服务支持下，发展养老产业。面对日益增长的养老压力，政府搭建平台，引入社会力量和民间资本进入养老市场，扩大供给。随着养老服务模式逐渐走向精细化、分工化，政府出资委托专业化养老机构运营管理的公办民营养老服务模式将成为时代的主流。

（七）加快发展智慧健康养老平台

未来五年，是四川省养老服务业迈向现代化发展的五年，数字化、智能化的快速融入，必将推动四川省养老产业发展。5G＋互联网＋智能物联网＋大数据＋AI的组合，有助于搭建实时、快捷、高效、低成本且智能互联的养老服务平台，不仅让养老更加便捷、更有温度，也给四川省养老产业发展带来更多想象空间。信息技术、智能技术在提升养老地产精细化、人性化运营方面将发挥巨大作用。应用可穿戴设备、物联网和远程智能安防监控技术，能够实现24小时安全自动值守，降低老年人意外风险，改善服务体验；应用生物识别技术，建立养老服务管理系统，实现个人健康精细化管理；应用人工智能技术，实现智能语音交流互动场景、老年人智能相伴场景。推行智慧养老可以有效解放养老产业中的人力资源，有效优化养老院内的资源配置，推动养老服务朝着现代化和智能化的方向持续发展，提高养老服务的质量，使老年人的生活能够变得更加精彩和有意义。

四川养老产业链发展现状

《四川省"十四五"民政事业发展规划》明确提出，发展壮大养老服务产业，推动养老产业融合发展。规划指出，要实施"养老服务＋行业"行动，促进养老服务与文化、旅游、餐饮、体育、家政、教育、健康、金融等行业融合发展。加快发展生活性为老服务业，支持引导零售服务、家政物业、餐饮服务等生活性服务企业拓展为老服务功能。促进养老企业连锁化、集团化发展，形成一批产业链长、覆盖领域广、经济社会效益显著的产业集群和集聚区。本文从旅游养老产品、智慧养老产品及养老金融产品三个角度对四川省老年产业链的发展现状进行论述。

一 旅游养老产品

旅游养老属于老年度假旅游，是老年人为了寻找更舒适的养老环境离开他们的常住地，到其他地方休闲、度假、养生，连续时间不超过一年的活动的总称。旅游养老把旅游与养老结合起来，使旅游成为老年人的一种生活方式与状态。它既是一种新型的专项旅游项目，也是一种新型的养老方式。

（一）四川省旅游养老产业发展的意义

随着中国旅游业的蓬勃发展，旅游相关企业运作机制更加完善，发展速度加快，从而给养老旅游发展带来了巨大的便利。但目前我国老年旅游行业发展潜力依然未被完全挖掘出来。究其原因，主要是旅游项目产业发展并没有对老年人进行针对性打造，且创新性不足，造成具有特色的老年旅游产业产品少。因此，对老年人旅游产品的针对性打造及创新尤为重要。① 旅游养老是老年人的一种新的生活方式，在一定程度上满足了他们的生活需求，是一种全新生活的改变，能为老年生活增添乐趣。

老年人理想的度假旅游胜地要空气清新、气候宜人、环境舒适。四川省位于我国西南腹地，亚热带季风气候，日照充足、降水集中、干雨季分明。全年大部分时间的气温适宜老年人居住。四川省作为著名的旅游大省，旅游资源丰厚，自然风景秀丽、历史文化悠久、民族风情独特，世界自然文化遗产和国家重点风景名胜区众多，如九寨沟、黄龙、乐山大佛、峨眉山、都江堰、青城山、卧龙、四姑娘山等，都是世界级旅游度假休闲胜地。此外，四川还有国家森林公园 11 处、自然保护区 40 处、省级风景名胜区 44 处，从高原、山地、峡谷到盆地、丘陵、平原，从江河湖泊到温泉瀑布，都非常适合老年人颐养天年。

四川省旅游养老项目的开发和完善，可使旅游与养老高度结合，减轻社会就业压力，提升四川地区经济效益，为老年人开发一种健康的生活方式，让他们安度晚年时光。

（二）四川旅游养老项目发展的现状

1. 旅游养老项目类型

候鸟型旅游养老：老年旅游者像候鸟一样，在相应时间段选择短期移居到不同的居住场所。四川省旅游养老项目以候鸟型为主。乡村型旅游养老：老年人会与当地的农户签订某一段时间点的居住协议，比如四川仁寿曲江镇、四川峨眉山。立体型旅游养老：该类型集文化资源和旅游资源于一体，有着将运动、医疗、宗教、文化等养生方式相结合的立体式养生理念。

四川依托优质旅游资源和"中医之乡，中药之库"，将养老产业与医疗卫生、康养、运动等多个产业结合，促进了多种产业融合发展。目前已经成功建设全国首个国际抗衰老健康产业试验区（洪雅七里坪）及四川省

---

① 王海霞、唐艳、叶情、郑莉、芮田生：《四川省旅游养老项目开发路径研究》，《内江科技》2019 年第 10 期。

首批森林康养试点示范基地（野鸡坪）；规划打造"阿坝藏羌医药文化与健康养生探寻""甘孜藏医药文化与健康养生探寻""攀西彝族、摩梭医药文化与健康养生探寻"等五条中医药健康养生旅游精品线路。德阳市发展旅游医养特需服务，发展"旅游、居住、医疗、养生、娱乐"综合项目，形成农旅医养相结合的产业集聚区，同时已建成占地3000亩的春花秋月景区，景区内规划1300张床位的杰宇博爱医养结合项目已开放床位80张。什邡市、绵竹市分别在冰川镇、蓥华镇和九龙镇等已经形成的夏季避暑集散地规划建设医养结合支撑项目。四川广元康养示范产业园项目于2018年3月进场施工，由广元市中心医院医养结合项目、全龄智慧康养（康养社区）项目、四川健康职业技术学院项目组成，占地2900余亩，总投资41亿元，打造"医、教、研、养、游、居"六位一体的4A级健康旅游示范园。攀枝花市发展医养结合的康养旅游产业，打造普达阳光国际康养度假区。

2. 旅游养老项目市场认可度及效益

随着养生观念的普及以及人群对保养的看重，老年人的各项需求愈加年轻化。伴随我国社会保障体系的完善、老年人子女经济独立、老年人自身退休金及储蓄的支撑，老年人个人和家庭经济负担减小，可自由支配收入增加，对旅游的消费力增长，老年人更容易实现度过一段趋于理想、独具特色的晚年生活。2020年第七次全国人口普查资料显示，四川省60岁及以上的人口达到1816.4万人，占总人口的21.71%。而老年人旅游人数占旅游总人数的21.13%，[①] 可见旅游养老受到老年人的青睐和认可。

社会对旅游养老需求大，使相关产业市场前景广阔。当代老年人对高层次旅游休闲活动的追求以及旅游养老的意愿不断增强。四川省统计局公告显示，2018年四川省城镇全部单位就业人员平均工资为64717元，比上年增加6046元，扣除物价因素实际涨幅8.5%。人们的消费能力也随着收入的增加而提升，为旅游养老市场提供了可观的消费力。随着老龄化社会

① 王海霞、唐艳、叶情、郑莉、芮田生：《四川省旅游养老项目开发路径研究》，《内江科技》2019年第10期。

的逐步深入，"有钱有闲"的中老年人群也将逐步占据旅游市场，成为这个领域的消费主力人群。综上，旅游养老市场或将成为旅游市场中最具潜力的领域之一。

（三）四川旅游养老项目存在的问题

1. 旅游养老市场开发不足

四川省针对旅游养老市场的开发，目前还不足以支撑老年人旅游市场。愿意承接旅游养老业务的相关行业和机构缺乏统一的服务标准，机构之间彼此联系也较少，不利于旅游养老产业的发展。大多数机构和旅行社对于推行旅游养老的意愿不高，老年人渴望的集旅游度假、健康养生、康复疗养、宜居养老于一体的，实现"像家一样旅行，在旅行中健康养老"的旅游养老模式建立困难。要想全面开发旅游养老市场，离不开相关政府部门的重视和相应政策措施的支持，各个机构部门及相关领域应有机协作，逐步完善。

2. 旅游养老各项设施落后，服务人员专业化程度低

尝试旅游养老的机构多以本地区旅游为主，鲜有愿意涉足异地旅游养老的机构。原因在于，老年人旅游养老，突发性疾病是一个不可忽视的问题，因此开展旅游养老必然对所在地区的医疗卫生有较高要求，陪伴的养老护理人员更需要掌握专业的知识技能。因为老年群体的特殊性，旅游养老往往面临着高风险和许多不确定因素。[①] 四川省旅游养老服务人员数量本就不足，加之专业化程度低，部分人员甚至不具备相关的护理员专业资质及执业资格，只接受过短期上岗培训，更有甚者未进行培训直接上岗，导致养老服务内容不得不仅限于简单的生活照护。要大力发展旅游养老产业，对专业旅游养老服务机构设施的完善，以及对相关从业人员的专业培训、资格认定及待遇标准制定，都是亟待解决的问题。

3. 旅游养老项目数量少，缺乏针对性

随着我国老龄化社会逐步深入，各地养老服务机构的数量和规模逐渐壮大，服务日臻完善，这些机构正逐步成为养老接待的重要保障之一，

---

① 谢媛：《分析四川省旅游养老产业的发展概况》，《旅游纵览（下半月）》2016 年第 4 期。

然而针对"旅游＋养老"模式的开发寥寥无几，四川省也面临同样的问题。目前旅游市场仍然以针对中青年旅游群体的规划建设为主，针对老年人旅游的相关建设不足。四川省针对老年人特殊性打造的旅游养老项目不够完善，相关从业人员的系统性和专业化培训严重不足，这都是导致旅游养老市场发展缓慢的因素，不论是硬件设施还是软件设备设施，抑或是软件设备设施还是软件人才建设，都远不足以满足老年人多样化、个性化的旅游养老需求。四川省旅游养老市场现有森林养老、乡村小镇养老、田园综合体旅游养老、候鸟观赏旅游养老等模式，但以上这些项目对老年人并不具有普适性。应该针对旅游养老市场进行系统分类，针对性打造老年人群的旅游市场。

二　智慧养老产品

智慧养老产业是一门新兴产业，呈现多主体、多维度、多领域和多阶段的发展特征，但在政治、经济、社会和技术环境上呈现明显的发展困境。[1] 智慧养老产业的发展成效与国家的政策制定息息相关，现阶段国家已经出台了一系列与智慧养老产业发展密切相关的政策，如《智慧健康养老产业发展行动计划（2021—2025 年）》《关于切实解决老年人运用智能技术困难的实施方案》等。[2]

2017 年和 2018 年，工信部、国家卫健委等部门相继公布了两批智慧健康养老示范名单，经整理发现，国家大力推广的智慧健康养老项目主要集中在四川、浙江、上海、山东、辽宁和河南六个省市，试点项目数量均超过 20 个。其中四川省共有 26 个示范项目，包括智慧健康养老示范企业、示范基地以及示范街道（乡镇），具体见表 1。

---

① 韦艳、徐赟：《智慧健康养老产业发展的困境与路径——以陕西省为例》，《西安财经大学学报》2020 年第 3 期。
② 胡扬名、刘鲜梅、宫仁贵：《中国智慧养老产业政策量化研究——基于三维分析框架视角》，《北京航空航天大学学报（社会科学版）》2023 年第 2 期。

表1　四川省智慧健康养老示范名单

序号	示范名单
智慧健康养老示范企业	
1	四川久远银海软件股份有限公司
2	绵阳同益养老服务有限公司
3	四川长虹电器股份有限公司
4	成都科创智远信息技术有限公司
5	四川华迪信息技术有限公司
智慧健康养老示范基地	
1	成都市温江区智慧健康养老示范基地
2	成都市武侯区智慧健康养老示范基地
3	攀枝花市智慧健康养老示范基地
4	成都市邛崃市智慧健康养老示范基地
5	成都市金牛区智慧健康养老示范基地
智慧健康养老示范街道（乡镇）	
1	成都市武侯区玉林街道
2	成都市武侯区金花桥街道
3	成都市武侯区晋阳街道
4	成都市温江区柳城街道
5	成都市温江区万春镇
6	成都市温江区永宁镇
7	攀枝花市东区炳草岗街道
8	攀枝花市仁和区前进镇
9	攀枝花市米易县草场乡
10	成都市邛崃市宝林镇
11	成都市邛崃市临邛街道
12	成都市邛崃市文君街道
13	成都市邛崃市夹关镇
14	成都市邛崃市冉义镇
15	成都市金牛区西安路街道
16	成都市金牛区金泉街道

资料来源：《人口老龄化加剧智慧养老大势所趋 四川省智慧健康养老示范名单汇总（附图表）》，中商情报网，2019年2月23日，https://baijiahao.baidu.com/s?id=1626257707559186391&wfr=spider&for=pc。

（一）四川省的相关政策支持

2019 年 3 月，四川省经济和信息化厅、民政厅和省卫生健康委联合印发了《四川省智慧健康养老产业发展行动方案（2019—2022 年)》（以下简称《行动方案》)。《行动方案》指出：四川省已进入人口老龄化快速发展期，人口老龄化程度持续加深，健康、养老资源供给不足，信息技术应用水平较低，难以满足人民群众对健康、养老日益增长的需求。新一代信息技术的持续发展以及与健康养老的深度融合，有力促进了个人、家庭、社区、机构与健康养老资源的有效对接和优化配置，提升了健康养老服务质量效率水平。

四川省作为老龄人口大省和经济大省，互联网发展基础好，电子信息产业发达，人才资源丰富，具备培育壮大智慧健康养老产业的有利条件，在深化健康养老信息化应用、提升适老产品和服务供给、培育新模式新业态等方面已初显成效。四川省智慧健康养老发展和应用还处在起步阶段，存在区域发展不均衡、信息基础设施相对薄弱、关键技术储备不足、产品与系统水平不高、缺乏成熟的商业模式等较多问题。为贯彻落实《工业和信息化部 民政部 卫生计生委关于印发〈智慧健康养老产业发展行动计划（2017—2020 年)〉的通知》（工信部联电子〔2017〕25 号），加快四川智慧健康养老产业发展，培育新产业、新业态、新模式，促进信息消费增长，推动信息技术产业转型升级，特编制《行动方案》。

《行动方案》旨在充分发挥信息技术对智慧健康养老产业的提质增效支撑作用，不断丰富消费供给，创新服务模式，加速智慧健康养老应用推广普及，提高医疗、健康、养老等资源使用效率，推动产业发展与转型升级。提出到 2022 年，全省基本形成覆盖全生命周期的智慧健康养老产业体系，建立 8 ~ 10 家智慧健康养老示范基地，引进和培育 10 ~ 15 家具有示范引领作用的行业领军企业，形成一批智慧健康养老服务知名品牌，建成国内领先的智慧健康养老产业高地。

《行动方案》明确了六大重点任务。① 推动关键技术研发与产品供给：突出智能可穿戴设备、便携式健康监测设备、智能养老监护设备等产品发展，支持人工智能、大数据、云计算、虚拟现实等信息技术在健康养老产业中的集成应用，加快打造一批高智能、高科技、高品质的智慧健康养老产品及服务。② 推广发展智慧健康养老服务：重点发展慢性病管理、居家社区健康养老、互联网健康咨询、生活照护、养老机构信息化服务等。着力推动在线常见病和慢性病复诊、远程会诊、远程影像诊断等服务，支持医疗卫生机构与养老机构建立合作机制，加快构建完善的医养结合服务体系。③ 提升智慧健康养老创新服务能力：鼓励社会力量开展共性关键技术和跨行业融合性技术研发，突破产业发展共性技术瓶颈，推动智慧健康养老领域科研成果加速商业化与产业化。④ 推动智慧健康养老信息服务平台建设：加快建设省统筹区域全民健康信息平台，构建统一规范、互联互通的健康养老信息共享系统。鼓励和支持社会力量利用云计算、大数据等技术建设养老信息服务平台，为老年人提供一体化信息服务。⑤ 培育壮大健康养老产业：积极推进智慧健康养老与农业、休闲旅游、体育健身等行业融合发展，加快形成智慧健康养老区域产业聚集。支持和完善智慧健康养老示范基地建设，加强智慧健康养老应用推广，促进健康养老产业提质升级。⑥ 提升信息基础设施支撑能力：持续推动城乡光纤网络覆盖和扩容提速，推进康养大数据中心建设，落实智慧健康养老服务平台网络安全防护要求，强化智慧健康养老个人信息安全保障能力。

为保障《行动方案》的发展目标和重点任务顺利实现，破解智慧健康养老产业发展中存在的突出矛盾和问题，《行动方案》在切实贯彻落实现有政策措施的前提下，将建立由经济和信息化厅、民政厅、省卫生健康委组成的省级联席会议制度，统筹推进方案实施，协调处理突出困难，并在财税金融支持、优化发展环境、试点示范建设等方面予以保障，为加快推进智慧健康养老产业发展提供有利条件。

（二）四川智慧养老建设的现状

2020 年 9 月，四川省围绕老年人群体最为关注的养老问题，在全国范围率先出台《四川省公共服务适老化改造提升 2020 年 10 项行动及任务清单》，提出打造居家社区智慧养老服务圈，加快养老服务信息化建设。目前，全省 88.9% 的市县已建成居家社区养老服务平台。依托全省社区养老服务综合体建设，试点建设 60 个智慧养老社区，目前正在稳步推进，2021

年内全部建成投入使用。①

为加快形成居家社区智慧养老服务圈，提升社区养老服务质量，自2020年开始，四川全面实施居家社区养老服务提质增效工程，重点以社区养老服务综合体为枢纽，试点建设智慧养老社区，打造居家社区"15分钟养老服务圈"。除专业照护、助餐、健康促进、文娱教育等项目外，还要建立为老服务信息平台，通过平台及物联网等技术设备，为老年人提供急救援助、安全防护、远程照护等多层次、多样性的养老服务。

由成都市政府引导、国企联合民企共同打造了首个普惠型养老服务项目，该项目建成日间照料与医养相结合的社区嵌入式养老服务机构，进一步推动社区养老运作模式转型、服务质量提升。位于成都市东坡北一路88号的成都市青羊区养老服务综合体，最多可设置70张床位，以居家养老服务、嵌入式社区养老为主，设有服务大厅、康复理疗区、生活区、综合活动室、营养餐厅、阳光花园、医疗保健中心、多功能厅等多个区域。少城街道还将与养老综合体合作开展一些公益性活动，如对老年人进行安全知识、智能手机使用等培训。眉山市一家机构通过在床位安装监测设备，能够掌握4处养老托护中心600多名老人的身体健康状况。结合公办公营、公办民营、民办民营等多种养老平台，眉山市大力推行智慧养老和信息适老化建设。2021年初，为满足社区老人安全养老、健康养老、智慧养老和家门口养老需求，德阳市首个适老化智慧养老展示体验中心——时光之家生活馆在秦宓社区综合体正式运营。时光之家生活馆建成以来，秦宓社区采用以生活馆为中心、周边5个日间照料中心为站点的"一中心多站点"方式，打造"15分钟社区生活养老服务圈"，满足社区老人养老需求。这些都是四川省大力建设发展智慧养老项目的缩影。

三 养老金融产品

2022年2月，国务院发布《"十四五"国家老龄事业发展和养老服务

---

① 《四川智慧养老社区建设：如何服务更多老人?》，川观新闻，2021年10月17日，http://scnews. newssc. org/system/20211017/001214956. html。

体系规划》（以下简称《规划》），明确了"十四五"时期老龄事业发展的总体要求、发展目标和工作任务。与之前的养老五年发展规划相比，此次《规划》更加重视金融在应对人口老龄化中的功能和作用，提出"十四五"时期要"进一步健全社会保障制度""有序发展老年人普惠金融服务""拓宽金融支持养老服务渠道"等。面对日益严峻的人口老龄化形势，大力发展养老金融，有助于支持高质量养老体系建设，更好地满足老年群体多层次的养老需求。

（一）养老金融产品面临的问题及应对措施

我国的商业银行普遍在养老产业涉及较少，相较于保险机构已涉足老年养生、养老社区等进程落后。从银行业来看，2020年市场上共发行了64228个银行理财产品，养老型理财产品仅有149个，占比不足1%；从保险行业来看，受限于保险产品创新停滞不前，现有保险产品以资金保障为主，与养老和护理服务难以实现直接兑付。同时，现阶段养老金融产品呈现高度相似性，以混合型、固收型产品为主。在实践中，投管人没有外部配置动力，更倾向于完善自身养老金产品布局，导致各家投管人之间产品同质化，难以满足未来多样化、个性化的需求，即养老金融产品供给不足，产品同质现象严重。①

综上，养老金融产品能够针对个人养老需求提供个性化、多层次服务，是理想的体系形态。通过细化个人客户分类，推出针对性服务以及提高老年客户金融服务便捷性都是可行的手段。较为完整的养老金融产品体系至少应包括三个层次：一是保障型产品，包括养老保险、养老基金和企业年金等；二是融资类产品，以"倒按揭"为代表；三是以消费养老为代表的商业信用类产品。将养老金账户管理和其他零售业务进行捆绑销售是过渡阶段的有效措施。将现有产品在投资周期与安全性方面均做出调整，使所推出的养老理财产品能真正符合老年人需求。将信托的受益人保护机制、破产隔离机制引入养老金融产品，避免同质化的恶性循环。使商业银行最终形成包括个人养老规划、产品推介、投资顾问、信息报告、资金结

---

① 董克用、施文凯：《大力发展养老金融 助力养老体系建设》，《金融博览》2022年第4期。

算等服务内容体系。[①]

（二）四川养老金融建设的现状

2019 年 9 月 20 日，中国银行四川省分行（以下简称四川分行）与四川省民政厅签订《金融支持四川养老服务业战略合作协议》，双方将发挥民政和银行各自优势，促进民政和金融有效结合，合力加快四川养老服务业供给侧结构性改革，助推四川养老产业发展壮大。从四川分行的个人客户结构来看，60 岁及以上老年客户在传统客群中占比超过 15%，业务贡献仅次于 35~40 岁的客群。老年客户到店率高、潜在价值大、面对面营销机会多、群体传播效应强，是网点业务拓展和竞争力提升的重要抓手。四川分行将敬老认识转化为实实在在的敬老理念，将老年客群确定为全量客户经营重点之一，定制发售老年客群专属产品，并以建设标准化敬老驿站、开展敬老文化节、组织慰问社区和敬老院老年客户等形式，以敬老文化传播为载体，将践行社会责任与深耕客群双重实践合二为一，引领建立差异化零售服务新格局。[②]

四川分行根据老年客户金融需求特征，发挥专业优势和集团优势，在敬老驿站提供 3 大类 9 项专属银发定制产品，包括专享利率定期存款产品、区域定制理财、金融社保卡、幸福存产品、新年新钞专属回馈、珍藏版存单金银箔信封、专属人身意外险等。这些产品有资产配置方面的考虑，能够满足老年客群资产搭配组合、保值增值的稳健需求，风险小、收益稳定、搭配形式多样，也有营造节庆氛围考虑，在春节节点上表达出四川分行对老年客户节日问候的同时，既满足老年客户群体对子女、孙辈的贺岁需求，又成全子女、孙辈对长辈的孝心。

2021 年以来，中国人民银行成都分行及时出台了《关于切实解决老年人运用智能技术困难的实施意见》和《解决老年人运用智能技术困难的近期工作要点》等文件，研究制定了"金融 App 无障碍服务建设实施方案"，明确了金融 App 服务和产品的设计原则与要求，组织辖区法人银行机构和

---

① 孙晓放：《中国养老金融行业现状及发展》，《中国老年学杂志》2016 年第 12 期。
② 陈丹、梁海：《温情服务显养老担当 深耕零售树敬老品牌——中国工商银行四川分行创新银发金融服务长效机制纪实》，《中国城市金融》2019 年第 5 期。

支付机构开展改造与应用。目前该行正在指导四川省支付清算协会，制定发布"四川金融 App 无障碍服务建设团体标准"，持续为老年人等特殊群体提供更为贴心、更有温度的掌上银行服务。

除了中国银行四川省分行，其他各个银行也陆续投入发展养老金融产品和服务的实践活动。中国建设银行在四川省推出"建行关爱服务卡"，字体大小合适，颜色对比柔和醒目，包含了老年客户办理业务的常用对话，已在中国建设银行四川省分行近 660 个网点落地，为老年人完成业务提供帮助。成都农商银行已正式上线老年客户专属"关爱版手机银行"，不仅有放大的字体、简单的操作、实用的功能、简洁的界面，还引入了普通话以及四川话语音播报、视频播放、手机号码校验、一键求助等技术手段，帮助更多老年客户享受线上服务带来的便利。新功能着重排除老年人视力、听力、触觉敏感度及记忆力下降造成的痛点和不便，可提升"银发一族"享受智慧金融服务的获得感和体验感。针对部分老年人不会下载 App 的困扰，成都农商银行专门在微信公众号设置"掌上农商"栏目，仅通过关注公众号、绑定银行账号就能办理账务查询、定期存款、社保缴纳等业务。

产品创新方面，中国建设银行四川省分行要求围绕老年人日常生活、旅游出行、健康管理、投资理财等方面的金融需求，推出专属金融产品和支付满减、交通福利等专享优惠活动。现金管理方面，要求银行机构建立网格化管理模式，实现网点对周边经营主体的现金服务全覆盖，让老年人在消费时可方便、不受限制、无障碍地使用现金支付。支付服务方面，要求收单机构严格做好商户管理，完善银行卡受理协议，不得出现各类支付歧视行为，包括但不限于拒绝各类银行卡支付、差异对待不同银行的银行卡、强制要求消费者选择某一特定支付方式等。

四川养老产业发展经验

养老产业作为一个横跨三次产业的综合产业体系，具有显著的经济带动效应，亦是当前扩内需、增就业、拉动消费、调整经济结构、转变经济发展方式的巨大潜力所在。因此，大力发展养老产业成为四川省应对老龄化、解决养老问题的必然选择。全省各地结合本地基础条件和优势特色，因地制宜地提出了相应的发展规划，推动养老、健康、文化、旅游、体育、教育、金融、地产等深度融合发展，促进养老产业持续发展，取得了一些成效和经验。

一 成都平原经济区养老产业发展经验

（一）成都市养老产业发展主要经验①

"十四五"时期，成都市养老服务保障持续加强，养老服务供给有效扩大，养老产品供应日益丰富，行业要素支撑不断增强，老年宜居环境初步建立，基本建成覆盖城乡、分布均衡、功能完善、结构合理、融合健康、高效利用、惠及全民的养老服务体系，推动养老事业和养老产业有效协同、高质量发展，老年人获得感、幸福感、安全感显著提升，老年人舒心长寿。

1. 加快构建"15分钟养老服务圈"，优化居家社区养老服务体系

完善社区养老服务综合体、社区养老院、日间照料中心、养老服务站点等社区养老服务设施骨干网，加快构建"15分钟养老服务圈"。到2025

---

① 《成都发布若干措施，加快推进养老服务发展》，《成都日报》2022年5月24日，http：//scnews.newssc.org/system/20220524/001269271.html。

年，全市每个街道及有条件的镇至少建成运营 1 个社区养老服务综合体，社区日间照料机构覆盖率达到 95% 以上，有条件的居住区按照 15 分钟生活圈设立养老服务站点。

2022 年，每个区（市、县）至少建有 1 家以农村特困失能、残疾和计划生育特殊家庭老年人专业照护为主的县级特困人员敬老院。推进乡镇敬老院转型升级为区域性养老服务中心，每个村至少设置 1 个互助式养老服务站点。

2. 推动普惠型功能型床位建设，构建普惠优质机构养老服务体系

鼓励公办养老机构实行社会化运营或探索改制为国有养老服务企业。鼓励政府投资新增养老服务设施并委托社会力量运营。建立科学合理的公办养老机构价格形成机制，鼓励公办养老机构扩大收益用于支持兜底保障对象的养老服务。

推进普惠养老城企联动专项行动，大力发展成本可负担、方便可及的普惠养老服务。引导社会力量投资建设和运营护理型、认知障碍症照护型等功能型养老机构，床位设置 30 张，给予一次性建设补助 80 万元，床位设置超过 30 张的，每增设 1 张床位，按每张床位 1.5 万元的标准再给予一次性建设补助。其他社会化养老机构新增床位，按每张床位 1 万元给予建设补助。完善社会化养老机构床位运营补贴制度，鼓励养老机构收住失能、半失能老年人。到 2025 年，养老机构护理型床位占比超过 60%。

3. 推进老年健康促进和教育活动，拓展健康老龄生活服务体系

推进老年人健康促进和健康教育活动，广泛开展健康生活理念宣传及疾病知识普及活动。鼓励医疗机构设置老年医学科、增设老年病床位，医疗机构增设养老床位并在民政部门备案的，享受养老机构相关扶持政策。到 2025 年，二级及以上综合医院设立老年医学科比例不低于 60%，所有养老机构能够以不同形式为入住老年人提供医疗卫生服务。

实施老年大学建设和提升行动，健全老年开放大学办学网络，逐步完善市、区（市、县）、镇（街道）、村（社区）四级老年教育办学体系，到 2025 年，实现参与教育活动的老年人占老年人口总数的比例达到 40% 以上。

4. 推进"互联网+"养老，完善养老服务多元化发展体系

积极落实减税降费降低行业成本、支持养老服务机构连锁品牌运营、拓宽投融资渠道、推进"互联网+"养老行动等。鼓励企业研究开发智能养老产品，简化应用程序使用步骤及操作界面，引导帮助老年人克服运用智能技术的困难。开展智慧健康养老应用试点示范。完善全市养老服务信息平台，加强信息技术在基本养老服务申请受理、过程管理、资金结算、信息推送、服务质量监测、安全生产监管等方面的应用。到 2025 年，实现每个区（市、县）至少建成 1 个智慧养老院和 1 个智慧养老社区。

5. 加强养老服务设施配套建设，健全养老服务综合保障体系

保障养老服务设施用房供给。实行"两无偿一优先"发展社区养老服务，即社区服务用房 40% 以上"无偿"用于养老服务，公建配套的养老服务设施"无偿"用于公益性养老服务，行政事业单位的闲置办公用房"优先"用于养老设施。对改造利用城镇闲置设施、疗养机构举办养老服务机构的，在不变更土地权证上的用途和使用权人、不收取土地用途价差前提下，按照"中优"区域内利用老旧厂房及其他非住宅性空闲房屋发展新产业、新业态、新商业相关政策办理相关手续。鼓励具备条件的国有企业整合闲置资源，兴办养老服务设施。探索将长期闲置公租房免费提供给社会力量开展社区养老服务。

推进养老服务设施配套。新建城区每个街道规划建设 1 处建筑面积不小于 3000 平方米的社区养老机构，旧城区每个街道规划建设 1 处建筑面积不小于 1500 平方米的社区养老机构。每个社区规划建设 1 处建筑面积不小于 750 平方米的日间照料中心。新建城区规划建设养老服务设施达标率达到 100%，旧城区达不到规划建设标准的，区（市、县）政府（管委会）应当通过购置、置换、租赁等方式解决。

（二）德阳市养老产业发展主要经验①

1. "四级一张图"，筑牢养老兜底基础

实施养老服务"七大工程"，构建了市有 1 个老年养护院，县有 6 个

---

① 《德阳：全方位推进养老服务体系建设》，四川省民政厅网站，2022 年 2 月 25 日，https://mzt.sc.cn/scmzt/dfmz/2022/2/25/153857d5fcc041548b76cbfd0139313d.shtml。

特困失能老年人集中照护场所，街道（乡镇）有5个社区养老服务综合体、23个农村区域性养老服务中心、117个农村敬老院，社区有364个日间照料中心的四级养老服务网络，形成了养老服务设施全域覆盖、四级衔接、片区集约、布局合理的德阳养老关爱地图。率先推进社会救助综合服务平台和低收入人口动态监测预警平台建设，确保救助全面落实。"一户一策"精准实施困难老人家庭适老化改造1369户，为11.9万名80岁及以上老年人发放高龄津贴4468.8万元，为39.3万名70岁及以上老年人购买意外伤害保险786.91万元，提高老年人社会福祉。

2. "政策一条龙"，发展多元普惠养老模式

建立养老服务联席会议制度，将养老服务政策落实情况纳入了对区（市、县）的政务目标考核，编制《德阳市"十四五"养老服务体系建设规划》"1＋3"规划，大力鼓励发展多元普惠养老模式。印发《德阳市养老机构办理备案指南》《德阳市养老服务扶持政策措施清单》《德阳市养老服务机构投资指南》《德阳市"十四五"期间养老项目机会清单》，不断优化营商环境，2021年新增民办养老机构3家，新增床位1166张。成立德阳市养老护理实训基地，举办德阳市养老护理职业技能大赛，出台《德阳市养老护理员岗位补贴及从业年限补贴办法（试行）》，促进养老护理人才队伍建设。

3. "全域一张网"，提升社区居家养老服务水平

打造德阳市智慧养老平台2.0版本，形成了"四中心"（数据中心、指挥中心、监控中心、话务中心）、"四库"（养老行业专家库、老年人数据库、养老产品库、养老服务志愿者库）、"六系统"（政府购买居家养老服务监管系统、"时间银行"互助养老系统、老年人能力评估系统、养老照护系统、养老产业名录系统、同心养老志愿服务系统），实现服务信息一目了然、服务资源一站获取、服务需求一键到达、服务监管一网覆盖。2021年度为7万余老人提供助餐、助浴、助洁、助急、助医等"五助"服务。开办老年用品展示体验中心、老年人能力评估中心，开展"时间银行"互助养老试点，建立养老领域创新创业基地，发掘利用老年人力资源，丰富地方养老服务业态，发展银发经济。

（三）绵阳市养老产业发展主要经验①

2021 年 12 月 23 日，绵阳市政府印发了《绵阳市养老服务体系建设第十四个五年规划》。规划共有 6 个主题、28 项发展任务，围绕"建设养老应急救援体系""智慧养老建设工程""建设成渝双城经济圈协作平台"三个方面进行拓展创新。

1. 明确发展方向定位

通过加强养老服务保障，推动民生福祉达到新水平；通过完善养老服务体系，开创养老服务发展新局面；通过加强人才队伍建设，满足养老服务发展新要求；通过推动银发经济发展，助力经济社会发展新格局；通过加强服务质量监管，促进养老服务发展新面貌；通过建设老年友好社会，营建养老孝老敬老新风尚。

2. 多举措增添服务内容

首次提出将完善长期照护服务体系，建设家庭养老床位，深化公建民营，提升护理型床位，构建老年认知障碍预防、评估、干预和照护体系，建立留守老年人风险评估制度、四级老年教育体系，构建"一区、两带、三集群"的康养产业发展格局等方面内容作为实施重要内容。基本建成居家社区机构相协调、医养康养相结合的养老服务体系。

3. 多措施提升服务质量

通过建立养老服务培训体系和养老从业人员培训机制，实现所有养老服务管理人员及相关专业人员培训全覆盖，以全面提升养老服务专业水平。提出建立居家社区和机构养老服务质量日常监测评价机制，形成分层分类的养老服务质量管理体系。提出健全"养老服务主干网"、"养老服务分支网"和"养老服务接入网"，并推进公办养老服务设施名称、功能、标识"三统一"，为建立层次清晰、功能互补、区域联动的养老服务网络提供了明确指引。

（四）乐山市养老产业发展主要经验

为积极应对人口老龄化的现状及其发展趋势，乐山市一手抓养老服务

---

① 《未来五年，绵阳这样建设养老服务体系》，绵阳市人民政府网站，2022 年 3 月 4 日，http://www.my.gov.cn/ywdt/snyw/28810151.html。

业发展规划和促进政策制定，一手抓养老服务业投入，大力发展养老机构和养老服务设施。

1. 推进医养结合，满足多层次需求

全市各类养老机构可根据院内环境、老人入住房型、床位、伙食、护理等级等执行不同的收费标准，老人可根据自己的经济情况、身体状况和需求值选择合适的养老机构。鼓励各级各类医疗机构按照就近就地、安全便捷的原则与养老机构建立合作关系。目前全市养老机构均通过内设医疗机构或与医疗机构签订合作协议的方式为入住老人提供医疗服务。

2. 完善设施设备，健全规章制度

对全市各类养老机构进行适老化改造升级，对现有用房细化功能，添置适老化家具和各类消防器材，设置吸烟区，进一步消除安全隐患，院内环境进一步改善。全市各类养老机构的老人入院评估、出入院登记、请销假、交接班、巡查、食品留样、应急预案、药品管理等管理规章制度进一步规范。

3. 强化人才队伍，提升服务素质

依托高校、养老机构和社会组织建立养老服务和管理培训实训基地，支持社会力量创办养老服务培训机构，每年举办养老服务从业人员技能提升培训班等相关培训。通过专家授课、实地参观、相互交流等方式，让参训学员更新了思想观念，拓宽了知识层面，厘清了工作思路，提高了服务技能和服务质量。

4. 创新养老模式，扩大社会资本投入

充分利用 12349 养老服务信息平台，通过手机终端、智能手表等设备，整合志愿者、社会组织、商家等为老服务资源，为老年人提供生活帮助、日间照料、信息咨询、紧急救援、精神慰藉、医疗保障、健康管理等多样化养老服务。采取"公建民营"等模式引进社会力量运营养老机构。采取"民办公助""公建民营"等模式引进社会力量建设运营日照中心。社区老年人在中心内不仅能够就餐、读书看报、健身娱乐，还能享受到健康体检、医疗康复指导等特色养老服务。

（五）雅安市养老产业发展主要经验

1. 重视强化政策支撑

近年来，雅安市政府积极应对人口老龄化趋势，积极推动养老机构提质增效，深入发展医养结合，把加快发展养老服务业、满足社会持续增长的养老服务需求作为稳增长、促改革、调结构、惠民生的重要着力点。

《雅安市人民政府关于加快发展养老服务业的实施意见》《雅安市人民政府办公室关于印发雅安市五大新兴先导型服务业发展工作推进方案的通知》《雅安市人民政府办公室关于全面放开养老服务市场提升养老服务质量的实施意见》等一系列文件明确了发展养老服务业的主要任务，制定了配套优惠政策，进一步明确部门的工作职责，为全市养老服务业的快速、健康发展提供了强力支撑，保障养老服务体系建设顺利实施。将"三无""五保"等政府兜底养老服务所需资金纳入财政预算，积极争取国家、省级财政资金用于养老服务事业发展、养老基础设施建设，政府投入的加大，让养老服务设施得以夯实。

2. 大力发展医养结合

建立医疗机构与养老机构协作机制、社区医院与老年人家庭医疗契约服务关系，截至 2021 年 9 月，已有 14 家二级及以上综合医院开设了老年医学科，26 家养老机构与所辖区域内的医院或乡镇卫生院签订医养结合协议，建立医养合作关系，为入住老年人提供便捷的医疗服务。65 岁及以上常住居民家庭医生签约服务覆盖率达到 70%。

注重养老服务队伍建设，组织开展养老服务从业人员业务培训，提高职业道德、服务意识和技能水平。照顾老人是一项精细复杂的工作，为此，雅安职业技术学院和四川省贸易学校增设老年人服务与管理类、健康管理与促进类、康复治疗类、护理类、公共卫生与卫生管理类等专业课程，为养老服务业发展培育专门人才，不断提高养老服务队伍专业化水平。

3. 因地制宜发展康养产业

雅安积极利用得天独厚的生态气候条件和地理区位优势，大力打造成渝地区高品质康养宜居地。通过推动健康"医养"、生态"游养"、运动

"体养"、静心"禅养"、食疗"药养"的"五养"布局，雅安康养产业已初具规模。围绕"五养"业态布局，雅安全域构建资源有机整合、功能优势互补、全域健康共建的辐射式康养产业空间布局体系。2020 年以来，全市续建、新开工 52 个重大康养项目，计划总投资 409.05 亿元，已完成投资 90.91 亿元。加快前期工作的项目 8 个，计划总投资 98.73 亿元。

（六）遂宁市养老产业发展主要经验

1. 推进养老服务综合体建设

借鉴商业综合体和国外养老服务经验，按照机构养老社区化、居家养老服务机构化思路打造养老服务综合体，集约发展食宿场所，配备专业护理人员，融入文化娱乐元素，构建疗护中心、康复活动室、心理咨询室、棋牌娱乐室等功能分区，打造"食宿 + 护理 + 康复 + 娱乐"综合养老服务模式。

2. 探索"互联网 +"养老服务模式

着力构建立体化智慧养老服务体系，不断强化"线上"居家养老信息化平台的功能建设和服务内涵，依托街道养老综合体连接更多社会优势养老服务资源，主动适应智能居家养老服务需求变化，开发更多便利可及的居家养老服务项目和产品，满足老年人个性化、信息化、专业化的养老服务需求。

3. 打造养老服务专业人才队伍建设

加强孵化专业化优质养老服务社会组织，鼓励支持组织机构"走出去"学习高效、优质养老服务体制机制以取得"真金"，力争提供更优更好的服务；制定更加优惠的扶持政策，加大"引进来"力度，优化养老服务机构配置。加大专业养老职业技能培训力度，建立养老服务人才资源库，增强养老服务人才职业认同感和工作凝聚力，促进养老服务专业人才队伍稳定健康发展。

4. 大力发展老年教育

遂宁市积极发展老年教育，较好满足了老年人精神文化需求，让老年群体老有所为、老年生活更加绚丽多彩。2021 年，遂宁市有功能齐全的老年大学 10 所，基层老年学校 107 所，建有乡镇老年学校的比例达 70% 以上，村（社）老年学习点 400 余处，经常性参与老年教育活动的老年人达 15 万余人，占比达到 20% 以上。探索适合遂宁市实际的社区（日照中心）＋社会组织＋老年大学"三联办学"模式，如射洪充分发挥老年大学的引领带动作用，采取"总校＋分校"模式在各乡镇和老年机构建立 37 所分校，实现了老年教育资源、教学管理模式、教学阵地的有效统筹。

（七）眉山市养老产业发展主要经验

近年来，眉山市以居家和社区养老服务改革试点为契机，立足群众视角，直面养老服务痛点和难点，围绕哪里养老、怎么养老、谁来养老这三个问题，探索出"综合体＋"城市普惠养老新模式，将养老服务深入社区、嵌入小区，实现"家门口享老"。

1. 政策护航畅发展

为鼓励综合体连锁化、品牌化经营，有效带动周边养老服务站点发展，眉山市出台《社区养老服务设施建设及补贴指导意见》《养老护理员岗位补贴及从业年限补贴的实施方案（试行）》等激励政策，确保"综合体＋"模式健康长效运作。第一，建设补贴。公建综合体新建、提升分别给予一次性补助 100 万元、60 万元。社会力量创办的综合体、养老服务站点建设补助标准按照公办补助标准的 50% 执行。第二，运营补贴。坚持"运营好补贴多，不运营不补贴"原则，制定《运营考核细则》，对综合体、养老服务站点的运营规模、服务质量、服务记录等情况进行考核，根据考核结果分类、分档补助。第三，人才补贴。对在眉山市各类养老机构从事管理或护理工作、与养老机构签订了劳动合同、持有养老护理员国家职业技能等级证书的人员，给予养老护理员岗位补贴和从业年限补贴。

2. 打造社区"综合体＋"城市普惠养老模式

在每个街道至少建设 1 个社区养老服务综合体，以综合体为中心，分散式布局若干个功能各异的养老服务站点，形成"综合体＋"城市普惠养老网络体系，为老年人提供日间照料、短期照护、康复服务、健康管理、居家服务等普惠服务。目前，已建设综合体 14 个，养老服务站点 48 个，累计服务老人 40 万人次，收住老人 3000 余人次，提供居家养老服务 5 万余人次。

3. 搭建区县、乡镇、村组三级养老服务网络

聚焦特殊人群需求，建设县级集中照护中心。在县（区）建成 6 个县级集中照护中心，为 937 名失能、半失能老年人提供照护服务，失能、半失能特困人员集中照护需求满足率达到 100%。聚焦就近养老需求，建设乡镇区域性养老服务中心。积极探索公建民营、委托管理等运营机制，建成区域性社会化养老服务中心 75 个，提供托老、助餐、助浴、助洁、助医、助行等社会化服务，满足多样化需求。聚焦居家养老需求，建设村组养老服务分中心。整合闲置厂房、村委阵地、文化大院等资源，打造集日间照料、文化娱乐、休闲健身等功能于一体的养老服务分中心 458 个。

（八）资阳市养老产业发展主要经验

1. 夯实养老服务供给基础，加快建设"一圈一园三中心"

投入项目资金 2.8 亿元，推动市老年护理院二期、社区养老服务综合体等 10 余个重点项目建设，对 18 个农村敬老院的 1623 张养老床位进行了适老化改造，护理型床位达到全市养老总床位的 41.8%。在街道层面，以建成投用后的社区养老服务综合体为服务枢纽的"15 分钟居家社区养老服务圈"为老年人提供了高质量的居家社区养老服务。就社会福利院、市老年护理院、市老年病医院、市失智老人养护中心等项目联合打造的医、康、养相结合的"机构养老示范园"雏形初显，将走在全省前列。3 个县级直管的失能照护中心正加快建设进度，建成后能全面满足县域失能老年人照护需求，成为县域照护服务枢纽。

2. 落实老年关爱福利政策，大力推进"两个覆盖"

一是在市、县（区）开设老年大学 4 所，社区老年学校试点 3 所，培育发展老年协会组织和老年志愿队伍上百个，初步实现了老年教育服务、老年志愿服务在市、县（区）、街道（乡镇）、村（社区）的延伸覆盖。二是实现了关爱、救助、帮扶等措施对特殊困难老年人群体的全覆盖。针对特殊困难老年人群体，将 6.7 万余名老年人纳入城乡低保，将 2.1 万余名老年人纳入特困供养；按 300 元/（人·年）的标准为 3.5 万余名老年人购买了居家养老服务，按 40 元/（人·年）的标准，为 10 万余名老年人购买了意外伤害保险，按 1000 元/户的补贴标准，为上千户特殊困难老

年人实施家庭适老化改造。

3. 全面放开养老服务市场，服务质量"一年一台阶"

"十三五"期间，资阳市先后出台了《关于全面放开养老服务市场提升养老服务质量的实施意见》等养老服务领域政策文件和专项规划 30 余个，养老服务业发展"有政策""有任务"，养老服务市场全面放开。养老机构由许可制全面转变为备案管理制，凡是法律法规没有明令禁入的领域，都已明确可向社会资本开放，对新建民办养老机构，按每张床位 1.1 万元的标准给予补助，按入住老年人自理能力等级，向机构发放每月 50 ~ 200 元的运营补贴。连续五年对超过 80 家公办养老机构累计 8000 余张床位实施了适老化改造并进行了消防隐患专项整治，对 40 家所养老机构依法实施了"关停撤"，探索出养老机构内设医疗机构、医疗机构内设养老机构的典型医养结合发展模式，并将符合条件的老年医疗、护理、康复纳入基本医保支持范围，全市建成投用医养结合床位达到 2000 余张，集老年照护、医疗、康复于一体的医养结合服务能力全面快速提升。

二　川南经济区养老产业发展经验

（一）自贡市养老产业发展主要经验

近年来，自贡市通过创新制度、完善网络、强化支撑，加快开放养老服务市场，不断提升养老服务质量，促进该市养老服务业更好更快发展。

1. 创新基本养老服务制度

探索建立以公建民营、民办公助等方式支持社会力量参与普惠性养老服务的制度，为老年群体提供可负担、方便可及的养老服务。截至 2022 年，全市共有养老机构 175 家，床位 21450 张，其中公办养老机构 93 家，床位 10665 张；民办养老机构 82 家，床位 10785 张。全市养老机构入住率达 52.87%。

2. 完善健康养老服务网络

全面实施社区养老服务设施建设行动计划，落实城市小区每百户居民 30 平方米养老服务设施建设。2022 年配建设施达标率达 100%、每个街道建成社区养老综合服务体 1 个，形成"15 分钟养老服务圈"。

全市已建居家和社区服务设施 493 个，城市社区覆盖率达 95.18%，农村社区覆盖率达 66.94%。社区养老综合体 12 个。利用闲置资源改造养老服务设施 7 个。新建居住小区均按规定配套建设了社区养老服务设施。

3. 加强养老服务人才培养

依托卫康院、中德养护培训项目等现有培训资源，重点开展"订单式"培养，大力培养医疗护理、养老护理、养老管理等健康养老人才。作为安宁疗护全国试点市、医养结合全省试点市，自贡市拥有全国唯一一所以康复命名的高等职业院校——四川卫生康复职业学院。

4. 促进养老服务消费

实施养老服务消费促进行动，推动老年健康养老产业创新发展，培育老年产品用品市场，探索举办自贡市适老产品交易会。

（二）内江市养老产业发展主要经验

近年来，内江市认真贯彻中央、省、市关于推进养老服务体系建设的决策部署，以"构建居家社区机构相协调，医养康养相结合的养老服务体系"为目标，落实养老服务政策，增加养老服务供给，提升养老服务质量，促进养老服务增量增效增能，助推全市养老服务高质量发展。

1. 加快社区养老服务综合体建设

积极建设集日间照料服务、临时托老服务、老年助餐营养膳食服务、老年教育服务、医养融合服务、健康管理服务、老年用品体验服务、居家上门服务等功能于一体的综合体，全方位满足各年龄段老人从健康医护、养生保健、文化娱乐到生活照料、精神关爱等多层次需求。从 2020 年起，内江市全力推进社区养老服务综合体建设，已经投入使用 2 个，还将新建 7 个养老服务综合体，到 2022 年底前实现每一个街道建立 1 个社区养老服务综合体。

2. 兴建县级失能老人照护机构

失能老年人是社会救助的重点对象，这一群体数量的不断攀升给大众家庭和整个社会带来的经济、精神上的负担越来越重。特别是特困失能老年人的照护问题，更是令人担忧。为更好地为特困失能老人提供专业的照护服务和关爱，内江市将新建失能老人照护机构。建成的县级失能老人照护机构将由县级民政部门直接管理，实行集中供养，开展精准照护，提供清洁照料、睡眠照料、饮食照料、排泄照料、卧床照料和安全照料等基本生活照料服务。同时，推进医疗卫生与养老服务互补，探索医养结合模式，将生活照料和康复护理功能整合在一起，让失能老年人享受专业化、全方位的健康养老服务。

3. 实施农村敬老院三年提升行动

和城镇地区相比，中国农村人口老龄化程度更高、进程更快，但养老基础设施和公共服务水平严重滞后于城镇，养老服务存在更大缺口，内江也不例外。为此，2021 年，内江市专门印发《内江市农村敬老院能力提升三年行动方案（2021—2023 年）》，利用 3 年时间，坚持"四个一批"，分年度、分阶段提升农村敬老院服务保障能力。2021 年，已新开工建设 3 个机构、整合重组敬老院 21 个、改造提升敬老院 23 个、投入使用养老机构 10 个。2022 年，再整合重组 7 个敬老院，提升改造 15 个敬老院，新投用 3 个敬老院，全市农村敬老院的布局将进一步优化、服务功能进一步提升。

（三）泸州市养老产业发展主要经验

泸州市聚焦老年人多元化养老服务需求，激发养老服务市场活力，以基础设施建设为抓手，以提升服务管理为重点，以老年人满意为目标，着力培育养老服务市场，持续推进养老服务体系建设，提供多元化养老服务，让老年人老有所养、心有所依。

1. 完善服务体系，满足多层次养老需求

泸州作为国家居家和社区养老服务改革试点城市，更是全省唯一的全国养老服务业综合改革试点市，紧紧抓住各项改革试点机遇，全面深化养老服务改革。泸州市围绕"一核两轴三翼多极"的川渝区域健康养老中心目标，编制出台了《全面放开养老服务市场提升养老服务质量的实施意见》《泸州市"十三五"老龄事业发展和养老服务体系建设规划》等政策规划，构建了较为完备的政策体系。在全国率先开展全民预防保健，全市 65 岁及以上老年人家庭医生签约服务率达 93%。在全省率先出台养老机构服务标准，从服务评估、设备设置、内部管理等十个方面明确具体标准和规范。创新推出"物业＋养老"、社区嵌入式养老、农村互助养老、"扶贫

+养老"、持续照料退休社区养老等新模式新业态，满足老年人多层次养老服务需求。

2. 打通为老服务"最后一公里"

近年来，泸州市落实养老服务建设用地近1000亩，指导区县加快推进老旧小区适老化改造，无障碍改造老旧小区道路、安防、建筑物等设施1100余处。同时，利用腾退土地指标建立农村各类互助式养老服务设施，统筹建设乡镇（街道）养老服务综合体10个、社区嵌入式养老机构20个、"物业＋养老"服务站15个、社区老年人睦邻点20个。建成养老机构204个，城乡日间照料中心405个，农村互助幸福院303个，开发养老床位3.5万张，逐步形成以居家为基础、社区为依托、机构为补充的医养相结合的养老服务体系。同时，结合区县资源配置、自然条件，打造中医理疗、休闲养生、文旅康养的医养结合发展格局，春江酒城嘉苑等项目加快建设，打造川渝接合部健康养老基地。小蚂蚁、中颐金色、春江酒城嘉苑等优质养老服务机构（组织）在川南已率先形成多平台、全链条的产业化发展态势。91家药品制剂、医疗机械企业入驻医药产业园区，大型商超、大中型连锁药店设立老年用品专区专柜，销售老年食品、药品、康复辅具。一键呼叫器、智能床椅等适老化智能产品在养老设施中进一步推广运用。

3. 将"养老难"变为"善养老"

随着人口老龄化的不断加快，近年来泸州不断增加老年福利，全市14万名老人领取高龄津贴；60岁及以上老年人可持证免费游览全市旅游景点，70岁及以上老年人可免费乘坐市级公交车。建立基层老年人协会1624个，建立老年教育学校133个，采取政府购买服务方式，常年为10万余名困难老人提供"五助"服务。实施"百千万养老人才工程"，培训各类养老服务从业人员，培育社工机构，吸纳志愿者参与为老服务。支持24个医疗机构开展养老护理服务，鼓励32个养老机构增设医疗机构，建设医养结合机构20家，引导139个养老机构按就近就便原则与医疗卫生机构签订服务协议，全市二级及以上医疗机构已开通老年人就医绿色通道，建立泸州市信息化居家社区养老服务平台，整合"12349"为老服务热线，建立"终端＋平台＋实体商家"服务模式。

（四） 宜宾市养老产业发展主要经验

为提升老年人幸福感、获得感，紧扣全省养老服务"七大工程"，宜宾市民政局采取"夯基础、拓功能、提质量、强队伍、保支付、优市场"六项举措，推进养老服务高质量发展。

1. 夯实养老服务设施

严格落实养老服务设施分区分级设置规划建设要求。支持利用集体建设用地发展养老服务设施，鼓励农村三产留地优先用于发展养老服务。在中心城区构建"15 分钟养老服务圈"。加强专业失能老人照护机构建设，提升现有供养服务设施照护能力。

2. 拓展养老服务功能

支持各类医疗卫生机构与养老服务机构开展多种形式合作。目前，宜宾市社会福利院和市康复医院正在创建全省医养结合示范单位。开展失能老人家庭成员照护培训，探索建立家庭喘息服务机制。实现多层次养老服务融合发展，提高养老服务机构运营能力和资源整合利用效率。大力发展老年教育，依托全市 11 所老年大学、119 所社区老年学校、372 个老年教学点，探索养教结合新模式。推广运用宜宾市"智慧养老"信息平台。

3. 提升养老服务质量

建立各司其职、协同配合的综合监管机制和养老服务监测分析与发展评价机制，推进养老服务机构服务质量信息公开。严格落实《养老机构服务安全基本规范》（GB38600—2019）强制性标准，推动养老服务领域设施、服务、管理等各类标准落实。

4. 强化养老队伍建设

建立省、市、县（区）、乡（镇）养老机构"四级联动"培训体系。依托宜宾市社会福利院、县（区）技能培训机构，开展就业技能、岗位技能、认知症照护培训，实现养老护理员岗前培训率、合格率100%。

5. 保障养老支付能力

完善贫困和低收入家庭老年人救助、基本养老保险待遇和基础养老金标准正常调整机制，稳步提高老年人的经济供养水平。80 岁及以上老年人高龄津贴标准提前三年达省标，惠及 12.5 万余名高龄老人。

6. 优化养老服务市场

深化"放管服"改革，营造平等参与、公平竞争的市场环境。培育和引进了20余家品牌化、专业化、规模化的养老服务机构。鼓励商业银行探索向产权明晰的民办养老机构发放资产（设施）抵押贷款和应收账款质押贷款，探索允许营利性养老机构以有偿取得的土地、设施等资产抵押融资。

三　川东北经济区养老产业发展经验①

（一）广安市养老产业发展主要经验

近年来，广安市委、市政府认真贯彻落实党中央、国务院和省委、省政府关于养老服务的决策部署，积极应对人口老龄化，多措并举、综合施策，不断完善养老服务体系，推动养老事业和养老产业协同发展，有效满足老年人多层次多样化养老服务需求，加快补齐养老服务短板，切实增强老年人及其家庭的获得感、幸福感和安全感。

1. 保障兜底普惠服务，积极发展养老事业

加快推进社区养老服务综合体和养老驿站建设，在社区内嵌入优质、专业养老服务资源，满足居家老人就近享受优质服务需求。对于兜底和普惠性养老服务，则需要政府保障。要规划建设一批满足基本养老服务需求、服务高龄及失能老年人的功能型养老机构，保障失智失能及"三无"、特困老人基本养老服务需求及大众普惠养老需求。要加强政策引导和制度设计，打造老年友好型生活环境，健全老年人优待制度和救助保护机制，广泛开展老年教育、文化、体育活动，不断提升老年人获得感、幸福感、安全感。

2. 挖掘"银发经济"潜能，大力培育养老产业

人口老龄化对经济社会发展而言是挑战也蕴含机遇。广安有着秀美的山水资源、深厚的文化积淀和良好的生态环境，养老产业发展潜力巨大。要坚持"亮山亮水亮文化"，用好华蓥山、嘉陵江、渠江等生态资源和美丽乡村景观风貌，唱响"广游山水文化间，安享小平故里闲"养老品牌，

---

① 由于资料缺失，未介绍广元市经验。

大力发展生态养老、旅居养老等康养产业，创新养老服务业态，拉长养老产业链条，丰富养老服务内容，形成产业规模效应，为广安经济增长贡献力量。

3. 发展居家和社区养老，破解养老服务难题

一方面，从家庭层面建"虚拟养老院"，安装智能照护设施，实施家庭适老化改造，试点推进"家庭养老床位"建设。另一方面，从街道社区层面建养老综合体和驿站，形成"机构＋综合体＋驿站＋家庭"的服务网络。在具体推进中，广安创新实施"11333"居家和社区养老服务运营模式，改革试点工作在国家考评验收中获"优秀"等次并得到专项奖励。

4. 加快养老服务体系建设，让老年人老有所养

加快社会养老服务体系建设，让老年人老有所养、老有所依、老有所乐、老有所安是摆在各级政府面前的一项十分重要而紧迫的任务。广安市紧紧围绕"加快补齐养老服务短板，推进养老服务高质量发展"目标，从五个方面推进养老服务体系建设：建设便捷、优质的居家社区养老服务体系，着力解决城市老年人无处养老、无活动场所问题；建设多层次、可选择的机构养老服务体系，满足不同收入群体老年人的养老需求；建设兜底性、普惠性的农村养老服务体系，让困难群众都能感受到党和政府的温暖；深化养老与医疗、互联网、保险的融合发展，在提升服务质量中增强老年人的获得感、幸福感和安全感；培育壮大养老产业，坚持以项目为支撑，充分挖掘人文自然优势，加强渝广合作，扩大消费潜力，坚持"亮山亮水亮文化"，用好生态资源和美丽乡村景观风貌，大力发展生态养老、旅居养老等康养产业，推进与重庆毗邻地区养老服务体系、养老产业的一体化发展。

（二）南充市养老产业发展主要经验

南充市委、市政府认真贯彻落实党中央、国务院和省委、省政府关于养老服务的决策部署，以人人享有基本养老服务为核心目标，打造川东北养老事业发展引领极、成渝地区双城经济圈养老产业发展纽带极，优先保障特困老人、失能老人、农村老人刚性需求，加大家庭、社区、机构（企业）、社会组织的深度联合，实现特殊困难群体养老服务公益化、城乡养老服务均衡化、养老产品供需多样化、养老行业管理标准化、养老产业发展集团化。

1. 完善政策配套体系

市政府出台了《关于推进南充市养老服务发展的实施意见》《南充市医养结合试点城市工作方案》《南充市居家和社区养老服务改革试点实施方案》等文件，全市各级政府将养老服务纳入民生实事，严格落实扶持政策；依托"五社"（社区、社会组织、社工、社区志愿者、社会慈善资源）联动机制，重点面向独居、空巢、留守、失能等困难老人定期开展帮扶服务；积极探索公办养老机构社会化运营，全市44家公办养老机构实现社会化运营，服务质量得到大幅提升；建成南充市智慧养老综合服务管理平台，加快推进养老服务和行业监管线上线下融合；28家二级及以上医疗机构开设了老年病科、老年病门诊；依托川北医学院、南充职业技术学院、南充卫校等院校开设养老服务相关专业。

2. 创新养老服务模式

积极探索村（社区）养老服务新模式，建立了"党建＋农村养老""慈善＋农村养老""社工＋社区养老"等养老模式，形成了以仪陇县丁字桥镇养老服务站等为代表的农村互助式养老服务模式、以嘉陵区火花街道宝光山社区养老服务站为代表的城市居家和社区养老服务模式。

3. 完善养老服务体系

实施以"养老服务规划布局调整优化工程、居家社区养老服务提质增效工程、机构养老服务提档升级工程、农村养老服务补短板工程、养老服务功能拓展工程、养老服务消费促进工程、养老服务人才队伍建设工程、养老服务综合监管能力提升工程、养老服务营商环境培育优化工程"为内容的养老服务"九大工程"，建立健全居家社区机构相协调、医养康养相结合的养老服务体系，确保老年人吃不愁、病不忧、乐有伴。预计到2025年，全市将全面构建县、乡（镇）、村（社区）三级养老服务网络和基于"1＋N"（街道1个养老服务综合体＋社区N个养老服务站）养老服务框架的"15分钟养老服务圈"。

（三）达州市养老产业发展主要经验

达州市委、市政府高度重视养老服务业工作，将养老服务业作为"五大成长型服务业"重要内容，从政策、服务、质量、市场等方面，多措并举、综合施策，推动养老事业和养老产业发展。

1. 加强养老服务业政策支持

市政府出台了《关于全面放开养老服务市场提升养老服务质量的实施意见》《关于制定和实施老年人照顾服务项目的实施意见》《关于进一步加强敬老院建设和管理的通知》等政策文件，从行业发展、规范管理、政府投入、要素保障等方面进行制度规范和设计，为养老服务资源优化配置提供了有利条件，营造了良好政策环境。

2. 强化养老服务保障措施

"十三五"期间，全市特困供养人员实现应养尽养，城市特困人员集中和分散供养由"十二五"末的每人每月520元、410元，统一提高至780元，农村特困人员集中和分散供养由"十二五"末的每人每月410元、278元，统一提高至520元。建立特困人员照料护理制度，全自理、部分失能、全失能特困人员照料护理标准每人每月50元、200元、400元。全面提高高龄津贴标准，80~89岁、90~99岁、100岁及以上老年人高龄津贴由"十二五"末的每人每月20元、100元、400元提高至60元、120元、600元，分别增长200%、20%、50%，累计发放高龄津贴3.74亿元。创新建立"一匾两金"百岁老人关爱制度。

3. 不断提升养老服务质量

推进养老服务重点项目建设，新建13个公办养老机构。实施农村敬老院改造提升三年行动，对69家公办养老机构6538张床位实施适老化改造。加快构建"1+N"农村公办养老服务联合体，推动农村敬老院在服务对象、发展定位、服务内容、运营方式上逐步实现"四个转变"。全市建成养老机构189家、城乡社区日间照料中心445个、农村幸福院508个，各类养老床位2.5万张。连续四年开展养老院服务质量建设专项行动，126家养老机构达到《养老机构服务质量基本规范》国家标准，护理型床位占比30%。推进医养结合，建成医养结合机构14家。加强养老服务人才培养，累计培训养老服务从业人员5000余人次。

4. 不断增强养老服务市场活力

深化养老服务领域"放管服"改革，取消养老机构设立许可，全面实行备案管理。公布《达州市养老机构投资指南》《达州市养老服务政策扶持项目清单》《达州市养老机构供给信息目录》，落实优惠扶持政策，鼓励社会力量创办或运营养老服务设施，推进公办养老机构改革。全市养老服务企业营商环境不断优化，养老服务业态从以养老为主逐步向养老与医疗、健康、旅游等多业融合转变，呈现良性发展态势。

（四）巴中市养老产业发展主要经验

"十三五"时期，巴中市坚定践行习近平新时代中国特色社会主义思想，扎实推进养老服务体系建设。基本养老服务保障能力日益增强，养老服务政策体系逐步完善，养老供给能力不断增强，服务质量持续提升，以居家为基础、社区为依托、机构为支撑的医养相结合的多层次养老服务体系初步形成，老年人安全感、幸福感得到提升。

1. 增强基本养老服务保障能力

城乡居民养老保险制度实现全覆盖，机关事业单位工作人员养老保险制度全面建立。到 2020 年，全市养老保险覆盖 195.31 万人，养老保险参保 172.43 万人，养老保险发放 78.43 万人。全市老年社会救助、老年医疗保障、特困供养人员、高龄津贴、政府购买居家养老服务等政策落地落实。持续提高特困人员救助供养标准，其供养标准从 2017 年农村 400 元/月、城市 500 元/月提高到 2020 年的农村 510 元/月、城市 770 元/月，分别提高了 110 元/月、270 元/月。为全市 7.9 万余名 80 岁及以上高龄老人发放高龄补贴。通过政府购买居家养老服务模式，为全市 8 万余名特殊困难家庭老人提供居家养老服务。

2. 加强养老服务政策体系建设

将养老服务纳入《巴中市乡村振兴战略规划（2018—2022 年）》，相继出台了《巴中市养老服务产业发展规划（2016—2030 年）》《关于制定和实施老年人照顾服务项目的实施意见》《关于政府向社会力量购买服务管理办法（试行）》《关于加强老年人关爱服务体系建设的实施方案》等一系列养老服务政策。县（区）政府及时公开本区域内养老服务政策、服务标准、供需信息、投资指南。建立健全了巴中市养老服务工作联席会议制度，定期研究解决具体问题，将养老服务体系建设内容纳入政府民生实事进行考核，确保目标任务落地落实。

3. 加强养老服务供给能力建设

截至 2020 年底，建成养老服务机构 114 家，正常运营的 74 家（其中公办养老机构 60 家、民办养老机构 14 家），全市城乡日间照料中心 350 个、农村幸福院 334 个。落实新建敬老院项目 7 个、适老化改造项目 47 个，积极改造提升护理型床位，提升失能半失能服务对象保障能力，确保有入住意愿的特困人员全部实现集中供养。

4. 加快养老服务质量提升

连续开展养老院服务质量建设专项行动，坚持问题导向，建立跟踪问效机制，确保服务质量提升。通过县（区）交叉检查、市级明察暗访，全市不合格养老院整治率达 100%，公办养老机构养老服务 55 项基础质量指标合格率达到 95% 以上，关停并转农村敬老院 10 个。加强养老服务人才培养培训，建立巴中市养老人才库，首批入库人才达 30 人。持续开展养老护理员、养老机构院长培训，实现养老机构院长和护理员培训全覆盖。深化巴渝养老领域合作，取长补短提升养老服务质量，成功与重庆市渝北区民政局、沙坪坝区民政局、潼南区民政局签订养老发展战略合作框架协议。

5. 加快森林康养产业发展

全市已建成国家森林康养基地 1 个、全国森林康养基地试点建设单位 8 个、省级森林康养基地 28 个、市级森林康养试点示范基地 28 个、县（区）森林康养精品点 102 处，培育省级森林（康养）人家 41 个，打造省级森林乡镇 7 个。其中，天马山国家森林公园被评为"中国森林养生基地"，通江县空山镇、南江县光雾山镇入围全国"最美森林乡镇"，空山国家森林公园被评为"中国森林体验基地"，驷马河等 3 个基地获省级森林自然教育基地认定，章怀山等 5 个基地获省级生态文明教育基地认定。

四 攀西经济区养老产业发展经验

（一）攀枝花市养老产业发展主要经验

近年来，攀枝花市委、市政府聚焦老年健康和出生人口，抓住国家医养结合、康复辅助器具产业综合创新、安宁疗护等试点机遇，统筹推进"一老一小"整体解决方案，全域推进医养结合服务，努力构建医养康养活力老龄化社会，形成了卓有成效的应对人口老龄化实践经验。

1. 培育壮大康养产业集群

以创建国家全域旅游示范市为目标，聚焦产业链高端和价值链核心，推动康养与运动、文旅、医疗、农业、工业深度融合，加快形成"一核一带三谷"，打造以中心城区为核心的医疗服务基地、以盐边为支撑的运动健身休闲养生带、以西区为重点的康养"苏铁谷"、以仁和为重点的康养"仁和谷"和以米易为重点的康养"迷易谷"。大力实施康养"5115"工程，加快康养度假区建设。扩大阳光生态经济区域合作，联合成都、昆明、西昌、大理、丽江等城市，共同宣传推广大香格里拉环线旅居康养产业。支持成渝地区企业参与攀枝花康养产业发展，加快建立攀枝花康养投资集团，有效推进康养项目投融资、康养模式探索运营等。持续办好中国康养产业发展论坛。

2. 强化文旅产业融合发展

完善文旅交通设施网络，构建"快进慢游"交通网络，增强文旅融合接待能力。支持米易、仁和、盐边等创建天府旅游名县。推进文旅融合发展示范园区建设，支持各县（区）和"两城"开发集文化创意、度假休闲、康体养生等主题于一体的文旅综合体，重点建设"三线文化"和苴却砚文化等一批特色鲜明、主导产业突出、示范效应显著的文旅融合产业示范园区。培育发展文旅特色小镇，重点以"三线文化"、康养文化等特色文化以及独特的康养气候资源为依托，完善基础服务设施，加强对外宣传推介，力争打造10个以上主题鲜明、功能完善、宜居宜游宜业的文旅特色小镇。推动"苴却砚雕刻技艺""油底肉制作技艺""国胜茶制作技艺""傈僳族刺绣技艺""周府糕点制作技艺"等非遗传统技艺与市场接轨，促进迤沙拉谈经古乐、笮山锅庄、傈僳族约德节等优秀传统文化创造性转化、创新性发展。

3. 打造文旅康养升级版

整合现有景区资源和攀枝花中国三线建设博物馆、攀枝花开发建设纪念馆、大田会议纪念馆等展馆资源，打造三线文化游、阳光康养游、山水田园游、特色文化游和大香格里拉游等 5 条精品文旅线路产品。高水准推出"三线文化周"文旅活动，做精做热清凉夏季星空露营节，持续举办攀枝花欢乐阳光节，带动开展蓝花楹节、凤凰花节、索玛花节、苴却砚文化艺术节、姊妹节、约德节等文旅节庆活动，融合体育、农村农事举办自行车、徒步、皮划艇等运动赛事活动和杜果采摘节、石榴节、桑葚节等活动，打造一批品牌响亮、口碑叫座的节庆活动。依托市内外有实力的旅行商和协会，整合包装特色文旅产品，设计面向国际的夏季清凉、四季康养、"三线文化"文旅产品，积极培育港澳台和境外客源市场，努力开拓国际市场。

（二）凉山州养老产业发展主要经验

1. 加快构建多层次养老服务体系

提升特殊群体兜底供养水平。改造提升公办养老机构床位 3892 张，提高管理服务质量合格率达 90% 以上，重点为特困人员、经济困难的失能失智老年人等特殊群体提供无偿或低收费托养服务。

大力发展社区居家养老服务。2020 年，投入资金 1273 万元，以政府购买服务方式，为 7.72 万余名困难家庭失能老人和 80 岁及以上高龄老人提供助餐、助浴、助洁、助急、助医等居家养老服务；投入资金 438 万元，补贴运营城乡日间照料中心 165 个，服务老年人近 15 万人。

积极探索农村互助养老模式。2020 年，投入资金 630 万元，以"相邻相望相助，共建共荣共享"为主题，通过政府购买服务等方式，发挥基层组织作用，动员农村剩余劳动力参与，持续实施农村"1 + N"互助养老服务模式，为 18 万余名农村老年人提供日间生活照料、情感交流、文体娱乐、精神慰藉等服务。

引导支持民办养老服务发展。落实养老服务业土地保障、税费减免、资金支持、水电气价格优惠等政策，鼓励和支持社会力量充分利用凉山气候条件和自然风光的独特优势，大力发展养老服务业。2020 年，投入资金 88.9 万元，补贴运营 6 家民办养老机构 1779 张床位，邛海国际老年社区等一批新型民办养老机构不断涌现，群众对优质养老服务的需求得到了进一步满足。

2. 推动森林康养产业发展

主动将森林康养发展嵌入绿色崛起战略目标，以禀赋效应，着力建设大、中、小型多重森林康养产业集群链。融入多带共廊体系。以西昌为中心，构建共享共赢共治森林康养发展动能，集聚攀西生态带、交通带、人文带、旅游带、经济带廊道，将森林康养产业作为特色先导产业，串联红色文化、航天文化、民族文化、宗教文化、自然文化"五彩共织"，打造集风景、医疗、养生、阳光、文化于一体的森林康养业态。2021 年，凉山森林康养共接待游客 342.5 万余人次，实现直接效益 4.94 亿元、间接效益数十亿元。持续巩固以"阳光湿地魅力西昌，森林康养大美凉山"为主题的"中国·四川第三届（冬季）康养年会"宣传成果，运用好脱贫攻坚以来凉山社会经济发展的媒体曝光度，继续创办一批特色农林产品旅游节会、培育一批生产能人、打造一批特色景点、发展一批网络红人、参加一批推介活动，持续做好凉山森林康养宣传，扩大凉山生态振兴发展影响力。

3. 逐步完善"夕阳"产业

在大力发展公办养老机构方面，重点为特困人员、经济困难的失能失智老年人等特殊群体提供托养服务，提升特殊群体兜底供养水平。在积极探索和发展居家社区养老服务方面，以政府购买服务方式，为 7.72 万名困难家庭老人和 80 岁及以上高龄老人提供助餐、助浴、助洁、助急、助医等居家养老服务，并补贴运营城乡日间照料中心 165 个。同时，积极探索农村互助养老模式，结合凉山实际，以"相邻相望相助，共建共荣共享"为主题，发挥基层组织作用，通过政府购买服务等方式，动员农村剩余劳动力参与，探索实施农村"1＋N"互助养老服务模式，为农村老年人提供日间生活照料、情感交流、文体娱乐、精神慰藉等服务，切实解决农村养老服务"最后一公里"问题。

五　川西北生态示范区养老产业发展经验

（一）甘孜州养老产业发展主要经验

近年来，甘孜州积极发展养老服务业，大力兴办养老服务机构，加快加力公办养老机构建设，推进民办养老机构建设。通过政策扶持培育了一批养老机构，不断完善老年社会救济，发展区域性养老服务中心，加强队伍建设，提高养老服务水平，积极推进养老事业发展。

1. 多举措加快养老服务体系建设

加快完善养老政策体系，让养老服务更有质量。先后出台老年人优待工作、发展养老服务业的实施意见等文件，特别是《养老护理员岗位补贴及从业年限补贴的实施方案》，从根本上提高护理人员待遇，推进全州养老服务人才建设。

实施居家养老项目，让养老服务更有温度。2021年开展政府购买居家养老服务项目。截至2022年，甘孜州支出2130万元购买居家养老服务，共计服务7.3万人次。

加大养老机构投入，让养老服务更有保障。2021年投入20万余元为全州909名入住养老机构的老人购买养老机构责任险，疫情期间发放一次性补贴，让入住老人在疫情期间住得安心、舒心。

2. 打造全省康养产业优先发展示范区

以大渡河、雅砻江、金沙江三大流域内森林公园、自然保护区等为载体打造森林康养基地，融合发展生态、休闲、养生等产业推动林业产业转型发展。全州已成功申报创建森林康养基地37处。围绕田坝－杵坭－德威康养核心产业带，以温泉疗养、生态度假等为载体，推出牛背山山地旅游、杵坭精品村寨等康养旅游产品，开设康养文化沙龙等旅居套餐，全州常年康养老人达800余人。

3. 多举措做实养老服务

探索异地养老。针对高海拔地区冬季不适宜居家养老等问题，探索建立"候鸟式"社会养老服务模式，投资4800万元建设泸定老年养护院，计划建设床位300张，建筑面积达13350平方米。

完善基础设施。实施床位机构改造提升行动，州本级投入3000万余元，新建和改扩建敬老院（社会福利院）36个，新增和改造养老床位3600张，新建城乡社区日间照料中心96个。

出台支持政策。制定《加快发展养老服务业的实施意见》，加大用地、用房和政府投入的支持力度，明确各县（市）每年至少投入60万元用于敬老院建设和运行，将每年不低于 55% 的社会福利事业彩票公益金用于发展养老服务。

（二）阿坝州养老产业发展主要经验

近年来，阿坝州强化政府服务职能，努力构建以居家为基础、社区为依托、机构为补充的养老服务体系，不断满足老年人多层次、多样化的养老服务需求，全力推进养老服务业健康发展。

1. 进一步完善养老保障体系

聚焦新时代老年人对高质量养老服务的向往和需求，深化以居家养老为基础、社区为依托、养老机构为支撑的医养相结合的养老服务体系建设，落实老年津贴、养老服务补贴、医疗保险互通互认等制度机制，更好地满足差异化、优质化养老需求。发挥政府主导作用，以养老服务体系建设为依托，支持社会力量参与，通过政府购买服务等方式，探索保障特殊困难失能老年人的长期照护服务需求。

2. 探索养老机构"公建民营"改革

积极推进公办养老机构改革，健全公办养老机构公建民营制度，放开养老市场，引进社会资本参与，以市场为主体和引擎，在保障公益职能、国有资产安全、发挥社会资本优势的前提下，充分利用好养老资源，全面提升全州机构养老服务质量并不断满足老年人养老新需求。

3. 不断提升养老服务质量

健全老年人关爱服务工作机制和基本制度，强化社区和农村养老服务设施建设，充分发挥城乡日间照料中心和养老设施功能。强化居家养老服务质量和志愿者作用，补齐居家养老服务短板，通过完善标准体系，丰富服务内容，政府购买社会专业服务和志愿者服务，为全州老年人提供居家养老服务和其他为老服务。

4. 抓项目促发展

大力发展"居家＋社区"养老模式，以社区养老服务综合体建设为抓手，进一步优化社区养老服务设施布局，扩大社区养老服务有效供给，打造"15 分钟养老服务圈"。

老年健康支撑体系篇

四川老年健康支撑体系政策研究

　　我国人口老龄化出现老年人口规模大、老龄化速度加快和城乡差异大的特点，如何有效解决人口老龄化问题已成为全社会关注的焦点。根据第七次全国人口普查数据，我国 60 岁及以上人口比重为 18.7%，其中 65 岁及以上人口比重达到 13.5%，世界平均水平为 65 岁及以上人口占比达 9.3%，我国人口老龄化程度已经高于世界平均水平。国家卫生健康委指出，预计到 2035 年，我国 60 岁及以上老年人口占比将超过 30%。目前我国老龄化进程仅靠年轻一代已经无法承担如此严峻的养老问题。因此，在应对快速发展的老龄化过程中，完善老年健康支撑体系是解决养老问题的关键，也是实施积极老龄化国家战略的必然要求。

　　四川省 60 岁及以上人口占比 21.71%，居全国第 3 位，其中 65 岁及以上人口比重达到 16.93%，已进入深度老龄化社会。如何更好应对人口老龄化、破除养老领域痛点难点，解决养老的"急难愁盼"问题。四川省坚持以党的二十大精神为指引，立足新发展阶段，贯彻新发展理念，构建新发展格局，加快健全社会保障体系、养老服务体系、健康支撑体系，先后出台《四川省国民经济和社会发展第十四个五年规划和 2035 年远景目标纲要》《四川省"十四五"老龄事业发展和养老服务体系规划》等文件。下面，我们结合四川省实际情况及调研结果，对现有老年健康支撑体系的现状、问题及对策建议进行报告，为进一步完善四川省老年健康支撑体系，落实积极应对人口老龄化国家战略提供决策参考。

一　老年健康支撑体系的相关概念

　　2021 年，《中共中央　国务院关于加强新时代老龄工作的意见》提出完善老年人健康支撑体系，包括提高老年人健康服务和管理水平，加强失能老年人长期照护服务和保障，深入推进医养结合。

健康服务即以维护和促进人民群众身心健康为目标，主要包括医疗服务、健康管理与促进、健康保险以及相关服务。健康管理是以现代健康概念和新的医学模式以及中医治未病为指导，采用现代医学和现代管理学的理论、技术、方法和手段，对个体和群体整体健康状况以及影响健康的危险因素进行全面检测、评估、有效干预与连续跟踪服务的医学行为及过程。

长期照护是指在持续的一段时期内给丧失活动能力或从未有过某种程度活动能力的人提供的一系列健康护理、个人照料和社会服务项目。

医养结合是集"医""康""养""护"于一体，将"医疗资源"和"养老资源"进行重新整合，使全社会的医疗资源和养老资源的利用率达到最大化，有效实现"医"与"养"的结合，是针对我国现存突出养老问题和人口老龄化问题而提出的一种解决方案。

二 老年健康支撑体系的现状

（一）全国现状

1. 健康服务与管理

自 2000 年以后，受到美国等西方发达国家开展健康管理的影响，2001年我国注册成立第一家健康管理公司。特别是 2003 年经历了 SARS 危机后，健康管理、健康体检相关服务机构明显增多。2003 年 12 月，卫生部、劳动和社会保障部、中国保险监督委员会联合举办"健康管理与医疗保障（险）高层论坛"。2005 年劳动和社会保障部将"健康管理师"列为新型职业。2006 年中华预防医学会成立健康风险评估与控制专业委员会。2007年《健康管理师国家职业标准》发布，中华预防医学会成立健康管理学分会。2009 年 6 月，《健康管理概念与学科体系的中国专家初步共识》发布。2009 年 10 月，卫生部印发的《国家基本公共卫生服务规范（2009 年版）》分为 10 个类别，其中有 7 个类别是有关健康管理的内容。2011 年和 2017年，经过专家两次对规范内容的修订和完善，形成了《国家基本公共卫生服务规范（第三版）》。2016～2019年，我国连续四年发布医疗卫生健康相关战略、纲要、行动，从不同层面和角度对健康管理的发展方向和服务能力提出了要求。2019年12月，中国银保监会正式发布了修订后的《健康保险管理办法》，该办法鼓励保险公司发展健康管理服务。近年来，我国健康服务产业将迎来长期持续的高景气，市场扩容及民营医院份额提升为民营医院发展提供广阔发展空间。京东方将多年积累的显示、传感、人工智能和大数据四大核心技术与医学、生命科技相结合，跨界创新，发展移动健康、再生医学和O2O医疗服务，整合健康园区资源，提供物联网智慧健康产品及服务。我国健康管理服务行业虽然起步较晚，但发展势头迅猛。中关村新智源健康管理研究院发布的《中国健康管理与健康产业发展报告No.3（2020）》数据显示，我国健康管理的消费市场主要集中在华东、华北、华中、华南等东部地区，分别占比35%、14%、14%、13%。截至2021年12月24日，我国数字健康管理企业注册数量达到16146家。《"健康中国2030"规划纲要》要求"立足全人群和全生命周期两个着力点，提供公平可及、系统连续的健康服务，实现更高水平的全民健康"。我国构建了围绕健康全过程、全生命周期的规范可及、系统连续的健康管理体系。

2. 长期护理保险

为积极应对老龄化，满足老年人日益增长的长期护理需求，最大限度地削弱人口老龄化带来的负面影响，减轻家庭照料的人力和经济负担，国家层面做出了积极努力。2006年，《中共中央　国务院关于全面加强人口和计划生育工作　统筹解决人口问题的决定》（中发〔2006〕22号）明确提出探索建立长期护理保险等社会化服务制度。同年，长期护理保险被中国人民保险公司引入中国商业健康保险市场，由此，商业性长期护理保险在我国拉开了序幕。国务院在《关于印发"十二五"期间深化医药卫生体制改革规划暨实施方案的通知》中，也积极引导商业保险机构开发长期护理保险、特殊大病保险等险种，满足多样化的健康需求。2016年国务院印发《关于开展长期护理保险制度试点的指导意见》，提出建立长期护理保险，并在全国14个省份的35个城市进行了试点探索。经过实践探索，试点地区基本形成适应当地情况的长期护理保险制度政策框架和运行模式，取得初步成效。为进一步深入推进试点工作，2020 年国务院印发《关于扩大长期护理保险制度试点的指导意见》，扩大试点范围，新增 14 个试点城市。截至 2022 年 6 月底，长期护理保险制度试点已覆盖 49 个城市、1.45 亿人，累计有 178 万人享受待遇。人均报销水平每年约 1.6 万元，基金支付占到个人基本护理费用的 70% 左右。长期照护试点工作成效显著，可有效减轻失能老年人家庭经济负担，优化医疗资源配置，改善老年人生存质量。

3. 医养结合

从 20 世纪 70 年代开始，日本、美国、英国等发达国家就开始探索长期照护养老制度，并不断加以完善。而我国传统的养老模式具有"医"和"养"脱节的弊端，一般老年人选择居家养老，仅当其生病，需要医疗治疗的时候，才去医院就诊，造成老年人在家和医院来回奔波的现象，不利于老年人的身体健康与养老生活。因此自 2005 年起，国内多位学者开始提出"医养结合"概念。2013 年 9 月，国务院印发《关于加快发展养老服务业的若干意见》，提出积极推进医疗卫生与养老服务结合是养老服务业发展的 6 大主要任务之一。2014 年，《国家卫生计生委办公厅关于印发〈养老机构医务室基本标准（试行）〉和〈养老机构护理站基本标准（试行）〉的通知》（国卫办医发〔2014〕57 号），对养中有医提出了设置标准。2015 年 3 月，国务院办公厅印发《全国医疗卫生服务体系规划纲要（2015—2020 年）》，正式明确医养结合的概念，从国家的高度和宏观的角度对医养结合的概念和要求进行了定位和规范。2016 年，国家卫生计生委办公厅、民政部办公厅确定了两批国家级医养结合试点单位。2017 年，国家卫生计生委发布了《国家卫生计生委办公厅关于养老机构内部设置医疗机构取消行政审批实行备案管理的通知》（国卫办医发〔2017〕38 号），强调卫生计生行政部门应当加强事中事后监管。2018 年，第十三届全国人民代表大会常务委员会第七次会议修正通过《老年人权益保障法》，将养老机构的设置由许可形式修订为登记和备案管理，深化养老服务"放管服"改革，推进养老服务发展。2019 年，由国家卫生健康委、民政部、国家发展改革委等 12 部门联合印发《关于深入推进医养结合发展的若干意见》（国卫老龄发〔2019〕60 号），进一步强化医疗卫生与养老服务衔接，推进医养结合机构"放管服"改革，对进一步完善居家为基础、社区为依托、机构为补充、医养相结合的养老服务体系，更好地满足老年人健康养老服务需求提出相关要求；《健康中国行动（2019—2030年）》确定90个市区医养结合试点，开展长期护理保险试点。近年来，国家继续深入开展了大量关于医养结合的探索，并将其纳入《"十三五"国家老龄事业发展和养老体系建设规划》《"健康中国2030"规划纲要》等相关战略规划中。"十四五"规划提出"构建居家社区机构相协调、医养康养相结合的养老服务体系"。

（二）四川现状

1. 逐渐完善保障体系

经过多年努力，四川省医疗服务体系进一步健全，《四川省"十四五"老龄事业发展和养老服务体系规划》指出，健全老有所医的医疗保障制度。制定应对人口老龄化医疗负担的多渠道筹资政策，拓宽医疗救助筹资渠道。完善适应人口老龄化的基本医保待遇调整机制。针对老年人易发多发病种和实际需要，扩大老年人慢性病用药报销范围，探索将心脑血管等慢性病纳入用药保障范围，不断提升老年人医疗保障待遇。出台家庭医生医保服务包、安宁疗护、家庭病床等医疗服务项目管理办法和相关医保支付政策，推进实行医疗康复、安宁疗护、慢性精神疾病等长期住院及医养结合住院、家庭病床等按床日付费。将符合条件的康复护理项目纳入医保支付范围。建立完善老年综合评估、居家医疗服务收费等政策。将老年疾病常见用药纳入集中带量采购范围。扩大异地就医直接结算范围，优化医保经办线上线下适老化服务渠道。支持发展商业健康保险，满足老年人多样化、多层次保障需求。2022年，《四川省"十四五"医疗卫生服务体系规划》指出，推进实行医疗康复、安宁疗护、慢性精神疾病等长期住院及医养结合住院、家庭病床等按床日付费。四川省从2017年7月启动长期护理保险，目前共经历了三轮改革试点。从最初仅将城镇职工中重度躯体失能人员纳入制度保障范围，到目前将学生儿童也纳入制度保障范围，实现了制度对参保群体的全覆盖。目前参保人员共计1789.39万人，共有4.74万人正在享受长期护理保险待遇。其中60岁及以上失能人员4.2万人，占比 88.61%。试点实施以来，累计 9.1 万人享受过此待遇。长期护理保险实施以来，基金累计支付 19.64 亿元，降低失能人员家庭照料经济负担 44.31%，生存时间较未享受人群增加 2.08 年。

2. 不断强化人才队伍建设机制

《四川省"十四五"老龄事业发展和养老服务体系规划》指出，进一步完善人才队伍激励机制，在养老机构举办的医疗机构中工作的医务人员，可参照执行基层医务人员相关激励政策，调动医务人员开展医养服务的积极性。长期照护培训 4.66 万名居家护理服务人员，累计向全市各类协议服务机构提供 500 余名专业人员支持。此外，发展培育定点护理机构 206 家，直接提供就业岗位 2900 余个，间接拉动养老服务产业就业 7.8 万余人。

3. 逐渐形成四川标准经验

如何科学有效地制定失能等级的评估标准一直是业界难题。"四川标准"将国际标准和本土实践、躯体失能与失智失能、评定标准与信息系统进行有机结合。经过比对，四川标准和国家标准匹配度很高，一些指标的相似度达到 95% 以上。为国家标准的制定提供了参考。2017 年，《四川省人民政府办公厅关于印发四川省防治慢性病中长期规划（2017—2025 年）的通知》（川办发〔2017〕60 号）指出，参加医保贫困人口产生政策内医疗费用将实现全报销；2022 年广元市抢抓承担医疗救助市级统筹首批省级试点机遇，初步建立起医疗救助市级统筹制度，年度调整医保政策 2 次，报销水平整体提高 10 个百分点，减轻群众医疗费用负担 3.74 亿元；2022 年巴中将参加职工医保的灵活就业人员生育医疗费用纳入基本医保统筹基金报销；2023 年 4 月达州市《达州市职工大额医疗费用补助办法》施行。

4. 逐年扩充医疗服务资源

自 2015 年《关于推进医疗卫生与养老服务相结合指导意见》（国发〔2015〕84 号）发布以来，在政策利好下社会办医的意向越来越明显，四川省民营医疗资源逐年增加。2016 年 8 月，为贯彻落实《国务院办公厅转发卫生计生委等部门关于推进医疗卫生与养老服务相结合指导意见的通知》（国办发〔2015〕84 号）精神，四川省卫生计生委联合民政厅、省发展改革委、财政厅、人力资源社会保障厅、国土资源厅、住房城乡建设厅、省老龄办及省中医药局等 9 部门制定《关于加快推进医疗卫生与养老服务相结合的实施意见》（川办发〔2016〕57 号），推动四川省医疗卫生与养老服务融合发展，科学统筹全省医疗卫生和养老资源。2020 年，《关于建立完善老年健康服务体系的实施意见》（川卫发〔2020〕7 号）提出推进机构建设，实施老年健康服务机构"三个一"建设工程（建设一批、转型一批、升级一批），将老年健康服务机构作为区域卫生规划的重点，推进老年健康服务机构标准化建设；建设一批老年医院，引导一批医院转型为康复医院、护理院等接续性医疗机构，提升一批基层医疗卫生机构老年健康服务能力；推动开展适老化改造，推进老年友善医疗卫生机构创建活动，到 2022 年，80% 以上的综合性医院、康复医院、护理院和基层医疗卫生机构成为老年友善医疗卫生机构。《四川省银龄健康工程实施方案（2022—2025 年)》提出拓展中医药老年健康服务，加强中医药服务能力建设。《关于建立完善老年健康服务体系的实施意见》（川卫发〔2020〕7号）提出加强中医药服务，全省覆盖城乡的中医药服务网络基本建成，全省中医医院达到 328 家，每千常住人口中医医院床位数和中医类别执业（助理）医师数分别达到 0.94 张、0.71 人，县域政府办中医医院覆盖率达到 98.4%，建成乡镇卫生院和社区卫生服务中心中医馆 4225 个、社区卫生服务站和村卫生室"中医阁"41662 个，98.8% 的二级及以上公立综合医院设有中医科和中药房，成都、南充、绵阳 3 市成为国家社会办中医试点地区；中医药服务能力明显提升，2022 年 7 月 25 日至 7 月 31 日四川省中医药管理局办公室组织开展"2022 年老年健康宣传周"活动。2021 年，《健康四川行动推进委员会办公室关于印发健康四川行动 2021 年工作要点的通知》（川健推办发〔2021〕1 号）提出，在四川省 10 个监测点中，对1.2 万名 18 岁及以上人群开展重点心脑血管疾病及危险因素状况和分布特点调查，对筛查出的高血压病人进行随访和管理。2022 年，《四川省银龄健康工程 2022 年工作方案》提出加强老年预防保健，做实老年人健康管理。

5. 不断健全部门联动机制

2018 年 9 月，为深入贯彻落实党的十九大关于"推进医养结合，加快老龄事业和产业发展"要求，根据《国务院办公厅转发卫生计生委等部门关于推进医疗卫生与养老服务相结合指导意见的通知》（国办发〔2015〕84号）、《四川省人民政府办公厅转发省卫生计生委等部门关于加快推进医疗卫生与养老服务相结合实施意见的通知》（川办发〔2016〕57号）精神，为充分发挥政府宏观调控和市场配置资源的作用，统筹全省医疗卫生和养老资源，加快提升四川省医疗卫生与养老服务能力和水平，有效满足老年人群对健康养老服务需求，四川省成立以省政府分管领导为组长，各相关省级部门为成员单位的养老健康服务业发展推进小组，建立联络员、工作例会、信息报送等制度；《四川省人民政府办公厅关于印发四川省医疗卫生与养老服务相结合发展规划（2018—2025年）的通知》（川办发〔2018〕78号），提出"一区两片三带"的养老与健康服务业发展空间布局；省卫生计生委与省民政厅签订《四川省医养融合产业发展合作备忘录》，全方位推动医养融合发展。随后，省卫生计生委又分别与德阳、泸州、雅安等地签订医养产业快速发展战略合作备忘录，形成省市联动、齐抓共管氛围，助推地方医养产业全面快速发展。

6. 率先制定发展规划

2019年，为加快推进四川省医养结合高质量发展，深入贯彻落实《国务院办公厅印发关于推进养老服务发展的意见》（国办发〔2019〕5号）、《四川省人民政府办公厅关于印发四川省医疗卫生与养老服务相结合发展规划（2018—2025年）的通知》（川办发〔2018〕78号），四川省卫生健康委员会、四川省发展和改革委员会等19个部门联合出台《四川省医疗卫生与养老服务相结合发展行动方案（2019—2020年）》，作为全国首个颁布将医疗卫生与养老服务资源结合发展规划的省份，《四川省医疗卫生与养老服务相结合发展规划（2018—2025年）》指出，到2020年，完善医养结合养老体系、制定科学合理的管理条例，实现养老和医疗的有机结合，规定任何养老机构都能以任何形式接纳老年人群并为其提供科学的养老服务；此外，需要大力培养具有专业知识和技能的医疗护理人员以弥补现有人才不足现象；通过医养结合的产业整合，取得2000亿元的效益增值；人均寿命最低达77.3岁。到2025年，全省养老服务体系进一步发展，形成覆盖全生命周期的医养结合产业体系。医养结合产业增加值达到3200亿元；人均期望寿命提高到78.2岁。

7. 不断整合创新医养资源

2020 年，为贯彻落实中共中央、国务院关于积极应对人口老龄化、推进医疗卫生与养老服务相结合的决策部署，全面推进全国医养结合示范省创建工作，现结合四川省实际，四川省人民政府办公厅出台《关于印发四川省创建全国医养结合示范省实施方案的通知》（川办发〔2020〕57 号），提出提升居家养老的医疗卫生服务水平，创新社区医养服务模式，推动有条件的社区卫生服务中心设立以日间护理为重点的社区卫生服务站，为社区老年人提供基本医疗、日间介护、慢病管理、康复护理、生活援助等服务；支持医疗卫生机构通过派驻、托管、协议合作等形式为社区各类养老服务机构提供医疗卫生服务；鼓励基层老年协会、基层群众性自治组织等开展互助式养老服务；支持医疗卫生机构与养老机构通过合作共建、协议托管等形式开展合作，规范签约服务项目；支持医疗卫生机构在养老机构增加执业地点，为入住老年人提供医疗服务；推进医养结合区域协同发展，鼓励成渝地区双城经济圈优质医养资源共建共享，支持大型医疗机构或医养结合机构牵头组建医疗养老联合体或集团；利用闲置的社会资源改造建设一批医养结合机构，引导一批二级及以下医院转型为收治失能老年人的医养结合机构，鼓励具备条件的党政机关和国有企事业单位培训疗养机构转型为医养结合机构；推进"普惠养老城企联动专项行动"试点。近年来，四川省不断完善多层次服务体系，享受长护险待遇的失能人员可自行选择入住机构护理或居家护理。选择入住机构护理的，由机构提供基础、专业护理服务和辅具服务。选择居家护理的，其基础护理服务由失能人员指定的居家护理人员提供服务，专业护理服务和辅具服务由专业机构上门提供。这在一定程度上缓解专业机构数量少的问题。采用居家照护和机构照护相结合的方式，是四川省的特色，也是未来持续运作的方式。《关于印发四川省县域医药卫生集成创新改革试点实施方案的通知》提出深化家庭医生签约服务，优化签约服务模式。四川省对 618 万贫困人口全覆盖开展免费健康体检，家庭医生签约率达 99.8%。2022 年 12 月，四川省新增 5800 个普惠性托位，按照新建、改扩建每个托位 10000 元的标准给予补助。截至 2022 年 12 月底，75 个项目全部完成建设，完成率 100%，5890 个托位具备入托条件，完成率 101.55%。成都市通过新建改扩建、转型发展，加强老年医院、康复医院、护理院（中心、站）以及优抚医院建设，建立医疗、康复、护理双向转诊机制。2023 年，四川省卫生健康委员会和四川省财政厅发布的《关于印发 2023 年四川省失能老年人"健康敲门行动"实施方案的通知》（川卫老龄函〔2023〕74 号）提出，2023 年 3月底前，家庭医生团队为失能老年人免费上门提供第一次健康服务及指导。

8. 开展医养结合示范省创建活动

《四川省国民经济和社会发展第十四个五年规划和二〇三五年远景目标纲要》指出，规划建设老年医院、康复医院、护理院和安宁疗护机构，发展医养结合型机构，加快建设全国医养结合示范省。《四川省"十四五"老龄事业发展和养老服务体系规划》指出，加快医养结合示范省建设。到2025 年，建设 300 个医养服务中心。完善医养服务标准规范体系，开展医养结合示范县（市、区）和示范单位创建活动。

9. 开展健康素养提升活动

截至 2021 年 12 月底，四川省所有农村县（区）已全部启动全民健康生活方式行动，覆盖率达 100%。2021 年，结合四川省重点疾病和重点健康问题，开发了健康知识传播材料共计 65 种。制作播出节目 160 期，合计480 分钟。2021 年，补助 30 余个脱贫地区、农村地区每个县 2.5 万元，共计 75 万余元。目前，所有监测点的现场调查及数据上报工作已经全面完成，资料正在分析处理中。2022 年 10 月，四川省开展"敬老月"活动。2022 年 12 月 28 日，四川省各市（州）单位推进健康共同建立健全全媒体健康科普知识发布和传播机制。2022 年，攀枝花市监测居民健康素养水平达到26.69%。《四川省银龄健康工程实施方案（2022—2025 年）》提出为全省 65岁及以上老年人提供健康管理和中医药健康管理服务。推进健康县（区）建设，四川省目前已有 100 个县（区）开展健康县（区）建设，已建成国家级健康县（区）13 个，省级健康县（区）28 个。

10. 不断完善健康服务的筹资渠道

当前我国健康管理的筹资渠道以国家财政为主体，包括基本公共卫生服务经费以及地方项目经费。四川省的健康管理资金来自政府卫生支出，社会卫生支出和个人卫生支出组成。我国各地长期护理保险筹资渠道包括医疗保险基金、政府财政补助、个人缴费、企业缴费、福彩公益金五个方面，具体筹资渠道组合上各地有所差异。四川省长期照护保险与基本医疗保险合并征收，通过个人和单位缴费、财政补助以及社会捐助等方式筹资。城镇职工医疗保险参保人员，主要通过个人、单位及财政补贴筹资；城乡居民基本医疗保险参保人员主要通过个人缴费和财政补助实现。

四川老年健康支撑体系现存问题
与对策建议

一 现存问题

（一）宏观层面组织规划不够完善

目前，四川省主要存在老年健康支撑体系有关政策不完善、制度设计不健全、长期护理服务项目规范化程度不够等问题，导致各地医养结合机构的发展方向不明确，且由于实施细则不够具体，组织规划不够完善，建设标准不够统一，各地医养结合养老服务发展差异较大，从而出现了医养结合养老服务与老年人日益增长的长期照护需求不匹配的问题；长期护理等级划分缺乏统一标准，在护理服务涵盖对象、失能等级评估评级、护理服务频率和时间等方面存在漏洞和空白，缺乏普遍化、个性化和具有时效性的弹性机制，也尚未统一失能分级划分依据、评估工具、护理服务标准等，引发实物给付的模糊和争议，引起后续失能老人对服务效果评价的不准确。近年来，全国各地对医养结合服务出现"空喊口号"的现象，有效支持政策少；签合作协议做"表面功夫"的多，真正实质推行工作发展的少，形式主义严重；各地医养结合服务工作存在多部门错综管理的问题，相关主管部门分工不明确，权责不清，导致相关政策执行效率较低，且各部门缺乏沟通协调，相关监管体系也不够完善。

（二）健康服务资源分配不均

保障覆盖范围有待扩大。一是保障人群覆盖不足。目前覆盖范围以参加城镇职工基本医疗保险的人群为主，还有广大新型农村合作医疗的农村人及少数特殊群体没有被纳入保障。二是保障内容有待充实拓展。目前涉及的项目多为饮食、清洁等日常照料及部分医疗护理的项目，更多考虑到失能人员生理上的照护，而在有关精神方面的项目如心理咨询、临终关怀、康复保健等尚缺乏保障。三是健康管理服务产业发展不平衡。目前四川省健康管理相关机构发展呈现极度不平衡的特点，健康服务企业以成都、绵阳等经济相对发达地区分布较多，企业规模相对较大。县级地市分布较少，且发展规模参差不齐。健康管理产业整体发展仅处于起步探索阶段，产业规模较小，经营类别主要集中在"医疗保健会所、健康咨询/管理、基层医疗服务机构"等领域，经营内容分散，缺乏合力，尚未形成成熟样板。四是医疗资源分配不均。目前医疗资源主要集中在西医药领域，我国传统中医药健康管理的特色优势尚未完全发挥。中医药健康管理的相关研究起步较晚，理论体系不够成熟，研究成果缺乏系统化。且尚未形成具有中国特色的中医药健康管理理论体系和运行模式。中医药健康管理的市场竞争力不足，在临床、科研、医院数量、从业人员等层面与西医存在一定差距。中医理念的"未病先防、既病防变"思想与"预防为主"的健康管理思维不谋而合，但受限于服药方式困难、管理流程复杂以及效果缓慢等原因，难以满足居民的健康管理需求。

（三）相关医疗保障体系及制度不够完善

目前，健康管理体系筹资渠道有限，覆盖全民的社会医疗保险只能负担基本医疗费用，健康管理服务未纳入社会医疗保险报销范围内，筹资模式缺乏合理性，严重限制了健康管理体系的可持续发展，而商业健康保险作为新的险种在整个保险行业中的份额较低，对健康管理服务的支付力度有限，难以保障居民多元化、高层次的健康管理需求。据统计，2020年我国保费收入共计4.5万亿元，其中健康险占18.16%，远低于同年全球59.87%的水平。目前我国也存在长期护理保险覆盖面不足、资金投入不足的现象，只有上海、广州、青岛等15个试点城市建立了长期护理保险制度，且未建立相关支付保障体系，相关法律制度和行业标准也不够健全，导致出现了资源浪费的现象。过度依赖医疗保险基金，目前筹资渠道大多依靠医保基金划转，尚未形成独立于医疗保险基金的筹资方式，此举容易增加医疗保险基金与长期护理保险基金混淆不清、发生挪用占用情况的风险。医养结合的发展也受到有些医保政策的影响，如"医保限额"政策，"医保限额"是指有关管理部门对医保支付额度采取的限制性措施，这在一定程度上打击了各医疗机构开展养老服务的积极性。

（四）专业人才匮乏

人才培养方向稍显狭隘。以护士为例，四川省绝大多数专业院校培养的都是医院护士，很少有专门培养长照护士的，且设立养老护理专业的院校屈指可数，专业医护人员数量不足。相关研究显示，我国专业养老护理人员的缺口约为1300万人，但是目前从业人员仅70万人，且其中有相关培训证的只有约10万人。健康服务水平差异颇大。与东部地区相比，四川省养老机构的健康服务水平和管理标准差异较大，养老机构服务水平明显不足，且发展有限。

（五）智慧养老产业发展不够成熟

智慧养老服务供需矛盾突出。当前我国老龄化情形加剧，老年服务需求不断扩大，然而国内智慧养老产业尚处于发展初期，供需存在结构性矛盾。一方面，企业缺乏大众化、接地气的配套养老服务，无法满足大部分老年人护理需求。另一方面，企业盲目发展高水平服务，脱离了老年护理的根本需求从而产生了高水平养老服务的"产能过剩"。智慧养老产品缺乏人性化。目前，我国智慧养老产品多以智能穿戴设备和智能家居产品为主，这样的智慧养老产品虽然突出了智能的特性，却也忽略了受众老年群体自身的特殊性。一方面，老年人与外界信息沟通较少而对智能产品知之甚少，产品使用方面存在困难。另一方面，老年人年老体弱、视力不佳，一些智能产品使用说明书字号过小，增加了老人阅读的困难，使老人在主体观念上更不愿意接纳智能养老产品。新技术成本高。智慧养老主要依赖智能家居、智能穿戴设备及传感器等科技品，以目前经济水平来看，这些设备的价值不菲，一般家庭难以承受。同时，一些高档养老社区虽然能够提供智慧养老服务，却也有"高门槛"的准入原则，无法满足中等及低收入老年人的养老需求，无法使智慧养老服务普及化。更重要的是，目前一代老年人大多出生自 20 世纪 70 年代前，消费观念保守，在选择高昂价格的智能产品时仍心存顾虑；信息数据管理缺乏统一的标准和规范。我国不同健康管理机构之间的信息共享出现壁垒。我国健康管理系统处于区域运作，信息数据管理缺乏统一的标准和规范，使医疗机构、基层医疗卫生机构间相互独立，难以进行有效的资源共享。另外，我国各级医疗机构医疗信息网络不完善。多数医疗机构和基层医疗卫生机构尚未建立起完善的电子化信息系统，如办公自动化系统（OA）、检查信息系统（LIS），导致患者信息和健康数据难以在不同级别的医疗机构之间互联互通，形成"信息孤岛"。

二 对策建议

（一）完善顶层设计，树立积极老龄观，提升健康素养

政府需从宏观层面设定健康养老支持体系的功能定位和实施标准蓝图，加强战略规划和政策扶持，探索建立党委领导下的专门部门进行政策引领、资源统筹、推动落实；优化针对老年人的长期护理保险制度，为老年人提供多样化护理服务，满足其护理需求。健全政府管理体制，发挥政府政策主导作用，明确各部门责任，建立医养结合管理的统筹标准，优化现有的医养结合服务相关政策，以需求为导向，因时制宜、因地制宜，分类推进，破除政策性障碍，确保相关配套政策、优惠政策、扶持政策落到实处。各级卫生健康部门要积极会同民政、医保部门建立沟通协调机制。建立健全健康信息资源共享机制，加大信息系统功能模块间的整合力度，打通居民健康信息孤岛。引入第三方健康管理机构改善居民健康现状。完善相关法律法规，对医养结合养老服务及长照险的内容、形式、从业人员资质、收费标准等内容进行规范。建立老年健康支撑体系信息监测机制，加强对服务质量的监督和管理，定期抽查，确保政策落地实施。树立积极老龄观，全社会倡导和推行老年健康支撑体系相关工作，加强宣传相关概念，包括政府、行业、机构、专业人员、慈善组织和社会团体等，从而实现在政府主导的基础上，社会各方力量共同参与和支持。

（二）优化服务模式，紧抓服务内涵建设，开创"互联网＋"服务新模式

充分认识到"医"和"养"二者之间的连续性、统一性，强化"医"和"养"二者之间的衔接，根据四川省实况及发展现状，创新医养结合服务理念，根据城市、农村的不同特点，考虑区域间的差异，从而推广具有个性化的医养结合模式，不能简单划一。形成"居家＋机构＋社区"的护理服务体系，鼓励医养结合机构开展规模化的"居家养老""社区养老"模式，服务种类全面且细致，涵盖日常生活护理、临终关怀护理、疾病护理、康复护理、暂托护理、高级社交护理等种类。满足了多方面、多层次的护理需求，提供高质量护理服务。探索具有我国中医药特色的护理服务，实现医养结合，逐步做到失能人员所需护理服务种类的全覆盖。重视中医药的预防和保健作用，发挥中医药特色的预防服务能够降低长期护理保险护理费用支出。随着"互联网＋"的发展，可构建医养结合信息化平台，建设多层次的"互联网＋医养结合"服务新模式，用互联网整合升级养老服务，逐步发展为依托"互联网＋"实现智慧医疗与物联网服务新模式，从而实现智慧养老。

（三）优化筹资机制，扩大医保范围，完善医保制度

经济基础决定上层建筑，经济体制支撑养老体制，改革并完善医保制度是支撑四川省健康养老支撑体系发展的重点。应积极发挥政府与市场的作用，吸纳社会资本，逐步建立起"医保划转为主、财政划拨为辅、个人和社会共同参与"的多元化筹资模式，盘活国家养老资金。丰富针对老年群体的相关险种，增加老年人的收入，提高老年人的支付能力。采取全民参保的模式，按不同地区及人群的具体情况规定费率，各级政府按比例进行补助，政府补助兜底，多方负担、全面动态的筹资机制。扩充医保范围，加入健康管理项目。探索与养老服务相适应的商业保险，包括健全寿险、健康险、意外险等，完善养老保险体系，鼓励老年人购买养老相关的商业保险，采用政府鼓励购买的形式促进健康管理与健康保险机构有效联合，为居民提供健康保险和健康管理双重保障。持续开展长期照护保险制度的研究试点工作，医保部门应创新体制建设，适当加大补贴和帮扶力度，完善老年人的医保报销制度。可以考虑取消或降低长期护理保险中居家护理病人的报销比例，从而引导失能或半失能老人入住养老机构，节省成本，改善专业人员紧缺压力，缓解养老压力。

（四）紧缺型服务人才扩容，从业人员提质，建设老年健康服务人才库

一方面，引导普通高校、职业院校积极增设健康养老服务相关的专业，加大医养结合服务人才培养规模；另一方面，鼓励院校、机构开展主要照顾者教育，满足市场急需。针对在医养结合机构、养老机构、医疗机构从业的医疗护理员、养老护理员开展专业化教育，满足行业需求。结合当前老年健康有关人员的培训情况，在互通互认的基础上，发放统一编号培训合格证明，建立职称评价机制和人才档案管理机制，探索建立护理员人才库，定期培训、考核，考核结果与个人绩效、机构补贴等挂钩，增强机构和个人的参培积极性，不断提升老年健康服务人员队伍素质水平，进而为完善从业人员的薪酬体系打下基础。

（五）构建健康数据共享平台，开展智慧养老宣传，建立健全监管机制

在保障数据安全的前提下，通过移动互联网、物联网等手段建立居民健康数据共享平台，把居民电子健康档案、电子病历等基础数据库，与健康数据监测、健康体检、膳食调查等其他外部数据源加强对接，逐步实现全人群全生命周期的健康信息大数据管理，优化健康服务体系。运用信息技术和智慧手段，以居民健康为中心，大力发展新型健康产业，以培育城市发展新优势、新动能为目标，切实有效加速政策实施，积极促进智慧健康城市建设。提升"软实力"与"硬实力"。"软实力"主要是指发展专业化的人才。老年人的传统养老观念根深蒂固，对新鲜事物接受程度较低。智慧养老模式作为新型养老模式自然存在推广难度，因此，要面向老年人开展智慧养老宣传。一方面是为了改变他们传统的养老观念，积极适应智慧养老；另一方面是为老年群体提供一些简单培训，让他们掌握一些基础互联网技术，从而实现无障碍操作智能设备。政府有关部门应发挥主导作用，建立健全监管机制，规范各信息平台运行，保护老年人个人隐私。

案例篇

国家医养结合示范城市

2015 年，《国务院办公厅转发卫生计生委等部门关于推进医疗卫生与养老服务相结合指导意见的通知》（国办发〔2015〕84 号）提出："国家选择有条件、有代表性的地区组织开展医养结合试点，规划建设一批特色鲜明、示范性强的医养结合试点项目。"2019 年，经国务院同意，卫生健康委等 12 部门联合印发《关于深入推进医养结合发展的若干意见》（国卫老龄发〔2019〕60 号），进一步提出"在创建医养结合示范省的基础上，继续开展医养结合试点示范县（市、区）和机构创建"。2021 年 11 月，《中共中央 国务院关于加强新时代老龄工作的意见》明确提出"创建一批医养结合示范项目"。为深入贯彻落实党中央、国务院决策部署，引导鼓励各地深入推进医养结合发展，2022 年 4 月，《国家卫生健康委关于印发医养结合示范项目工作方案的通知》（国卫老龄发〔2022〕14 号）发布，组织开展医养结合示范项目创建工作，该方案明确了医养结合示范项目创建工作的创建目标、创建范围、创建标准、工作流程。

通过创建全国医养结合示范省（区、市）、示范县（市、区），总结推广好的经验和做法，发挥辐射带动作用，引导鼓励各地深入推进医养结合工作，建立完善医养结合政策体系，吸引更多社会力量积极参与医养结合，不断提高医养结合服务能力和水平，更好满足老年人健康养老服务需求。医养结合示范工作开展以来，取得积极成效，我们抽选部分试点工作典型城市进行了总结。

（一）青岛市

青岛市创新培育医养结合新模式。青岛市以提高老年人健康水平、实现健康老龄化为目标，建立起较为完善的医养结合政策体系、标准规范、管理制度和专业化人才培养制度，全力打造以"顶层设计制度化、健康管理规范化、医养结合多样化、服务提供社会化、人才培养专业化"为特点的医养结合模式。

1. 顶层设计制度化

青岛市以医养结合工作为重点，大力推进老年健康服务体系建设，陆续出台了多个市级关于养老和医疗服务体系规划与建设、规范管理、支持保障等方面的政策文件，充分发挥政府职责，搭建了以居家为基础、社区为依托、机构为补充的医养相结合的制度框架，用制度化手段激发市场活力，加快健康养老服务体系建设。

2. 健康管理规范化

青岛市全面推行老年人"健康护照"管理，每年组织 65 岁及以上老年人口免费查体 1 次，为老年人建立健康档案。加快建立健康"守门人"制度，推行家庭医生、医保门诊统筹和居家医养"三约合一"实名制签约服务，加强慢性病综合防控。

3. 医养结合多样化

青岛市因地制宜实施了六种医养结合服务模式，推进"医、养、康、护"一体化服务。多个医疗机构开设养老床位、老年病房等，多家养老机构设置医院、医务室、门诊部，部分二、三级医疗机构与医养结合机构组成医联体，开展医养签约合作，多家卫生院与敬老院（养老院）合作开展服务。

4. 服务提供社会化

在全国率先推开社会化的长期医疗护理保险制度，将符合条件的社区医疗卫生机构、社区日间照料中心等纳入定点单位。

5. 人才培养专业化

为加大医养类人才储备，建立政府支持的校企合作关系。青岛大学、青岛滨海学院、青岛黄海学院等高校均设有护理及康复类专业。中职学校中，青岛卫生学校和青岛第二卫生学校开设护理、药剂等方面专业人才的培养。

（二）成都市

创新服务模式，健全服务体系，成都市打造了医养融合发展的"成都样板"。成都市深入推进医养结合，加快发展老龄事业和产业，融资源、提能级，助力成都打造全龄友好包容社会标杆城市。2020年，在国家卫健委与世界卫生组织（WHO）共同开展的"医养结合在中国的最佳实践"合作项目中，成都市卫健委等5个相关单位获得全国医养结合典型经验表彰。2021年，成都市第八人民医院在全国医养结合工作新闻发布会上介绍了"成都经验"。

1. 加强顶层设计，探索医养结合工作新路径

将医养结合融入城市战略。将医养结合作为推进"健康成都"建设的重要举措，并纳入《"健康成都2030"规划纲要》《成都市医疗卫生与养老服务相结合发展规划（2021—2025年)》等重要规划文件，通过优化资源配置、整合服务流程、丰富服务内容、提高人员素质、提升服务质量等多种方式，进一步完善老年健康服务体系。

建立健全政策体系。先后制定成都市《关于建立完善老年健康服务体系的实施方案》《推进健康中国行动（2022—2030年）老年健康促进专项行动实施方案》《关于进一步推进医养结合工作的实施意见》，聚焦健康教育、预防保健、疾病诊治、康复护理、长期照护、安宁疗护等重点环节，构建综合连续、覆盖城乡的老年健康服务体系，不断满足老年人多层次、高质量的养老服务需求。

建立多部门协同合作机制。探索整合民政部门的家庭照护床位，卫健部门的家庭医生、家庭病床、基本公共卫生服务和医保部门的长期照护保险，将老年医疗、护理、康复、营养健康管理等服务延伸至家庭。建立以居家为基础、社区为依托、机构为补充的"三位一体"医养结合服务模式，在居家医养结合服务上实现新突破。

2. 聚焦问题短板，构建系统完备的配套体系

聚焦"谁来提供医养结合服务"打造医养结合服务体系。强化政府主导责任，全力推动医养结合机构建设，积极促进医疗机构与养老机构合作。截至2020年底，全市建立医养合作关系2025对，医养结合机构达108家，医养结合床位总数30332张。调动社会力量积极参与，深化"放管服"改革，实施开办备案制度，全面取消二级及以下医疗机构审批权限，吸引中国人寿、德国雷娜范养老集团等国内外知名企业布局成都养

老，康养项目投资总额近 200 亿元。创新成立"关爱老人·情暖夕阳"志愿联盟，吸引来自政府、高校、企业以及部队的 110 余家单位加入，志愿服务队伍人数达 1 万人。

聚焦"谁来保障医养结合服务"打通医养结合支付体系。印发成都市《长期照护保险制度试点方案》和《深化长期照护保险制度试点的实施意见》，将城乡居民纳入长期照护保险覆盖范围。截至 2020 年底，共受理失能评定 4 万人，其中通过评定并享受待遇 3.19 万人，共支付 57 万人次、6.8 亿元。同时，强化医疗保险托底，全市医养结合机构中已有 90 家纳入医保定点医疗机构，参与率达 83.33%，进一步降低群众就医负担。

聚焦"谁来完成医养结合服务"建立医养结合人才体系。将医养结合人才队伍建设分别纳入卫生健康和养老服务发展规划，统筹现有资源，充分发挥成都市三级老年病专科医院和综合医院专业技术研究基地及职业技能培训基地的龙头作用，依托"成都市老年服务示训中心"平台，建立"护理员培训鉴定中心"，打造一支取得国家和国际认证的专业化培训队伍。通过理论、实操培训及考评鉴定，累计培养专业实用型护理员 2 万名，有效缓解养老服务人才供给紧张。

3. 坚持人本逻辑，打造具有成都特色的照护模式

打造人性化照护服务。在深入开展专题调研基础上，科学开展老年人健康状况和生活自理能力专业评估，在全国创新地将老年人群精准划分为生活能够自理老人、普通老年慢性病患者、失能/部分失能老人、大病恢复期老人、生命终末期老人五大类，并针对性提供健康管理、慢病管理、长期护理、康复训练、临终关怀等五种不同倾向性的医养结合照护模式，有效满足不同老年人的健康养老需求。同时，推动全部综合性医养结合机构根据老年人不同需求合理设置功能分区，实现差异性服务供给。

打造标准化照护服务。制定出台成都市《医养结合老年常见病问题质量控制规范》《安宁疗护试点机构建设及管理服务能力评估标准（试行）》和《成都市安宁疗护服务疾病和服务对象标准（试行）》等，确定医养服务机构日常照护标准化规范内容。通过每年度对相关机构开展现场查看、听取汇报、查阅资料、现场指导等多种方式，全面强化质量控制，实现照护服务分级、分类管理和精准化服务。

打造智慧化照护服务。以社区居家养老综合服务信息平台为支撑，整合老年人信息、养老关爱地图、补贴情况、人员管理情况等信息，实时呈现居家养老服务流程和质量控制，确保各项养老补贴发放得到有效监管，各项涉老数据精确掌控。率先在全国推出成都市医养结合服务地图，市民可以通过天府市民云平台、成都市卫健委官网、健康成都官微等平台选择适合自己的医养结合机构，大幅提升医养服务便利化、信息化水平。截至2021年，全市共有首批全国老龄健康医养结合远程协同服务试点机构3家，10个区（市、县）及31个街道入选全国智慧健康养老示范基地和示范街道（乡镇）。

（三）邢台市

邢台市多元医养结合，助力城乡健康养老。邢台市从积极应对人口老龄化出发，积极探索医养结合新路径、新模式，取得了明显成效，初步构建了覆盖全市、辐射农村的医养结合服务体系。

1. 政府主导，强力推动，将医养结合作为重要民生工程

高站位谋划、高标准部署。成立医养结合工作领导小组，并列入市委、市政府重点改革事项和历年重点工作，实行清单化管理、项目化推进。

完善标准规范、健全制度体系。把医养结合纳入全市大健康产业发展规划，印发一系列文件，不断完善医养结合、长期照护、安宁疗护及老年健康服务、康养产业发展等方面的政策体系。

把握重点环节、构建服务框架。坚持以点带面，强化整体推进，按照有计划、分层次、循序渐进的思路，推动形成了以居家为基础、社区为依托、机构为支撑的规模适度、功能完善、综合连续、覆盖城乡的医养结合服务框架。

2. 改革牵引，创新举措，探索医养结合新路径、新模式

把"医中有养"作为破题之举。首先，对二级及以上医疗机构全面加强老年医学科和康复科建设，增加老年病床数量，拓展安宁疗护服务。其次，对于二级及以下医疗机构，推进医疗机构拓展养老服务功能，不断增加医养结合服务供给。再次，推进乡镇（社区）医养结合服务能力提升。

以乡镇（社区）居家养老服务中心（站）或卫生服务中心（站）为基础，通过内部改扩建等形式，建设乡镇（社区）医养结合服务中心。最后，对村卫生室，通过托管、协议服务等方式与农村幸福院"联姻共建"，实现"医养一体·两院融合"。

把"养中有医"作为关键一环。大力推行"两个机构·一门服务"养老机构建设，在具备条件的养老机构中设置医疗卫生机构和护理站，并派驻医护人员提供医疗服务。对暂时不具备内设医疗机构条件的养老机构，全面推动并规范养老机构就近与医疗卫生机构签约。

把"居家有约"作为有效手段。依托乡镇卫生院、社区卫生服务中心或村卫生室，将居家老年人纳入家庭医生签约的重点保障人群，为居家老年人提供健康档案管理、健康教育、社区护理等基本医疗卫生服务。

把"失能有保"作为兜底之策。为确保失能、半失能等需要长期护理的老年人得到专业护理，在巨鹿县试点经验基础上，全市域推行长期护理保险制度，实现了城镇职工、城乡居民参保全覆盖。

（四）曲阜市

山东省医养结合"最后一公里"——曲阜居家医养模式。山东省制定《山东省创建全国医养结合示范省工作方案》，出台多种政策措施，着力突破瓶颈制约，不断完善标准体系和平台建设，各地涌现了一批先进典型和各具特色的多种医养结合服务模式，医养结合工作取得了一定成绩。医养结合"最后一公里"是居家服务，山东省重点推广了曲阜居家医养模式。

1. 建立了服务片区、信息库和专业队伍

在服务片区规划上，城区以社区卫生服务机构为中心，打造"15分钟医疗服务圈"；镇街以管区为中心，实现了医疗服务半径不超过2公里。在失能、半失能老年人信息库的建立上，为居家医养服务的对象建立台账、精准服务。在服务队伍组建上，选派有经验的人员为居家医养专职医生，成立了医养结合服务团队，提供巡诊服务。

2. 破解居家医养服务的堵点和难点问题

在医保报销方面，推行家庭病床制度，对符合家庭病床条件的老人，不收取床位费，其他医疗费用按住院标准予以结算，并将居家医养服务纳入长期护理保险范围。在运行保障方面，曲阜市每年列支专项经费 50 万元作为居家医养专项基金。镇街全部设立夕阳红基金，医保报销后进行二次报销。同时，为解决用人不足的问题，开展居家医养服务的医护人员，薪资报酬不低于本单位同等条件医护人员水平。在确保医疗安全方面，制定了申请、评估、管理、终止四个工作流程，为居家医养医护人员购买了医疗责任险，签订服务协议书，并且由护士和家属全程陪同。

四川医养服务示范单位

四川省老龄人口众多，老龄化程度较高，但四川省在推进医养结合中，也有着自身的优势。具有较好的医养结合基础。截至 2019 年，全省医养结合机构 251 家，开展医养签约服务 2670 对，医养结合机构床位 6.7 万张。建成社区日间照料中心 7727 个。到 2022 年，四川省医养结合政策体系、标准规范、管理制度已基本建立，初步建设成为具有全国影响力的高品质生活宜居地，也成为特色鲜明的全国医养结合示范省。2022～2023 年，国家卫生健康委办公厅开展第一批全国医养结合示范机构创建工作，拟评选 100 个左右全国医养结合示范机构。成都市第八人民医院、南充市社会福利中心、攀枝花市第二人民医院、自贡市老年病医院、遂宁市船山区桂花医养中心、江油市老年病医院是四川省第一批全国医养结合示范机构推荐单位。以上单位大力推进医养服务创新，促进医养融合发展，不断满足广大老年人的健康养老需求。下面选取成都市第八人民医院、自贡市老年病医院典型经验进行介绍。

一　成都市第八人民医院

（一）医院概况

成都市第八人民医院占地约 143 亩，现有"成都市第八人民医院、成都市慢性病医院、成都市老年服务示训中心"三个名称，是华西老年医学中心博士研究基地、成都医学院附属老年医院、全国首批四川首家"老年友善医院"、国家老年疾病临床医学研究中心医养结合研究分中心，是成都市医保局唯一的"长期照护保险护理员示训基地""长期照护保险评估员示训基地"，四川省唯一"养老照护试点医院"，2022 年 4 月被四川省卫健委和四川省民政厅认定为四川省第一批医养结合示范机构；主要收治老年病、慢性病患者，其中 80 岁及以上患者占 50% 以上；目前开放床位 1200 张，设 60 余个临床医技科室，全院职工近 600 人，护工近 400 人；承担多项省、市级科研课题的研究，近三年申报省、市级科研项目 27 项，与四川大学华西医院、成都中医药大学等机构合作开展了 3 项国家级科研项目；参加了中国老年医学会《老年照护师规范》《老年友善服务规范》《老年医疗机构建筑规范》和四川省卫健委《四川省医养结合机构服务规范标准》等标准的起草和制定工作。

（二）医养结合工作开展

成都市第八人民医院结合自身发展优势，把脉老龄化社会需求，坚持特色化、差异化发展，在成都率先探路"医养结合"，打造"医疗康复为基础，专业照护显特色，机构社区广覆盖，社会关爱聚能量"的特色服务模式，走出一条"医养结合"成都模式的创新之路。

1. 院内特色服务

强化专科内涵，提升医养质量。成都市第八人民医院分析老年疾病谱，重点打造 4 个特色亮点学科。一是老年康复医学科，是市级重点专科，总面积 3000 余平方米，分两个区域，是目前成都市市级公立医院规模最大的老年康复治疗中心，2019 年成为市级重点专科。以老年骨关节病、神经功能、心肺功能、传统中医养生康复等四个亚专业为发展方向，通过专业康复治疗和训练，维持或部分恢复老年患者机体功能，提升老年患者生存质量。二是临终关怀科（安宁疗护中心），是市级重点专科、市临终质控中心，设置床位 40 余张，科室除必要和基本的治疗外，更关注病人本身，为临终患者提供姑息治疗、疼痛管理、临终照护、心理慰藉、灵性关怀等服务，创新打造"阳光驿站"，让病人临终前感受、融入阳光与自然，力图使其身、心、灵释然安详，尽力减轻病人和家属对死亡的恐惧和离世带来的痛苦。作为成都安宁疗护示范中心，成都市第八人民医院牵头制定"成都安宁疗护服务标准"，积极为全市分中心进行安宁疗护培训，引领全市安宁疗护工作的开展。三是老年神经内科（阿尔茨海默病中心），是市级重点专科，设置床位 100 余张，提供"基础医疗 + 工娱康复 + 专业照护"服务，创新开展"怀旧疗法"以及康复训练，通过模拟场景、物件联想、怀旧话题，刺激患者记忆，舒缓情绪，延缓病情发展，有效维护和改善认知功能，提高生存质量。2019 年成都市副市长到成都市第八人民医院调研，对阿尔茨海默病中心工作给予高度肯定，要求其结合自身发展特点，打造四川省阿尔茨海默病示范中心。四是老年营养科。针对老年人大多营养不均衡、营养不足的身体状况，成都市第八人民医院开展营养咨询、宣教、评估、治疗等，针对老年高血压、糖尿病、肿瘤、卒中等常见疾病，提供不同的营养评估、治疗支持并定期调整方案，个性化地满足不同疾病患者的营养需求，改善老人整体营养水平，帮助疾病恢复。尤其针对大多数老年人吞咽功能减退易发生噎呛、误吸易致死的风险，以肠内营养支持为重点研发易食膳，提高老人进食安全。该科室成功建成中国老年医学会"老年营养示范病房"。

加强专业护理，引领照护规范。成都市第八人民医院组建专业的护工队伍，在全国率先将护工纳入医院规范化管理，实行医生、护士、护工"三位一体"患者安全管理，编写了《护工工作手册》并不断升级形成自己的培训讲义，着力培养"生活照料 + 护理技能 + 职业爱心"的专业实用型护工。2016 年成为成都市唯一的老年服务示训中心。凭多年实操经验，2018 年与市卫生计生人才服务中心、成都医学院三方共同制作《老年患者照护培训》视频及教材，分为老年基础照护、老年常见疾病照护、老年综合征照护和安宁照护四大版块，成为成都老年照护培训标准，在川内推广和使用，并得到人社部、国家卫健委领导高度肯定。2021 年 7 月成为成都市老年照护质量控制中心，牵头全市长期照护人员的培训、管理。近五年对外培训考核护理员近 2 万名，合格率在 90% 以上。医院共有近 50 名培训师，其中 2 名国家级、7 名省级护理员鉴定考评师、8 名澳洲政府认可的四级培训师、8 名中国老年医学学会"老年照护培训师"，中高级职称 35名。成为市医保局唯一的"长照险评估员和护理员示训基地"，已开展护理员、评估员、培训师培训 2000 余人次。

注重孝爱文化，铸就医养灵魂。一是每年开展"争当一日护工"活动，全院干部职工到病房做一日护工，亲临其中发现患者的需求和工作中的不足。二是携手市慈善总会，成立以成都市第八人民医院冠名的爱心助老基金，惠及失能、失独、贫困和高龄老人1000余人。三是成立"关爱老人·情暖夕阳"志愿联盟，已招募110家来自政府部门、学校、企事业单位，拥有1.1万余名稳定的志愿者，共计开展志愿服务活动200余场次，服务老人2.5万余人次。2018年该志愿服务联盟项目作为四川省卫生计生系统唯一代表参加首届卫生健康行业青年志愿服务项目大赛全国总决赛，获得银奖。医院以该项目为载体，成为金牛区、成都树德中学等20多所中小学"孝文化教育基地"，引路学子向上、向善成长。

2. 院外资源共享

重视老年健康管理，强化基层医养协作。成都市第八人民医院与40余家养老服务机构签约形成"医养协作"关系，承担成都市卫健委"健康直通车进社区"项目，组建专业队伍定期到协作社区、养老机构提供巡诊、营养指导、康复指导、健康咨询讲座、部分健康档案管理、老年照护技能培训等服务，并为对方开通绿色快速转诊通道。成都市第八人民医院于2018年着手建设西部"老年医养健康远程信息网络中心"，利用信息系统连接社区、养老机构、护理院、日照中心等，采取松散型、普通型、紧密型的合作模式，通过平台相互交流、共享信息，使医养结合工作更加高效。

成立"医养结合促进会"，搭建资源共享交流平台。2016年，成都市第八人民医院牵头成立成都市医养结合促进会，并成为会长单位。成都市第八人民医院和促进会多次举办"医养结合·长期照护国际学术论坛"，承办"四川国际养老产业博览会医养结合主论坛"。2017年和2019年，成都市第八人民医院承办了四川省卫健委主办的第一届和第二届"四川省医养结合国际峰会"，邀请国内外知名医疗、管理专家从地域、内涵、体制等多方面交流，并就长照险政策进行详细解读学习，有效提升了四川省医养结合和成都市长照险知名度，得到国家、省、市各级领导肯定。

有效整合资源，将医养服务延伸到基层。2019年5月，成都市第八人民医院通过托管日照中心等方式，建成了4个"社区医养结合站点"，以日间照料中心为依托，将民政的养、卫健的健康管理和部分医疗在基层融合，在其原有"养"的基础上，植入健康管理、中医、康复、照护、安宁疗护等元素，就近满足老年人的健康管理和医养结合需求，为社区老人开展居家护理、照护和安宁疗护等延伸服务。该年按照成都市卫健委要求，成都市第八人民医院以信息平台为依托，牵头负责推进各区（县）社区老年人健康管理技术指导、培训和绩效评价工作。成都市第八人民医院作为成都市居家医疗服务试点单位，正在积极探索依托"社区医养结合站点"、以长照险入户、与健康服务公司合作三种形式开展居家医疗、护理、照护、临终关怀、健康管理"一体化"的居家医疗延伸综合服务，一年来已开展居家上门服务 362 人次。

（三）工作成效

成都市第八人民医院服务模式得到社会各方关注，近年共迎接国家、省、市各级领导部门及相关机构来院参观 500 余次。2017 年全国医养结合工作现场会在成都召开，成都市第八人民医院作为四川省公立医养机构唯一点位迎接全国 31 个城市分管市长代表团到院参观。时任致公党中央常务副主席蒋作君、人力资源社会保障部副部长胡晓义、国家卫健委老龄健康司司长王海东等到成都市第八人民医院调研后，对医养结合工作给予了高度评价。中国工程院院士樊代明来院考察时给予肯定。四川大学等高校多次邀请院内专家就医养结合工作进行授课，为多家公立、民营机构开设医养结合管理培训班。

2016～2020 年，成都市第八人民医院连续五年获国家卫健委"改善医疗服务示范医院"称号；2017 年被华西都市报评为唯一"四川金牌医养结合机构"；2019 年获"四川医养服务榜样企业奖"，获国家卫健委"改善医疗服务创新医院"称号；2020 年荣获中国生命关怀协会医院人文建设专委会"全国人文百强医院奖"，获国家卫健委"改善医疗服务示范医院"称号。2020 年 3 月，成都市第八人民医院医养结合服务案例在国家卫健委与 WHO 共同开展的"医养结合在中国的最佳实践"合作项目中以全国高分四川省第一名的成绩被推荐到 WHO 参展。2021 年，作为全国唯一一家医养结合医疗机构，成都市第八人民医院党委书记陈芍受邀参加国家卫生健康委召开医养结合工作进展成效新闻发布会，分享医养结合经验。2021年 10 月 21 日，中央电视台 CCTV-1、CCTV-13《焦点访谈》栏目播出

《守护最美"夕阳红"》专题节目，节目开头以一位住院老人的医养经历为切入点报道了成都市第八人民医院医养结合成效。

二 自贡市老年病医院

（一）医院概况

自贡市老年病医院建院于 1959 年，是国家三级甲等专科医院，2001 年经原四川省卫生厅批准挂牌成立自贡市老年病治疗中心，2016 年经自贡市委机构编制委员会批准同意增挂"自贡市老年病医院"牌子，2018 年创建为全国首批"老年友善医院"，2020 年建成全国"老年营养示范病房"。自贡市老年病医院老年科为四川省甲级重点专科，自贡市老年病质控中心、自贡市中医老年病质控中心也挂靠在自贡市老年病医院。自贡市老年病医院以"个案管理、综合评估、多学科联合诊疗"为服务特色，建立了"医疗、护理、心理、康复、照护"五位一体的医疗服务体系，主要收治各类老年期急慢性躯体疾病、老年期精神心理疾病患者，以及长期需要专业护理服务的老年群体，各类疾病康复理疗的患者和临终关怀患者。自贡市老年病医院现已成为省内最大的老年病医养结合机构。"十四五"期间，自贡市老年病医院将秉承国际化视角、现代化思维、突破性探索和创新性发展的理念，建设一批国家级重点专科，开展老年心理治疗、医疗与护理、康复与临终关怀等综合服务，努力建成川内领先、国内一流、与国际接轨的区域性康养中心，为自贡乃至川南地区群众提供更优质的医养服务。

（二）医养结合工作开展情况

1. 多措并举，医养服务模式不断创新

构建整体老年医养照护体系。自 2015 年与德国雷娜范养老集团建立合作关系以来，自贡市老年病医院已构建起集医疗、心理、康复、生活于一体的老年医疗、护理服务体系；提供机构健康管理、老年医疗护理、养老、日间照料、晚期照护、安宁疗护等多元服务，让老人有病治病、无病康养，实现医养无缝衔接。

建立多学科整合诊疗模式。自贡市老年病医院创新开展老年综合评估，建立"个案管理、综合评估、多学科联合诊疗"的医养结合特色服务模式，对老年患者从医学问题、功能状态、社会支持、生活环境和生活质量等方面进行全方位评估，并以此为基础开展相应的医疗、护理、康复、心理、用药指导、健康宣教。

发挥特色丰富医养融合内涵。自贡市老年病医院依托其为国家记忆防治中心、精神科为省重点学科和川南地区精神卫生高地的优势，创新开展针对老年人心理健康服务，有效缓解老年患者在焦虑、抑郁、睡眠障碍、记忆力减退等心理卫生方面的问题。

深耕中医特色服务。自贡市老年病医院以中医科、老年康复科为依托，为老年住院患者提供中医药养生保健服务，指导开展具有中医药特色的食疗药膳、情志调摄、运动功法、体质辨识调养等养生保健活动，建立针对急性期、缓解期、恢复期三类患者的三级康复模式。

营造适老敬老环境。自贡市老年病医院在病区设置自助式厨房、自助洗衣房、超市、健身器材等设施；组建病员临时党支部，发挥病区老党员党性强、威望高的优势，鼓励他们在日常生活中做好教育引导工作，同时对医院医德医风建设、服务质量提升等方面进行监督，在构建和谐医院的进程中发挥积极作用。长期开展棋牌、书画、手工、种养殖、太极拳、曲艺等休闲娱乐活动。

做好医养延伸服务。自贡市老年病医院开展老年病医疗业务和病愈老人养老、社会老人养老、日间照料等养老业务；与医院健康管理（体检）中心接驳，开展有针对性的疾病筛查、健康体检、健康教育、建立健康档案等综合健康管理服务，实现社区居家养老、健康管理以及医疗之间的无缝连接。

2. 以"互联网＋养老服务"为抓手，推进医养服务向纵深发展

建成自贡首家互联网医院。自贡市老年病医院上线临床心理科、心身科、精神科、老年医学科、内科、康复科等科室，提供线上续方、预约挂号、在线问诊以及浏览健康医疗信息等服务；同时通过提供慢病管理、线上家庭医生、视频讲座等针对性的医疗服务，进一步提升患者对互联网医院的接受度和依赖度。

建成自贡市智慧医养大数据公共服务平台。自贡市老年病医院目前已在养老院、社区设立 11 个智慧医养服务站，配备健康一体机和医护人员等，群众可每天到智慧医养服务站进行血压、血糖、血氧、脂肪、胆固醇、尿酸、心率、心电、血脂、尿常规、呼吸等免费检测及咨询服务。目前，平台总建档人数 111085 人，完成血压、血糖等健康数据采集 958748 次。预警 4774 人，短信推送 8063 条。其中，高血压预警 3092 人，高血糖预警 1241 人，医生干预 5144 次。2020 年，自贡市智慧医养大数据公共服务平台荣获中国医药教育协会科技创新二等奖。

3. 教学科研协同发展，扩大老年医学影响力

2021 年，自贡市老年病医院建立自贡市脑科学研究院，下设老年医学研究中心，引进硕士生导师 1 人，硕士 4 人。中心以老年综合评估的临床研究为主，主要有长期护理保险、老年肌少症、老年衰弱、老年内在能力 4 个研究方向。参与或主持国家级、省部级、市级课题 10 余项。中心成立至今，以第一作者/通讯作者发表文章 17 篇，中文核心 1 篇，中文科技核心 1 篇，SCI 15 篇，影响因子为 4.07 ~ 5.45（其中 1 区 5 篇，2 区 9 篇，3 区 1 篇），并获得国家优秀论文 2 篇。

自贡市老年病医院举办第一、二期全省老年医学人才老年医学科医师培训，通过培训，使学员充分发挥"火车头""播种机"带动作用，将培训学到的新技术、新观念传承下去，把学习成果转化为老年患者服务的动力，不断提高老年医学专业服务能力，为广大老年人提供更加优质的健康服务。

4. 大力改善基础设施，优化老年病区环境

自贡市老年病医院已建成的自贡市老年病医院建设项目一期工程建筑面积 80000 平方米，总投资 4 亿元，整体为一栋地上 11 层、地下 1 层框架结构的医疗建筑，建筑整体以汉唐风格为主，园林式建筑布局在满足医疗流程的基础上凸显出简洁大气的视觉效果，同时彰显医院的历史成就与技术积淀，为患者带来治愈的信心，彰显医院"以病人为中心"的核心理念。

四川养老与老年健康服务业
人才培养机构

  在我国健康服务体系中，高校应承担的责任是成为老年学科研、教学的先行者，成为老年社会服务的倡导者。医学类院校则更应该承担老年医学的先行者责任。2021 年四川省教育事业统计数据显示，四川省共有中等职业学校 482 所，招生 42.15 万人，在校生 102.74 万人。共有高等学校 147 所，其中，普通本科学校 52 所；本科层次职业学校 1 所；高职（专科）学校 81 所；成人高等学校 13 所。各种形式的高等教育在学总规模 289.25 万人。普通、职业本专科共招生 60.37 万人，共有在校生 192.08 万人；共招收研究生 5.07 万人，在学研究生 14.64 万人；共招收成人本专科 16.85 万人，在校生 38.14 万人。[①]

  四川省已有医学类高校率先开展老年医学科研、教学等工作。例如，2012 年，成都医学院整合四川大学华西医院、成都中医药大学、四川省人民医院、四川省社会科学院、四川省合佳盛投资管理有限公司等省内的多家知名高校、医院、企业及独立研究机构，牵头成立了"四川养老与老年健康协同创新中心"，通过创新管理体制和机制，充分发挥各协同单位的优势资源，致力于养老与老年健康领域的科学研究、人才培养与社会服务。2014 年，中国老年保健医学研究会老年健康服务人才培养研究分会挂牌，成立了全国首家"老年医学与照护人才培训中心"，设置了老年医学临床和护理本科专业，建立了老年医学和老年照护专业方向，并开设老年

---

① 《二〇二一年四川教育事业统计主要结果发布》，四川省教育厅网站，2022 年 3 月 4 日，http://edu.sc.gov.cn/scedu/c100494/2022/3/4/534a1367a67b49e49af8822be617cbf6.shtml。

心理学、老年慢性病特殊护理、老年健康综合评估等课程，开始培养老年医学、老年药学专业方向的硕士研究生。养老与老年健康服务业方向的人才培养，除了高端人才的培养，还应该考虑到对现有和未来各专业老年健康服务人才普及性教育，既要让未来的医学人才具备老年医学基本知识，也要让在职人员接受再教育，接受资格认证的培训。例如，成都巴蜀职业技能培训学校、四川宜蓓康科技有限公司已经积累了一定的培训经验。

（一）成都巴蜀职业技能培训学校

1. 学校概况

成都巴蜀职业技能培训学校是经成都市人社局、民政局严格审查后批准成立的职业技能培训学校（办学许可证号：人社民 2255A05540254 号），是成都市人社局定点就业、创业培训机构，荣获 2019 年成都市民办职业技能培训协会"优秀人才培训学校"和"培训学校先进带头人"等称号。学校坐落于成都市著名景区"宽窄巷子"旁，现有办公室训场地 15000 余平方米、自有场地 2000 余平方米，职工 100 余人，拥有众多理论＋实践经验丰富的专家教授，同时和中国多所知名院校建立了长期深度的友好合作关系，其中高级职称及以上专家智囊团达 80 人，实现了师资、实训场地共享。

2. 人才培养情况

2020 年，成都巴蜀职业技能培训学校积极响应中共中央、国务院印发的《国家积极应对人口老龄化中长期规划》文件精神，充分发挥职业技能培训优势，依托人力资源和社会保障部门职业技能等级认证体系和医疗保障部门长期护理保险试点制度，紧紧围绕四川养老服务市场需求，设立大健康养老人才事业部，着力构建多元化的老年健康服务人才培养体系，探索养老与老年健康服务人才培养新模式。

（1）长期护理保险照护服务人员规范化培训

长期照护保险制度是成都市积极应对人口老龄化的重点民生工程，自 2017 年 7 月开始试点，成效初显，切实提升了人民群众的幸福感、获得感和安全感。2020 年 5 月，成都市启动深化长期照护保险制度试点工作，为进一步规范长期护理保险照护服务人员技能培训管理，提升照护服务品质，促进产业就业，助力照护服务产业提能升级，成都医保对失能人员的"身边人"——照护服务人员的培训发布了多项政策文件。

成都巴蜀职业技能培训学校是经成都市医保局确定的第一批入库长照险定点培训机构，同时也是培训区域覆盖最多的定点培训机构。学校的长照险培训理念是"以人为本，让照护对象有尊严、有品质的生活，让照护服务人员科学、轻松地完成照护"。自2020年9月开展第一期照护服务人员培训至2021年12月，成都巴蜀职业技能培训学校已将规范的照护服务人员培训送至成都市金牛区、武侯区、双流区等9个区县，累计培训合格人数超过8000人。在做好规范化培训的同时，学校充分发挥自身资源优势，帮助有需要的失能人员匹配适合的照护服务机构，帮助有需要的学员推荐就业，赋予学员和失能人员的家庭持续提升经济水平的能力，从而改善失能人员生活品质，提升失能人员家庭的幸福指数，为长照服务机构、养老服务机构、医疗护理机构输送护理人才，赋能产业体能升级；并通过自媒体、短视频、课堂政策宣教等方式开展多样化政策宣传工作，通过挖掘培训学员典型案例，发展长照险政策群众代言人真正实现了长照险政策的惠及者，也成了政策的推动者。

（2）教学与产业深度结合，人才培训与学员就业并抓

成都巴蜀职业技能培训学校目前已与成都市20余家医疗护理机构、养老护理机构和居家上门服务机构达成共建技能实训基地与技能人才输送合作关系。已建成的养老人才实训基地有成都中医大中医药健康产业技术研究院、成都市第八人民医院、成都长江医院、成华区第六人民医院、成都市第二社会福利院、四川华孝大德养老服务有限公司、成都玄至孝科技有限公司等，累计培训并输送养老服务技能型人才近千人，目前正在与成华区第六人民医院共同探索医养结合机构医疗护理员的培养与专业课程体系开发，以及居家上门服务人才队伍的建设与高效管理。在培训模式上，共同建立完善专业动态调整机制，加强"培训+就业"模式建设，深化人才培训模式改革创新；强化教学常规管理，构建严谨、灵活、有效的教学运行机制，完善教学质量保证体系，培养面向市场需求、突出养老行业特色的高素质养老服务技术技能人才，实现养老学员高质量就业。

在培训内容上，成都巴蜀职业技能培训学校把职业道德、技能水平

和应用实践作为养老人才培训质量评价的重要指标，重点强化对人才培养过程的质量把关和结果验收；在学员就业后，开展长期岗位跟踪服务、薪酬绩效评估，并设立企业评价反馈机制，实现及时自我诊断与及时改进优化，并接受社会监督。

（二）四川宜蓓康科技有限公司

四川宜蓓康科技有限公司成立于 2015 年，是一家专注于老年数字医疗产品研发、老年医学科科室建设与学科发展综合服务的国家高新技术企业。公司拥有老年医学与计算机领域的博士、硕士等专业研发人才 30 余名；与国内外多家老年疾病临床研究机构、高等院校和三甲医院建立了长期稳定的合作关系，并设有医学研究院、生物医学研究中心。公司主要产品包括老年医学数据库、临床老年医学软件、老年数字健康管理医疗设备，构建了覆盖老年患者全生命周期的老年疾病与老年综合征早期筛查评估、临床治疗、健康干预、功能康复、质量管理的全产品线。公司科研经验丰富，实力雄厚，自成立以来，获得老年医学技术应用领域 6 项发明专利，68 项计算机软件著作权，参与主动健康与老龄化科技应对部级、省级、市级重大科研项目 26 个，参与课题总经费达 2.06 亿元，共参与相关 18 个国家与地方政策、标准与指南的编写制定，12 项重点工程与重点项目的建设。

目前，四川宜蓓康科技有限公司产品与服务用户覆盖国内 18 个省、直辖市，签约超过 60 家主要医疗机构及 5 个省级卫健委。老年医学技术服务品牌声望全国领先；老年医学软件服务市场占有率 92.1%，老年医学数据库服务市场占有率 100%，居全国首位。

由四川宜蓓康科技有限公司倾力打造的医养在线教育平台，是国内首个涵盖老年医学与医养照护，以老年医学学科建设与科室建设为核心理念的老年医学产业教育平台创办于 2019 年，并一直专注老年医学与老年健康远程在线教育培训事业。平台有着 4 年的持续投入与建设发展，其间得到国家老年疾病临床医学研究中心及国内老年医学专家学者的大力支持，当前已汇聚全国 100 多位顶级老年医学师资，培训有效注册医疗及照护人员 20000 余名，已开展全国范围老年医学学术论坛 20 余个，医疗及照护类培训 100 余项，国家继续医学教育培训 60 余项。累计参加培训机构数超过 4000 家。平台教育涵盖老年医学核心技术类、医养结合技术及服务标准内容体系培训类、临床老年医学核心诊疗业务技术类、老年综合评估及老年医养照护类等，目前已成为国内老年医学与老年健康服务业人才培训的重要平台之一。

致　谢

在本报告的编写过程中，各单位及同行专家学者为我们提供了相关数据及宝贵意见，我们在此向以下单位（排名不分先后）表示衷心的感谢！

四川省卫生健康委员会

四川省卫生健康信息中心

成都市卫生健康委员会

成都市民政局

四川省社会科学院

四川大学

成都医学院

成都市第八人民医院

自贡市老年病医院

同时，感谢四川大学公共卫生学院在读博士研究生蔡正杰、在读硕士研究生张琬佳同学在本报告数据整理及编写过程中提供的帮助！

图书在版编目（CIP）数据

四川养老与老年健康服务发展报告. 2022 - 2023 / 林
琳，唐平主编. -- 北京：社会科学文献出版社，
2023.12
　　ISBN 978 - 7 - 5228 - 2769 - 8

　　Ⅰ.①四…　Ⅱ.①林…②唐…　Ⅲ.①老年人 - 医疗
卫生服务 - 研究报告 - 四川 - 2022 - 2023②养老 - 社会服务
- 研究报告 - 四川 - 2022 - 2023　Ⅳ.①D669.6②R199.2

　　中国国家版本馆 CIP 数据核字（2023）第 218441 号

四川养老与老年健康服务发展报告（2022—2023）

主　　编／林　琳　唐　平

出 版 人／冀祥德
组稿编辑／史晓琳
责任编辑／范晓悦
责任印制／王京美

出　　版／社会科学文献出版社·国际出版分社（010）59367142
　　　　　地址：北京市北三环中路甲 29 号院华龙大厦　邮编：100029
　　　　　网址：www.ssap.com.cn
发　　行／社会科学文献出版社（010）59367028
印　　装／三河市龙林印务有限公司

规　　格／开　本：787mm × 1092mm　1/16
　　　　　印　张：15.5　字　数：240 千字
版　　次／2023 年 12 月第 1 版　2023 年 12 月第 1 次印刷
书　　号／ISBN 978 - 7 - 5228 - 2769 - 8
定　　价／128.00 元

读者服务电话：4008918866